KB070879

당신의 삶을 가치 있고 행복하게 일구어가기 위해
새롭게 시작하는데 조금이라도 도움이 되고자

_____ 님께

_____ 드림

년   월   일

인 생 은 그 사 람 의 생 각 이 만 들 어 가 는 그 무 엇

지금,
당신에게
필요한 것은?

초판 1쇄   2015년 06월 03일

지은이   박병수
발행인   김재홍
디자인   박상아, 문선이, 이슬기
마케팅   이연실

발행처   도서출판 지식공감
등록번호   제396-2012-000018호
주소   경기도 고양시 일산동구 견달산로225번길 112
전화   02-3141-2700
팩스   02-322-3089
홈페이지   www.bookdaum.com

가격   13,000
ISBN   979-11-5622-093-0-03190

CIP제어번호   2015013762
          이 도서의 국립중앙도서관 출판시 도서목록(CIP)은 e-CIP 홈페이지(http://www.nl.go.kr/ecip)에서
          이용하실 수 있습니다.

인생은 그 사람의 생각이 만들어가는 그 무엇

지금,
당신에게
필요한 것은?

박병수 지음

들어가며

지금 이대로 잘하고 있는 것인가? 앞으로 때가 되면 진급도 되고 임원도 될 수 있겠지! 남들도 다 하는 건데 뭐 나라고 설마 못 한다는 법은 없겠지? 그때는 몰랐지만 지나고 보니 그게 바로 타성이고 매너리즘이라는 것을 알 수 있었다.

요즈음은 IMF 시절보다 더한 불황이라고들 한다. 한국을 대표하던 그 잘나가던 삼성전자와 현대자동차의 당기 순익이 반토막으로 곤두박질치고, 그동안 제조업으로 글로벌 경쟁력에서 압도하던 시절은 이제 끝자락으로 접어들고 있다. 이제는 초일류만이 살아남는 첨단하이테크 기술 집약 서비스 산업이 주도하는 무한경쟁의 글로벌 시대이다.

우리나라는 초일류 첨단하이테크 부문에서 아직은 선진국에 밀리기도 하고, 뒤쫓아 오던 중국은 이제 우리 턱밑까지 쫓아와 이미 제조업은 하나둘 그네들이 접수하는 형국이다. 그리고 '첨단 하이테크' 기술면에서도 이제 불과 2~3년밖에 차이가 나지 않을 정도라 하니 세상은 급변하고 있음을 실감하지 않을 수 없다. 한때 잘 나가던 우리나라도 초일류 국가와 중국 사이의 소위 샌드위치 신세로 전락하고 있는 실정으로 한순간도 방심할 수 없는 '글로벌 무한 경쟁시대'임을 절감하게 된다.

저성장, 저물가, 저금리 소위 신 3저 시대가 도래 하고 있다. 국제 유가도 2014년 6월 23일 두바이유 기준 111불 수준이었으나 불과 6개월 만에 59, 56달러로 반토막으로 급락하였고 최근에는 50달러 밑으로 떨어졌다가 조금씩 오르고 있으며 경제회복에는 전혀 도움이 되지 못하고 총체적인 장기 불황의 늪으로 고착화 되고 있는 실정이다. 이대로 가다가는 일본과 같이 잃어버린 20년 장기 불황의 늪 속으로 빠져들지도 모를 일이라고 모두 우려하고 있다.

사회는 빠르게 고령화로 치닫고 있다. 2013년 합계출산율은 1.19명으로 OECD국가 중 최하위 그룹으로 전락하여 앞으로 20년 후인 2035년 경에는 지금 종합대학의 40%가 문을 닫게 될 전망이라고 정부에서 공식 발표하였다.

결혼하지 않는 것이 아니라 할 수가 없다. 전셋값은 해마다 가파르게 오르고, 사교육비는 웬만한 월급으로는 감당하기 어려워 감히 연애니 결혼이니 출산은 아예 꿈도 꿀 수가 없다. 오죽하면 '아프니까 청춘이다'와 '삼포 세대'에 이어 집 장만하고 인간관계까지 포기하는 '오포세대'라는 신조어가 젊은이들 사이에 유행되고 있을까? 청년실업이 11.1%나 되어 IMF 구제금융 시절보다 더 심각한 수준이라고 한다. 더구나 청년실신(실업자+신용불량자)이니, 인구론(인문사회계열은 90%가 논다)이라는 신조어까지 유행하니 참으로 요즘 청춘은 불쌍하기 짝이 없다. 이젠 '평생직장'이란 말은 먼 옛날 박물관에나 존재하는 말이 되어버렸다. 요즈음 평균 3~5번 직장을 옮기는 추세이고 앞으로는 적어도 평균 9번 이상 직장을 옮기리라 예측이 되고 있다.

물론 직업과 직종이 빠른 사회변화에 따라 다변화되는 추세이지만, 한 직장에 장기 근속하기가 구조적으로 어려운 부분도 있음을 부정할 수는 없다. 저성장, 저금리, 저물가의 디플레이션 고착화에다가 고령화까지 겹쳐 그야말로 새로운 패러다임의 시대가 도래하고 있다. 요즈음에는 평생 직장이 없어진 지가 오래되었다. 예전에는 한번 입사하면 특별한 일이 없고 본인만 원한다면 정년까지는 보장 되었으나, 지금의 은퇴 평균연령은 54세 정도다. 그러니까 100세 시대를 맞이하여 은퇴 이후 적어도 30년 이상 경제활동이 필요한 시대가 오고 있다는 이야기다.

이미 386이니 45정이니 56도라 하여 조기 은퇴가 현실화되고 있다. 40대들이여 지금 당신은 어디쯤 가고 있는지 한 번쯤 냉정히 자신을 되돌아봐야 할 때가 되었다. 아니 이미 늦은지도 모를 일이다.

이런 총체적 난국은 위기인 것만은 분명하지만, 또 한편 기회가 될 수도 있다. 미리 장래를 예측하고 철저히 준비만 한다면 말이다. 그러나 대부분 우리는 변화에 둔감하여 자신도 모르게 서서히 죽어가는 '프랑스 개구리 요리'의 개구리 신세인지도 모른다.

설마 나는 괜찮겠지 하는 무사안일은 예외 없이 바로 당신의 문제일 수도 있다.

20~30대를 어떻게 보내느냐가 인생을 좌우한다. 그리고 열심히 살아온 40대 바로 당신이야말로 지금까지 걸어온 길을 되돌아보고 100세 고령화 시대를 맞이하여 앞으로 다가오는 기나긴 세월 중에 남은 직장 생활과 은퇴 후 새롭게 맞이해야만 하는, 아니 어쩌면 본 게임보다 더 길수도 있는 '덤으로 인생 제2막'을 관망해야 할 때가 온 것이다.

지금 당신에게 필요한 것은 바로 '자신의 위치를 정확히 깨닫고 다가올 먼 장래를 철저히 대비하는 것' 이상 중요한 것이 또 있겠는가?

직장을 다닐 때 틈틈이 업무와 관련된 자격증이나 전문기술을 연마하여 준비해놓은 분들이야 그나마 다행이나 대부분 아무런 준비 없이 하루아침에 충성했던 직장에서 비정하게 내몰리게 되면 천 길 낭떠러지로 떨어지는 배신감과 패배감으로 한동안 삶의 의욕을 잃고 방황하게 된다.

닦은 기술도 없고 경기마저 장기불황이니 너도나도 손쉬운 식음료 프랜차이즈로 몰리게 되는 기현상이 일어나고 있다. 이러다 보니 자영업 인구가 전체 노동인구 2천4백만 중 25%나 되고, 그들 중 절반이 3년 이내에 실패하고, 그나마 소득수준도 직장인의 절반 수준밖에 안 된다 하니 큰 사회문제로까지 대두가 되는 실정이다.

평소에 아무런 준비 없이 은퇴하고 무작정 창업하면 성공은커녕 잃는 것이 3가지가 있다고 한다. 먼저 잃는 것은 퇴직금이고, 그 다음은 아파트이며, 마지막에 잃는 것은 마누라라고 한다. 반면에 늘어나는 3가지는 빚, 얼굴에 주름살, 흰 머리카락이 늘어나게 된다. 온실 같은 직장을 떠나 정글의 법칙이 지배하는 무한경쟁사회에서 어떻게 하면 생존하고 또 자기가 꿈꾸던 꿈을 실현할 수 있는가? 하는 문제는 남의 이야기가 아닌 바로 당신 자신의 이야기인지도 모른다.

어떻게 하면 내 안의 '또 다른 나'로써 자기도 모르게 찾아오는 불청객, '삶의 복병'인 매너리즘이나 권태 등의 실상을 정확히 알고 슬기롭게 탈출할 수가 있으며, 한 번뿐인 자신의 삶을 보람되고 가치 있는 시간 속에 행복한 삶을 살아갈 수 있는지 먼저 길을 걸어온 필자와 함께 당신도 그 비밀을 찾아 힘차게 한번 뛰어보리라 확신한다.

손자병법에 "지피지기면 백전 불퇴"라 하였다. 인생에서 백전 불퇴의 '필승 전략'을 위하여 먼저 현재 있는 그대로의 자신을 성찰하고, 지금 이 시점에서 무엇이 가장 필요하며, 그리고 또한 지금 잘하고 있는지 점검해 볼 필요가 있을 것이다.

이 세상의 주인은 바로 당신이며, 당신이 만들어 가는 것이다. 성공과 행복은 가슴 뛰게 꿈꾸며 열정적으로 준비하는 당신의 것이 될 것이다. 일찍이 로마 제16대 황제 〈명상록〉의 저자로 잘 알려진 마르쿠스 아울렐리우스 황제는 "인생은 그 사람의 생각이 만들어가는 그 무엇"이라고 말하였다. 지금이야말로 바로 자신을 진지하게 '생각'해 보고 고민하며 신발 끈을 다시 조여 매는 시점이 되어야만 할 것이다.

지금 아는 것을 그때도 알았더라면 하고 돌이켜 보며 너무나 지난 세월이 후회스러울 뿐이기 때문이다. 남들이 보면 연세대를 졸업하고 현대자동차에 공채로 입사하여 만 30년 근무하고 상무이사로 퇴임한 후 현대자동차 협력업체 대표를 역임하고 현재는 극동대 교수로 재직하고 있으니 이 정도면 결코 뒤지는 경력은 아닐 수도 있지만 냉정히 돌이켜 보면 때로는 매너리즘과 권태에 빠져 후회스럽고 한심한 삶을 살아왔다고 할 수 있다.

직장 근무 30년 동안 직장생활에 충실해야 한다는 명분으로 자기계발이라고는 생각일 뿐이었다. 일 년에 책 한 권 읽지 않는 해가 25년은 더 되었고, 영어회화 하려고 카세트테이프 월부로 두 부씩이나 사놓고 채 한 달을 넘기지 못하고 내팽개치고, 이사를 무려 17번이나 다니는 동안 차마 버릴 수가 없어 별도로 소중히 챙기기는 하였으나 그 후 어디 처박혀 있는지도 모르게 방치하여 왔었다.

글로벌 시대에 영어는 기본인데도 해외여행이라도 갔을 때는 꿀 먹은 벙어리가 되어 당황하게 된 일이 다반사였다. 그렇다고 영업부서에 근무하면서 고객관리나 기업경영과 인사관리 등 직무와 관련 있는 전문지식을 공부해본 적도 없었으니 참으로 한심하기 짝이 없고 부끄러울 뿐이다. 그래도 운 좋게 별문제 없이 30년이란 긴 세월 동안 고위간부로서 일해왔으니 순전히 행운이었다고 할 수 있다. 현장에서 몸으로 배운 체험 하나로 버틸 수 있었으니 솔직히 운이 좋았다고 해야 할 것이다.

경제가 '한강의 기적'이라고 할 만큼 급속도로 발전하여 자동차가 생필품이 되고 물동량의 증가로 소위 '모탈리제이션'(자동차 수요가 폭발적으로 늘어남)으로 소속 회사가 급신장할 수 있었고, 또한, 1980년대 정부의 중화학 공업 구조조정 정책 등으로 업계가 필자의 소속회사를 중심으로 재편됨으로써 일자리가 증가하여 솔직히 운 좋게도 장기근속은 물론 임원도 될 수 있었다고 생각한다.

만일 '지금 아는 것을 그때도 알았더라면' 아마 전혀 다른 지금의 모습일 텐데 아쉽기가 그지없다. 수없이 많은 황금 같은 시간을 허송하고 난 후 얼마 남지 않은 여생을 바라보며 늦게나마 최후 발악하는 심정으로 1분 1초도 아까워하며 '오늘 하루를 내 생의 마지막 날처럼' 열심히 살아가고 싶을 뿐이다.

사실 요즈음은 마치 사춘기와 같이 내 삶을 힘들게 하는 마음의 복병들은 나이에 관계없이 찾아오고 있다. 나이는 숫자에 불과하다는 애기와 같이 솔직히 '청년과 같은 늙은 사람(노인청년)'이 있는 반면에 '늙은 이 같은 청년(청년노인)'들도 너무나 많아서 안타까울 뿐이다.

그래서 이 책은 먼저 길을 걸어간 한 선배 직장인의 '인생 고백서'로서 통한의 허송세월이 너무 아까워 사회진출을 준비하는 청년층은 물론 지금의 젊은 직장인에게 나와 같이 후회하지 말고 보람 있고 알차게 직장생활을 준비하고 영위하는 데 조금이나마 도움이 되는 길잡이가 되고자 책을 써야겠다는 일종의 사명감으로 감히 쓸 수가 있었다고 솔직히 고백한다. 삶이란 끊임없는 도전과 직면하는 일련의 과정이다. 어떻게 용기를 내어 맞서느냐? 하는 선택이 있을 뿐이다. 살면서 자기도 모르게 찾아오는 복병을 탈출하여 당신은 지금 어디쯤 있는지? 지난 과거를 되돌아보고 가슴에 큰 꿈을 품고 먼 미래를 응시하며 신발 끈을 다시 한 번 동여매고 힘차게 달려가 보자.

이 세상은 마음먹은 대로 또 실천하는 대로 모두 다 이룰 수 있는, 생각보다 훨씬 아름답고, 살맛이 나는 공정하고 도전해볼 만한 세상임을 당신도 알게 될 것이다.

CONTENTS

3부

꿈은 나를 응원하고 지켜준다

1부

지금 당신에게 필요한 것은?

1

인간의 네 가지 수수께끼

  인간은 누구에게나 공통적으로 네 가지의 궁극적인 의문이 있다. 어디에서 왔는지? 어디로 가는지? 언제 가는지? 그리고 나는 누구인지? 도대체 알 수 없는 불안한 마음이 종교를 만들었다고 볼 수 있으며, 그래서 인류의 역사는 종교의 역사라고 한다. 어떻게 사는가도 중요하지만 어떻게 죽을 것인가는 더 중요한 문제다.

  네 가지 수수께끼 중에서도 '내가 누구인지 아는 것'이 가장 근본적이고 어려운 문제인지도 모른다. 오죽하면 그리스 델포이의 아폴로 신전 현관 기둥에 새겨져 있던 '너 자신을 알라'라는 말을 철인 소크라테스가 소피스트들에게 '영혼의 산파술'로 자주 인용하며 "네가 뭘 알고 있느냐?"라고 하며 되물으면서 스스로 반문하고 모르는 것을 인정하고 다시 그 모르는 것들의 해답을 찾아가는 과정에서 지혜를 강구해 나아갔다. 그는 적어도 자신은 자기를 잘 모른다는 사실만은 자각하고 '무지(無知)의 지(知)'야말로 참된 도덕적인 삶을 위한 전제 조건임을 알고 있었기 때문이라고 볼 수 있다.

  인생의 불행은 대부분 자기 자신을 제대로 모를 뿐 아니라, 이 세계에는 영원히 변치 않는 '절대적인 진리'가 있으며, 인간에게는 '참되고 가치 있는 무엇'인가 존재한다는 사실을 모르는 데 있다.

따라서 이 세상에서 가장 지혜롭고 현명한 사람은 적어도 '자기가 자기 자신을 잘 모른다는 사실을 자각하고, 절대적인 진리와 참되고 가치 있는 것을 깨달은 사람'으로 누구에게서나 배우려는 겸손한 사람이라고 한다.

그래서 결국 '진정한 자기 자신'을 스스로 찾아가는 과정이 바로 행복으로 가는 출발점이 되는 것이다. 가장 어리석은 사람은 자신만은 영원히 살 것이라고 착각하는 사람이다.

따라서 인간의 근원적인 문제는 '참자기'를 모르기 때문에 마치 자신만은 영원히 살 것이라고 착각하며 자기중심적으로 자기합리화에 매달리는 것에서 시작한다고 할 수 있다.

자기 몸이 나일까요? 얼굴이 있고 팔과 다리가 있으며 생각하는 머리가 있으니까 내가 존재하는 것일까? 나를 자각하는 것은 외부 신체의 모습이 아니라 과거부터 축적된 기억의 집합체에 불과하다. 다시 말해 기억 덩어리라고 말할 수 있다. 기억상실증이나 치매 환자는 자기가 누구인지 전혀 지각할 수가 없기 때문이다. 소나 돼지는 지각능력이 없으므로 자신이 누구이고 어떤 존재인지 알 수가 없다.

또한, 인간 중심의 이성주의에 의한 실존주의 철학자인 데카르트(Des-cartes)도 "나는 생각한다, 고로 나는 존재한다."라는 명제에서 잘 표현하고 있다. 외형적인 신체는 진정한 자기라 할 수가 없다. 몸은 모음이라는 뜻이다. 외부 환경으로부터 생명유지를 위해서 물질들을 모아놓은 것에 불과하고, 그 모음은 언젠가는 또 원래의 자리로 돌아가야만 하는 운명이기 때문이다. 또한, 현재의 나는 과거에서 지금까지 자신이 선택하고 결정하고 행동한 것들의 총체적 결과물에 불과한 것이기 때문이기도 하다.

부처님도 중생의 모든 불화와 갈등의 원천은 바로 나로부터 비롯되는 세 가지 독(毒)인 '탐(貪)', '진(嗔)', '치(癡)'라고 하였다. 탐욕과 화냄, 그리고 어리석음이 우리 내면의 깊숙한 곳에 자리 잡고 있어 끊임없이 마음을 해치고 있다. 개인의 삶뿐만 아니라 사회 곳곳에 대립하고 반목하는 까닭은 바로 이 삼독에서 헤어 나오지 못하기 때문이다.

따라서 이 네 가지 수수께끼가 바로 부처님이 지적하는 세 가지 독 중의 하나인 치(癡)로서 '어리석음'이라 할 수 있을 것이다.

과학기술의 발달로 인한 물질만능주의가 팽배하여 인간의 본래 모습을 추구하는 인문학이 실종된 요즈음, 다행히 국내에서 처음으로 2010년 11월에 인문학의 심화연구 지원과 학술대회 및 학술 지원사업과 대중 확산을 위하여 공익재단으로 '플라톤 아카데미'가 설립되었다. 기원전 4세기경 그리스 철학자 플라톤이 아테네 근교에 설립한 '아카데미'와 기원후 15세기경, 이탈리아 피렌체의 현자 코시모 데 메디치가 중건했던 '플라톤 아카데미'의 정신을 계승하고자 국내에서 이러한 아카데미가 설립된 것은 무엇보다 탁월한 발상이며 세계적으로도 자랑스러운 일이라 하겠다.

인문학이 추구하는 기본적인 가치는 어떻게 하면 나 자신에게 진실한 삶뿐만 아니라 나아가 이웃과 더불어 사는 공생의 삶과 아름다운 삶을 위하여 '나는 누구인가'에 대한 확산적인 질문을 통하여 본질적인 성찰과 해법을 이끌어 내는 것이다.

인간은 혼자서는 살 수가 없는 존재다. 자신에 대한 성찰만으로는 존재할 수가 없다.

"네가 존재한다, 따라서 내가 존재한다."라고 말할 수 있는 공감과 공존의 시대가 다가오고 있기 때문이다. 지금까지는 단순히 자신이 누구인지? 어떻게 살 것인지? 에 대한 성찰로 자신의 감정, 경험, 욕망 등에 관한 자기 개인의 내성(內省, introspection)에만 초점을 맞추어왔으나, 이제는 자기 자신 밖으로 나가 타인의 시각으로 그들과의 '관계' 속에서 내가 누구인지? 어떻게 살아야 행복한 삶인지를 탐구해야 할 것이다.

인간의 본성은 단순히 이기심이 아니라 '공감'에 있으며, 공자의 역지사지(易地思之)에서도 그 뿌리를 찾을 수 있으며, ~속으로 들어가서 느낀다는 뜻의 영어의 Empathy(공감)로써 다른 사람의 처지가 되어보고 그들의 정서적 측면의 '감정'과 타인의 관점에서 바라보는 인지적 측면의 '관점'을 이해하고 공감하는 데에 잘 나타나고 있다. 더구나 최근의 뇌과학의 발달로 다른 사람의 마음을 파악할 수 있는 '거울 뉴런(Mirror Neuron)의 발견으로 그 실체적 진실이 밝혀지고 있다. 그리고 인문학의 산실이라 할 수 있는 대학을 순례하며 인문학 지혜의 향연이 2012년에 연세대학에서 제1회 '동양고전' 강좌를 시작으로 2013년 봄 학기에는 서울대학교에서 '서양고전'과 가을 학기에는 경희대학교에서 '나는 누구인가'라는 주제로 진행되었고, 2014년 9월에는 '어떻게 살 것인가?'라는 주제로 고려대학교에서도 진행되었다.

또한, 본 강의 동영상 자료를 본 재단과 SBS CNBC에서 공동 제작하여 무료로 제공하고 있다 하니 여간 반가운 일이 아닐 것이다. 그리고 2013년 경희대학교에서 있었던 '나는 누구인가'라는 주제의 강연 내용을 중심으로 21세기 북스에서 〈나는 누구인가?〉라는 도서로 출판까지 되었으니 인문학의 위기가 공공연한 현실로 받아지고 있는 이때에 인문학 대중화에 더없이 좋은 기회가 되리라 확신하게 된다.[10]

실존주의 사상에서처럼 실존은 본질에 앞선다는 것이므로 철학적인 담론은 이쯤에서 접어두고 현재에 초점을 맞추어 자신이 살아있음은 확실한 사실이므로 본질을 철학이나 종교에서 찾는 것보다 앞으로는 현재의 주어진 삶을 어떻게 하면 더 보람 있고 의미 있게 그리고 풍요롭고 행복하게 살 수 있는가에 초점을 맞추도록 하는 것이 현실적이라 하겠다.

2

....

내 삶에 가장 필요한 것은 무엇일까?

자기 성찰을 하는 것이 급선무다

자기 성찰은 자기 정체성을 아는 데부터 출발하여야 한다. 우선 자기가 누구이며, 현재 위치가 어디이고, 또 좋아하고 잘할 수 있는 일은 무엇이며, 인성과 품성, 장단점, 능력, 흥미, 욕구, 그리고 공감능력과 삶의 방식 등 수없이 많을 것이다.

서강대학교 최진석 교수는 "현실을 있는 그대로 보고, 보이는 대로 보라는 노장사상을 상기할 필요가 있다."고 하며, 노장사상이 오늘날 주목받는 이유는 무위(無爲) 사상으로 '무위하면 안 되는 것이 없다'는 뜻의 무위이 무불위(無爲而 無不爲)를 강조하였기 때문이다. 무위는 추구하지 않음을 뜻하며 아무것도 하지 않는 것이 아니라, 어떤 틀에도 갇히지 않은 자유로움을 강조하며, 인위적인 행위를 하지 않고 자연의 법칙에 순응하여 사물의 자연스런 본성에 따르는 것을 말한다.[35]

지금까지 청년들은 학교라는 제도권에서, 중년들은 직장과 사회 그리고 가정에서 정신없이 달려왔으니 이제 잠시 걸음을 멈추고 자신을 현재 있는 그대로를 관조하여 보자. 멈춰 서서 뒤를 돌아볼 줄 아는 사람은 비록 조금 늦을지는 모르나 가는 길의 방향을 정확히 알고 비전을 바라보며 결의를 다질 수 있게 된다.[45]

세계적인 리더십전문가이자 베스트셀러인 존 맥스웰(John Maxwell)은 〈사람은 무엇으로 성장하는가?〉에서 '되돌아보기 법칙'으로 걸음을 멈추면 자신이 올바른 방향으로 가고 있는지?, 또한, 그간의 수많은 경험으로부터 배울 수 있는 시간적 여유와 장소가 필요하다고 강조하였다.

그 수많은 요소 하나하나를 분석하고 그 본질을 찾는 것도 중요하지만, 더 중요한 것은 그 부분 요소들이 융합된 총체적인 자신의 모습을 보는 것이다. 바로 자기가 어떠한 삶을 사는 것에서 결정되므로 한 인간의 정체성은 곧 그 사람의 '삶' 자체라고 볼 수 있다.

이러한 삶에 대한 통찰력은 바로 '나는 누구인가? 에 대한 본질적이고 기초적인 질문으로써 인문학이 추구하는 기본 가치로 돌아가는 것이 중요하다고 연세대 김상근 교수는 그의 공저인 〈나는 누구인가?〉에서 밝히고 있다. "그것은 나 자신에게 '진실 된 삶', 이웃과 더불어 사는 '도덕적인 삶', 그리고 아름다움을 추구하는 '멋진 삶'과 '가치 있는 죽음'을 위해 사는 것"이라고 하였다.

'나는 누구인가? 에 대한 성찰은 진·선·미 중에서 진(眞)에 해당하는 '진리의 성찰'이고, '어떻게 살아야 할까?' 하는 도덕적 성찰이 선(善)에 해당하며, 얼마나 멋지게 죽느냐? 하는 것이 미(美)에 대한 과제라 하였다.

그리고 그는 바람직한 삶을 위하여 먼저 자기 자신을 사랑하고, 현실에 굴하지 말고 미래의 바른 길을 바라보며 인간은 유한한 생명을 가진 존재임을 스스로 깨달아야 한다고 하였다.[10]

지금의 40대는 X세대로 1970년대에 태어나고 1990년대에 10~20대를 보내면서 개인주의와 민주화 물결을 타고 탈 이념적, 정치적 무관심으로 소위 경제성장과 문화혜택을 가장 많이 누린 세대들이다.

1990년대에 10~20대를 보내며 엄정화, 김건모, 쿨, SES, 터보 등의 연예인을 추종하고 예능프로인 '토요일 토요일은 즐거워'를 열광하며 그들의 욕구를 불태웠다. 학창시절을 함께했던 왕년의 스타들을 그리워하고 그때의 향수에 젖었으며 '가요 무대와 콘서트 7080'은 X세대의 향수를 동경하는 새로운 복고 버전인 셈이다. 또한, 탈 이데올로기적이며 정치적으로 무관심하며, 개인주의와 해외문화 개방세대들이다.

1) 현시점에서 있는 그대로의 자신을 바라보자

현시점에서 있는 그대로의 자신을 본다는 것은, 마치 당신이 타고 다니는 자동차를 정비공장에서 종합검사를 하고 또 본인의 건강을 위해 병원에서 건강검진을 해보는 것과도 같다. 승용자가용차는 신차를 출고하면 4년차에 정기검사를 받아야 한다. 그리고 중년쯤 되면 자신의 건강상태 파악을 위하여 종합 병원에서 건강검진을 해 보는 경우가 많고, 그리고 어떤 사람이 몸이 불편하면 의사가 그 병의 원인을 찾기 위해 여러 가지 검사를 사전에 하는 것과 같은 이치이다.

세계보건기구(WHO)는 헌장에서 사람의 건강을 크게 세 가지로 정의하고 있다. '신체적 건강, 정신적 건강 그리고 사회적 건강'이다.

이 세 가지 중에 어느 한 부분이라도 건강하지 않다면 그 사람은 건강하지 못하다는 것을 말한다. 신체적 건강은 외형적으로 나타나는 신체적 건강을 말하고, 신체의 내부나 외부의 환경 인자의 변화와 관계없이 생체상태가 일정하게 유지되는 '항상성(Homeostasis)이 유지되는 상태를 말한다. 정신적 건강은 밖으로는 나타나지 않지만 여러 가지 정신적 결함이나 정서적으로 안정된 상태로, 외부로부터 어떠한 스트레스를 받더라도 이겨낼 수 있는 내성이나 기분이 안정된 상태를 말한다. 사회적 건강은 국가 차원에서 시스템적으로 복지가 잘 운용되어 기본적인 삶이 보장되고 개인적 사회적 인간관계가 원만한 상태를 말한다.

특히 오늘날과 같이 사회가 급변하고 복잡하게 얽혀있을 뿐 아니라 개인의 자유가 최대한 보장되는 민주사회에서 100인 100색의 다양한 개성과 욕구분출로 인한 갈등과 분노 등으로 매우 복잡하고, 다원화된 사회병리 현상이 곳곳에서 나타나고 있는 실정이다.

마치 자동차와 인체의 건강상태를 검사하듯이 사람의 정신 상태와 각종 장애 검사도 반드시 해볼 필요가 있을 것이다. 다만 자동차는 달리는 흉기이기 때문에 법으로 자동차검사를 일정 기한에 반드시 받도록 강제하고 있다(자동차 관리법 제43~44조).

사람의 신체적 건강도 국가의 복지차원으로 의료공단에서 일정 연령 이상이면 무료로 의료검사를 제공하고 있다(만 40세 이상 기본건강검진, 만 60세 이상 치매 무료검사 등). 다만 정신 건강 측면에서는 아직 정부 차원에서 체계적인 검사를 제공하고 있지 못하는 실정이다. 어떤 면에서는 정신건강 검진이 신체검사보다 오히려 더 중요할 수도 있는데 말이다.

국가는 국토와 주권, 국민으로 구성되고 있으며, 국가의 경쟁력은 무엇보다도 국민의 인적자원으로 결정된다고 할 수 있을 것이다. 결국, 국민 한 사람 한 사람의 건강과 복지증진이 국가 경쟁력 제고의 최우선 과제라 하겠다. 이런 차원에서 세계보건 기구가 정의하는 건강의 세 가지 요건 중에 신체적, 사회적 건강과 더불어 정신적 건강이 매우 중요한 사항이기 때문에 여기서는 주로 정신 건강 부분에만 국한하여 생각해 보도록 하겠다.

2) 자동차검사와 건강검진(신체검사)

중년의 삶을 건강하게 유지하려면 자동차검사처럼 우리의 건강검진이 왜 필요로 하는지를 잘 알 수 있다. 또한, 사람의 정신건강에 필요한 주요 점검 사항과 내용에 대하여 검토해볼 필요가 있다.

• 자동차 검사에는 정기검사와 종합검사가 있으며(승용자가용 기준) 정기검사는 신규 4년차가 대상이며 검사주기는 매 2년만이다. 그리고 종합검사는 4년 경과한 차량이 대상이며 검사주기는 또한 매 2년이다.

《 승용자가용 정기 검사의 주요항목 》

번호	주요 계통	세부 점검사항
1	조향계통	앞바퀴 정렬 / 조향계통 설치상태
2	주행계통	차축,타이어,휠, 변속기,추진축
3	제동계통(브레이크)	제동력(앞, 뒤, 좌우) / 제동계통 설치상태
4	등화장치	전조등, 방향지시등, 기타
5	배기가스	휘발유, LPG, 경유 배기, 소음발생방지 장치
6	계기 계통	속도계, 계기장치
7	자기진단센서 점검	변속기, 에어백
8	육안검사	엔진오일 / 벨트 / 차대와 차체 물품적재상태
		(승차 / 조종 / 완충 / 방화) 장치
		경음기(연결 및 견인 / 전기) 장치
		연료장치 / 내압 용기 / 시야 확보 / 창유리
		기타 장치

《 건강검진의 주요 신체 검사항목 》

검사항목	세부 사항	비고
신체계측 / 체성분분석	신장 / 체중 / 골격근량 / 기초 대사량 / 근육량 / 체지방 등	
혈압/맥박	수축기 / 이완기 / 맥박 등	
안과 검사	시력 / 안압 / 안저 등	
청력 /치과		
폐 기능	폐활량 / 노력성 폐활량 / 1초간 노력성 호기량 등	
심전도		
일반혈액검사	적혈구 / 혈색소 / 백혈구 / 림프구 / 혈소판 / 혈액형 등	
대, 소변, 뇨침사	잠혈 / 기생충 / 비중 SG / 산도 PH / 아질산염 / 요당 등, 요 침전	
신장 기능 및 전해질	나트륨 / 칼륨 / 염소 / 이산화탄소 / 칼슘 / 요산 등	
당뇨 및 대사	공복혈당 / 당화혈색소	
간 기능	총 단백 / 알부민 / GOT / GPT 등	
혈청 및 지질	총콜레스테롤 / HDL / LDL / 중성지방	
생화학	CRP(high – sensitivity)	
간염	B형 s 항원 / B형 c 항체 / B형 s항체 / C형 항체	
면역혈청	매독 특이항체 / AIDS 항체/류머티즘 인자 등	
종양지표자 검사	간암, 대장암, 폐암, 췌장암, 전립선암, 항원 등	
갑상선샘 기능	갑상선 자극 호르몬 TSH / 유리 갑상선 호르몬(Free T4)	
기능 정밀검진 혈액	Vitamin D	
복부 초음파	간 /신장 / 담낭 / 비장 / 췌장 등	
흉부 X선 촬영		
식도/위/십이지장		
선택 검사	전립선 초음파 / 경동맥 / 심혈관 3D CT, 동맥경화 협착 등	

이와 같이 자동차 검사는 달리는 흉기이기 때문에 안전을 위하여 도로교통법상 정기적으로 검사를 강제하고 있다. 그러나 건강검진은 정부가 전 국민을 대상으로 복지차원에서 국민건강보험공단을 통하여 정기 건강검진이나 국가 암 조기검진 프로그램, 영유아검진제도, 65세 이상 노령자 치매선별검사 등을 무상으로 실시하고 있으나 아직은 완벽한 검사까지는 되지 않고 있으며 대부분 자비 부담하는 종합병원의 정기 검사는 비용 때문에 제한적으로 시행되고 있다. 암과 같은 중병은 자각증상이 없어 발견 시 오랫동안 진행이 되어 치료가 어려운 경우가 많지만, 의술이 발달하여 초기발견 시는 완치 가능성이 갈수록 증대되는 추세다.

정신건강도 초기에 점검하여 적절한 테라피로 정상인과 같이 건강을 되찾을 수가 있으나 문제는 본인이 자각하지 못할 뿐 아니라 인정하지 않는 경향이 있어 점점 키우는 데에 있다.
정신 질환은 단순히 본인의 건강 이상을 넘어 타인에게 더 크고 심각한 위해를 가할 수 있는 무서운 질병이다.

2015년 3월 24일 독일 저가항공사 저먼윙스 여객기가 프랑스 알프스 산악지대에 추락하여 150여 명이 사망한 사건은 6년 전 우울증으로 '조종불가' 판정을 받은 우울증에 걸린 부조종사인 안드레아스 루비츠가 고의적으로 자동조종장치를 고도 1만 1,582m에서 30m로 급격히 낮춘 의도된 추락사고로 밝혀지고 있다. 그는 평소에 항우울제를 비롯한 다양한 정신질환 치료약물을 복용해 왔고 최근에는 자살 충동까지 느꼈다고 한다. 유럽인의 27%, 미국인의 25%가 알코올 의존성이나 우울증 등 다양한 정신질환을 앓고 있으나 법적인 사생활 보호로 철저히 비밀에 부쳐지고 있어서 채용 때 이런 정신 병력을 물어보는 것이 허용되지 않는 데에 문제의 심각성이 있다. 일부에서는 조종사나 경찰, 원자력 발전소 등 공공안전 관련 시설을 운영하는 특정 직군에 정신 병력자 채용 제한과 공개를 의무화할 필요성이 대두되나 한편 이를 시행하면 병력을 은폐하거나 오히려 치료를 꺼리는 등 더 큰 문제가 발생할 수 있다는 우려도 있다.

또한, 2007년 4월 16일 미국 버지니아공대에서 무려 32명이 사망하고 29명이 부상한 총기 난동사건은 미국에 이민 간 한국 국적의 이민 1.5세대인 조승희로 밝혀졌으며 그는 본인의 정체성 혼란과 삶의 고통을 견디는 내성이 부족하고, 분노를 밖으로 드러내며 다른 사람이 자신에게 기회를 주지 않는다고 불평하며 소외감을 느끼고 인간관계의 단절로 사회적으로 고립감을 느끼는 일종의 정신적 결함의 결과였다고 볼 수 있다.

그리고 우리나라에서도 최근 한해에 무려 9홉 건이나 일어난 화성 연쇄살인 사건이나 대구 지하철 방화사건, 논현동 고시원 방화사건 등과 같이 마치 전염병처럼 일어나는 이른바 묻지마 살인사건들도 사회적 분노표출로 일어나는 일종의 정신적 병리현상이라 할 수 있다.

따라서 신체검사와 더불어 '정신 건강검진'도 언젠가는 모든 국민이 '의무적이고 무상'으로 검진과 치료까지 받을 수 있어야 할 것이다. 특히 요즘음 인성교육의 부재로 극단적인 개인주의와 타인 배려나 절제력의 상실과 황금만능주의 등으로 성추행, 폭력, 왕따, 막말, 무질서, 자살, 비리, 부패 등 각종 사회 병리 현상이 대두하는 이때에 국민 개개인의 정신적 사회적 건강은 물론 건전한 사고방식과 튼튼한 마음의 근력(筋力)과 도덕성의 회복이 갈수록 중요해지고 있다고 할 것이다.

정신건강 점검(Mental Test)

　정신건강은 정신 상태가 삶의 목표와 그것을 실현하기 위해 어떠한 노력을 하고 있느냐? 하는 부분을 살펴보는 것이다.

　삶의 방향과 실천 에너지로 먼저 아래와 같이 11가지의 질문부터 해보자. 어떤 대답도 상관이 없다. 솔직하고 있는 그대로의 답변이 이루어져야 만이 자신을 정확히 평가할 수 있을 것이다.

① 왜 사는가? 사는 이유가 무엇인가? (삶의 의미, 가치관)

② 무엇을 추구하는가? 삶의 목적이 무엇인가? (삶의 목적, 꿈)

③ 가는 방향은 어디이고, 또한 맞는가? (비전과 방향)

④ 삶의 주도권은 자기에게 있는가? (주인의식, 주도권)

⑤ 절제력과 통제력은 적절히 발휘되고 있는가? (자기절제, 통제)

⑥ 가슴에 반드시 이루고자 하는 열정과 패기가 있는가? (열정과 추진력)

⑦ 구간별로 체계적이고 현실성 있는 구체적인 계획이 있는가? (목표의 SMART 규칙)

⑧ 일의 우선순위에 따라 효율적으로 추진하고 있는가? (일의 우선순위)

⑨ 중간 점검을 통하여 지난 성과 분석과 앞으로 좀 더 나은 방법을 모색하고 있는가? (P-D-C-S)

⑩ 이루고 싶은 꿈과 목표를 생생하게 상상하고 밑그림을 그릴 수 있는가? (밑그림)

⑪ 다른 사람의 처지에 서보고, 더불어 살고 이바지하며 공존 공생하는가? (공감능력)

당신은 어떤 대답을 할 수 있습니까?

다행히 모든 항목이 긍정적인 답변이기를 필자는 간곡히 바랍니다만 그렇지 못하는 경우도 있으리라 짐작을 한다. 왜냐하면, 보통의 일상생활에서는 평소에도 일관되게 자기가 의도하는 대로 주도적으로 살기가 절대 쉽지 않기 때문이다.

만약 대부분의 대답이 그렇지 못하다는 부정의 결과가 나와도 결코 실망하실 필요는 없다. 왜냐하면, 미처 깨닫지 못한 자신의 생생한 현재 모습을 거울을 보듯이 바라볼 수 있는 것 자체만 하더라도 그만한 가치가 있기 때문이다. 그리고 당신이 자각하고 마음먹기에 따라서 얼마든지 미래를 원하는 대로 바꿀 수 있기 때문이다. 새로 시작하기에 늦은 때는 결코 없기 때문이다. 오로지 당신의 선택에 달려있을 뿐이다.

먼저 육하원칙에 따라 꿈과 목표를 수립하고, 그것을 이루겠다는 확고한 신념을 가지고 긍정적이고도 진취적인 마음가짐으로 열정적으로 추진하며, 그런 과정에서 직면하는 갖은 유혹을 뿌리치고 어떠한 고난과 역경도 참고 견뎌내며, 끝까지 포기하지 않고 기필코 이루어 내겠다는 신념과 실행이 있어야만 가능하다.

다시 말해 P → D → C → S → T → R로 요약할 수 있을 것이다.

계획하고 P(Plan) → 실행하고 D(Do) → 점검하고 C(Check) → 관찰하고 S(See) → 절제하고 T(Temperance) → 이루어진다. R(Realize) 는 것이다. 꿈을 이루기 위해서는 꿈의 수립도 중요하지만, 그것을 이루기 위해 실천하고 중간 점검하는 과정이 무엇보다도 중요하다는 뜻이다. 참고로 여기서 점검(C)은 지금까지 걸어온 과거에 초점을 맞춰 점검하는 것이고, 관찰(S)은 앞으로 미래의 계획에 관한 것이라고 가정을 하겠다.

그리고 정신머리(Mental Attitude)인 사고방식과 정신의 건강상태가 건전한지를 자기 스스로 점검해보자. 각 분야에서 성공한 사람들의 공통점은 여러 가지가 있겠으나 가장 기본적이고 근본적인 것은 바로 투철한 정신 자세와 독서와 글쓰기, 토론 등으로 가능한 튼튼한 마음의 근력(筋力)에 바탕을 둔 뛰어난 '성취 욕구'라 할 수 있다.

이러한 성취력은 지능이나 재능과 같은 '인지 능력'보다 끈기와 열정, 집념, 투지, 자신감, 도전과 불굴의 정신력, 자기 동기유발, 회복 탄력성, 자율성, 참을성, 침착성, 등과 같은 '비인지 능력'에 의해 좌우된다.

3

. . . .

내가 좋아하는 일이 나를 행복하게 한다

좋아하는 일을 찾자

지금 당신은 업무를 좀 더 잘 하거나 몸값을 높이기 위해 또 다른 스펙을 쌓기보다는 이 시점에서 가장 필요한 것은 자신을 살펴보는 것이 더 중요하다. 좋아하는 것이 지금 하고 있는 일이라면 더없이 좋겠으나 그렇지 않은 경우가 더 많을 것이다. 목구멍이 포도청이라서 식구들 먹여 살리기 위해 어쩔 수 없이 '해야만 하는 일'이라면 불행한 일이다. 자기가 '좋아하는 일'과 '하고 싶은 일'을 하는 사람이 이 세상에서 가장 행복한 사람이라 할 수 있다. '무엇이 되고 싶다'보다 '무엇을 하고 싶은가'가 더 중요한 것이다. 같은 방향으로 뛰면 일등은 하나밖에 없지만 사방팔방으로 뛰면 4명에서 8명이나 되고 전 방위로 뛰면 수많은 사람들이 일 등이 될 수 있기 때문에 각자가 무엇이든지 하고 싶고 좋아하는 분야에서 최선을 다하는 것이 행복의 지름길임을 명심해야 한다.[43]

일과 직업은 단순히 생업을 위한 목적도 있지만, 사회 구성원으로서 분업을 통한 사회 기여와 소명의식뿐 아니라, 나아가 그것을 통하여 자아실현을 하는 기쁨과 보람을 발견하는 창조적인 일터가 되어야 한다. 열정을 불러일으키는 좋아하는 일이 되어야 하고 재능을 발휘할 수 있는 잘하는 일이 되고, 가치관을 찾을 수 있는 중요한 일이 되고, 궁극적으로 자신의 꿈과 목표를 실현할 수 있는 일이 되어야만 한다.

호모 헌드레드(Homo Hundred,백세인간) 즉 인생 100세 시대에 지금까지 걸어온 것보다 앞으로 걸어갈 인생길이 훨씬 더 길고 멀다. 지금까지의 커리어도 중요하지만, 앞으로 어떤 커리어로 꽃을 피울지는 더 중요하다. 남들이 걸어온 똑같은 길을 따라가서는 결코 성공할 수가 없다. 남들과는 다른 나만의 길을 찾아야 한다. 남을 위하고 남을 의식하고 기존의 사회적인 틀 속에서 살았다면 이제부터는 나를 위한 나만의 길을 가고(My Way) 내가 좋아하는 '꿈의 공간(일터)'을 만들어야 한다.

공자는 논어 옹야(雍也) 편에서 "천재는 노력하는 사람을 이길 수 없고, 노력하는 사람은 즐기는 사람을 이길 수 없다(知之者 不如好之者, 好之者 不如樂之者)"고 하였다. 결국 즐기는 사람이 가장 능률적이고 잘할 수 있으며, 성공하고 행복할 수 있다는 이야기이다. 좋아하는 일에는 자신도 모르게 몰입이 된다. '몰입이론'의 창시자인 미하이 칙센트미하이 교수는 몰입을 '플로우(Flow)'라고 하며 자기목적적 활동을 할 때를 마치 자유롭게 하늘을 나르거나 물이 흐르듯 자연스럽게 빠져드는 상태라고 하였다. 시간마저 잊을 정도의 몰입은 행복감을 가져다주며 생각의 한계를 초월하여 의식을 확장시켜 창의성이 발휘된다. 지금이라도 절대 늦지 않았다. 지금 하는 일이 비록 해야만 하는 일이더라도 즐거운 마음으로 마음껏 뛰어노는 '놀이터'와 '꿈의 일터'로 만들어보자.

지금 하는 일을 좋아하도록 하자

지금 하는 일이 비록 자기가 좋아하는 일이 아니더라도 좋아한다고 생각하고 애착을 느끼며 그 일을 소중히 여기고 사랑하면 자기도 모르게 좋아하는 마음이 생기게 된다.

호(好). 불호(不好)는 그 일 자체가 아니라 그 일을 대하는 본인의 마음가짐과 태도에 달려있을 뿐이다. 자신이 지금 하고 있는 일이나 직업에 대하여 새로운 관점에서 가치와 의미를 다시 찾고 재 정의를 해보자. 내 안에 잠든 잠재능력의 엔진에 불을 집혀보자. 타고난 재능이나 좋아하는 일보다 얼마나 노력하느냐가 더 중요하고 도전해볼 만한 가치가 있는 것이다. 기왕에 해야 할 일이라면 그 일이 어떠하든 간에 자신이 그 일을 소중히 여기고 사랑할 때 자신의 잠재능력은 십분 발휘될 수가 있는 것이다. 처음부터 좋아하는 일이란 예초부터 존재하지 않는 것이다.

도전하는 습관적인 몰입과정 속에서 좋아하는 마음과 애착이 생기게 되는 것일 뿐이다.

해답은 그 일을 대하는 본인의 마음 자세에 달려있으며, 그 마음 자세에 따라 호·불호가 결정되는 것이기 때문에 지금 하는 일이 천직이라는 소명의식을 가지고 자신의 열정과 재능을 새로운 가치관으로 재조명해 보자.

무엇이든지 잘할 수 있다는 마음의 근력인 '자신감'은 나의 가치를 인정하는 '자아 존중감'과 나의 능력을 인정하는 '자아 효능감', 그리고 나의 존재를 인정하는 자긍심으로부터 나오는 것이다. 자신감으로 정신을 재무장하고 지금 있는 곳에서, 그리고 지금 하는 일에 승부를 걸어보자. 그 승부근성이야말로 자신이 하는 일을 좋아하게 만들 것이다. 인생에서 성공의 열쇠는 자기가 '좋아하고' '하고 싶은 일'을 찾고, 또한 자기가 해야만 하는 일을 '스스로 좋아하게, 하고 싶은 일로' 만드는데 달려 있다. 골프선수 박인비는 "성공은 이를 악물 때가 아니라 즐길 때 이루어진다."고 했다.[45]

문제는 모든 것이 처음 생각처럼 마음먹은 대로 그렇게 순조롭게 잘 진행이 되지 않는다는 것이다. 현실의 벽이 너무 높기 때문이다. 우리는 보통 살면서 자신이 '왜 사는지', '무엇을 위하여 사는지,' 삶의 이유와 목적을 잊은 채, 다람쥐 쳇바퀴 돌듯 반복되는 일상 속에 아무런 생각 없이 지친 심신을 이끌고 무료하고 의미 없이 어떤 목표를 향해 도전해 보려고 아예 시도조차도 하지 않고 허송세월만 보내는 경우가 대부분이다. 어느덧 자신도 모르게 초심을 잃고 방황하는 '청년노인(靑年老人)증후군'이나 '직장인 10년차 증후군'이라는 불청객, '중년의 복병'들이 엄습하고 있기 때문이다.

그러면 지금부터 꿈이나 목표를 달성하지 못하는 정신 자세나 생활 태도에서 나타나는 일상적인 문제점들을 살펴보도록 하자.

4

내 삶의 복병

타성과 매너리즘(mannerism)

현실에 안주하고, 변화를 두려워하며 어떤 행동이나 사고가 오래되어 굳어버린 버릇이며, 잠재능력계발이 어려운 상태로, 목표나 방향을 잃고 표류하는 일엽편주와도 같지만 문제는 자신 스스로는 모르고 있다는 것이다. 마치 암과 같이 대부분의 중병이 자각증상이 없어 발견 시에는 상당히 진행되어 치료가 어려운 상태와 같다고 할 수 있다.

일의 성과는 먼저 자기가 하는 일이 무엇이고, 왜 하는지 그 이유를 알고 어떻게 하면 보다 더 효율적이고 창의적으로 할 수 있는지에 대해 진지하게 생각하고 고민을 하면서 일을 하면 그 성과는 무려 3배 정도로 크다고 한다. 직장이나 개인 사업도 같은 일과 동일한 사업장에서 10년 이상 일하다 보면 타성에 젖고 매너리즘에 빠지게 되는 것은 당연하다. 타성에도 일종의 뉴톤의 운동 제1법칙인 '관성의 법칙'이 적용되기 때문이다.

주로 그 원인은 지금까지 그런대로 무난히 잘 되고 있으니 앞으로도 별문제 없이 지금처럼 잘 될 것이라는 막연한 기대심리 때문이라 할 수 있다.

물론 필자도 직장 생활을 한지 10년(차장급) 즈음부터는 별생각 없이 완전히 현실에 안주하고 주어진 일에만 그저 충실하고 장래를 위해서 어떠한 자기계발이나 준비를 하고 있지 않았으니까 말이다. 그 원인으로는 일상생활도 바쁜데 덤으로 자기계발하기가 너무 힘이 들고 구체적인 이미지도 그려지지 않을 뿐만 아니라, 작심삼일로 끝나 제대로 실천해 보지도 못했기 때문이라고 할 수 있을 것이다.

무기력증

아무리 원해도 원하는 것을 얻을 수 없는 절망감이나 자신의 능력으로는 통제 불가능한 절벽에 맞닿은 정신적 엔트로피 상태로 심신의 에너지가 고갈되어 어떤 것도 자발적이고 주도적으로는 할 수 없고 하고 싶은 의욕조차도 없어 시간이 지나면 점점 절망의 심연으로 빠지는 통제력을 상실한 상태를 '무기력증'이라 할 수 있다. 즉, 자포자기 상태의 될 대로 되라는 '미래상실증'의 일종이다.

현대는 정보의 홍수로 끊임없이 뇌를 사용하기 때문에 뇌가 피로한 '소진증후군(Burnout Syndrome)'에 빠지기가 쉽다고 할 수 있다. 마치 스마트폰이 충전 없이 계속 사용하면 방전되듯이 뇌도 에너지가 고갈되는 것이다. 소진증후군이 찾아오면 삶의 에너지가 저하되어 의욕이 떨어지고 매사에 성취감도 맛볼 수가 없어 무기력한 상태가 된다. 이렇게 되면 상대를 이해하려는 공감능력도 떨어지고 뇌의 쾌감 호르몬이 저하되어 신경이 날카롭고 여유가 없어 순간적으로 '사이코패스적인 돌출행동'이 나오기가 쉽게 된다.

또한 뭘 해보려고 생각은 해보지만 그동안 수없이 많이 작심삼일로 끝나버려서 이젠 아예 시도조차도 하지 않는 일종의 피해의식 상태로, 부정적인 상황을 통제하거나 방지하기 위하여 노력하였음에도 불구하고 거듭되는 실패를 경험하게 되어 자신의 반응과 그로 인한 결과 사이에 아무런 관계가 없다는 무관성(non-contingency)으로 미국 펜실베니아 대학교의 긍정심리학자인 마틴 셀리그만(Martin Seligman) 교수가 말하는 '학습된 무기력증'에 빠지기 쉽게 된다. 학습된 무기력증은 사람들이 자신에게 닥칠 사건을 자신의 의지로는 통제할 수가 없다고 자각했을 때 나타나는 자기를 평가절하하고, 우울증이나 스트레스 등 다양한 인지적, 동기적, 정서적 결핍현상을 일으킨다. 통제 가능성에 대해 기대가 높았으나 통제 실패를 경험하는 경우에는 분노를 하고 이와 반대는 불안과 좌절감을 유발하여 이는 다시 우울증으로 심화하기도 한다.

이러한 부정 정서는 결국 자기 효능감상실로 이어져 아예 시도조차 하지 않고 도전 의지를 상실하고 만다. 학습된 무기력증의 발생 원인으로는 첫째, 사회문화적인 요인으로 높은 교육열과 학력 위주의 입시제도로 인한 성취 위주의 학습 환경, 부모를 실망하게 않기 위하기나 기쁘게 하기 위한 효(孝)사상에 의한 외재적 동기. 둘째, 과정보다 오로지 결과만 중시하는 과열경쟁학습 환경. 셋째, 학생의 주도적인 동기에 의한 능력개발보다 부모의 욕심에 의한 과도한 기대심리와 성취압력이라고 할 수 있다.

그러나 열등감과 학습된 무기력의 긍정 효과로는 심리학자 아들러(1870~1937)는 열등감을 '나폴레옹 콤플렉스'라고 하며 작은 키로 놀림을 받던 나폴레옹은 무시당하지 않기 위해 이를 악물고 노력하여 결국 영웅이 될 수 있었다고 한다. 따라서 열등감은 오히려 이겨내려는 의지와 함께하면 건전한 자극제나 발전의 원동력이 될 수 있다. 열등감이나 결핍을 크게 경험했던 사람이야말로 자기가 원하는 바를 강하게 열망하고 고군분투하여 결국 소망을 이룰 수 있게 된다. 왜냐하면 인간은 태생적으로 그 열등감이나 결핍에서 벗어나려는 욕구인 우월(Superiority) 추구본능이 있으며, 이것과 선순환 되어야 열등감이나 결핍에서 벗어날 수 있기 때문이다. 세계적으로 유명한 선수들은 자신의 약점을 극복하기 위하여 부단히 노력한 결과 성공 할 수 있었다는 사례가 이를 증명하고 있다. (8)

게으름이나 나태

삶의 열정이 식고 움직이기도 싫어 정리정돈은 물론 씻지도 않고 매사에 욕심도 없고 스스로 일을 찾아 하는 경우는 아예 없을 뿐 아니라 해야 할 일도 미루고 습관적으로 늦잠자기가 일쑤인 '게으름이나 나태함'이다. 삶에서 직면하는 각종 장애나 도전을 정면으로 맞서지 않고 자기합리화로 회피하려는 일종의 기피심리 현상이다. 그래서 만사가 귀찮아서 게으름 피우는 현상이 고착된 상태를 말하는 인터넷 신조어인 '귀차니즘'으로 누리꾼들에게 널리 통용되고 있다. 삶의 에너지가 저하되고 흩어져 마음이 방향 없이 어지러운 '정신적 무질서'의 엔트로피(entropy) 상태가 된다.

* 게으름을 피우는 원인

① 어떤 일이 너무 어려워 엄두가 나지 않는다는 생각. (막연한 두려움)
② 시간이 너무 오래 걸릴 거라는 오해.
③ 그 분야에 자질과 능력이 부족하다는 생각. (자기 비하)
④ 내가 해낼 수 없다는 사실을 다른 사람이 알까 두려워서 미룸. (타인의식)
⑤ 모든 것이 다 갖춰야만 시작하는 완벽주의 기질.
⑥ 부정적인 마음과 적대감이 생겨서 힘들어요.
⑦ 다른 사람이 못하는 일을 꼭 내가 해야 하나요? 지금은 일할 기분이 아니에요. (핑계)

⑧ 자신을 낮게 평가하는 성향으로 실패에 대해 두려움이 앞서요.(실패
   에 대해 두려움)

⑨ 지금은 어렵지만 왠지 나중에는 쉬울 것 같다는 생각 (시간 불일치)

⑩ 때가 되면 왠지 잘 될 거라는 지나친 낙관주의 성격 (무사태평 성격)

⑪ 자신의 존재 자체를 '근본적 결함'이나 '무능함', '열등감'이라는 부정적 시
   각으로 자기비하(병적 게으름)

⑫ 삶의 정신에너지가 분산되고 방전되어 고갈된 상태로, 마음의 방향성 상실
   로 인한 무기력함. (소진증후군) (21)

권태

　삶의 목표나 방향을 상실한 '권태감'이다. 권태는 직장이나 사회생활
에서 상당한 기간이 지나 어느 정도의 직위나 업적을 이루어 안정적인
삶을 살아가게 되었을 중년쯤에 뜻밖에 찾아오는 가장 무서운 복병이라
할 수가 있다. 매일 똑같은 출퇴근, 똑같은 일, 낯익은 사람들 등 '다람
쥐 쳇바퀴 돌 듯' 반복되는 똑같은 환경으로부터 오는 단조롭고 무미건
조하며, 지루하고 따분하기까지 한 일종의 감정의 '공황' 상태를 말한다.

　권태는 막연한 두려움이나 불안, 실망감, 좌절, 대인관계 부조화나, 갈
등, 만성적 스트레스 등으로부터 비롯된다. '슬럼프'는 열심히 하고 싶고
노력하지만 몸이 못 버티고 촉감이 떨어져 제 성과를 내지 못하는 것이
지만, 권태는 아예 열심히 하고 싶은 생각과 의지마저 사라지는 것이다.
이 권태감은 주위까지 전염시킨다. 심해지면 대인기피증으로 자신을 구
속하며 모든 것을 자기 탓으로 돌리고, 상대에게 짜증을 전가해 감정의
홍수 상태로 발전할 수 있다.

1) 권태의 종류

* 일시적인 권태와 만성적인 권태

① 일시적인 권태는 통상적인 사회생활에서 일시적으로 피할 수 없이 식상한 환경에 의해 생겨나는 갑갑함이나 불쾌한 감정, 속박감 등의 가벼운 혐오감을 말한다.

② 기쁨이나 흥분 호르몬인 도파민의 부족으로 멍한 상태나 주의력결 핍 행동장애(ADHD) 같은 과다행동의 원인이 되기도 한다. 따라서 권태를 잘 느끼는 사람은 선천적으로 도파민 수치가 낮을 수가 있다.

③ 만성적인 권태는 상당기간 지속이 되어 '사고 습관병'으로 고착된 상태로 불안, 흥분, 분노를 넘어 분노에 휩싸인 신경질적인 히스테리 현상을 보인다.

④ 이런 만성피로증은 성격상 내향적인 사람보다 활동적인 사람이 지루함에 취약하므로 외향적인 남성에게 더 취약하다. 그리고 자아인식이 부족한 사람도 취약한 경향을 보인다.

⑤ 동물들도 오래 감금하거나 격리하면 나타나는 현상이다.

⑥ 외상성 뇌손상 환자(안나 고슬린), 남성은 편집증으로 가는 출발점으로 만성적 권태는 근심, 우울증, 약물복용, 음주, 분노, 공격적 행동, 무분별한 성행위, 대인관계 부족 등을 유발한다.

⑦ 전문경영인 신시아 피셔는 권태란 '현재 활동에 전반적으로 흥미가 부족하고 제대로 집중하지 못하는 상태'라고 했으며, 일시적 권태와 만성적 권태 자체는 유익한 감정이나 만성은 문제가 있다.

*상황적 권태와 실존적(정신적) 권태

① 상황적 권태인 단순 권태는 일시적 원인이 되는 속박의 상태나 반복이 사라지면 쉽게 사라지고, 하품하고 탁자나 팔걸이 같은 평평한 곳에 팔꿈치를 괴거나 무거운 머리를 손이나 팔로 받치는 자세를 한 경우가 많다. 그리고 양손으로 허리 뒤쪽을 짚는 자세는 경멸과 혐오감(지긋지긋함) 자세이며, 하이데거는 하나는 지루한 음악을 들을 때처럼 따분함이고, 다른 하나는 좋은 음식을 너무 많이 먹을 때처럼 질리는 경우라고 하였다.

② 실존적(정신적) 권태는 좌절, 식상함, 우울, 혐오, 무관심, 무감각, 갇혀 있다는 느낌을 받을 때 나타나며, 주로 지성에 바탕을 두고, 20세기 초에는 끈끈한 유대감이나 확고한 전통이 존재하지 않는 삶에 내재 된 '공허함'을 의미하였다. 삶의 의미를 찾지 못하고 '가슴이 뻥 뚫린 느낌'이나, 뭘 해도 흥미를 느끼지 못하며, '인생이 고작 이것인가? 하고 '이르려고 힘들게 살아왔나?' 하며 본질적 의미추구 상실감으로부터 오는 '허탈감'에 빠지는 것이다. 철학자 하이데거는 "개인이 어떤 환경에 의해 완전히 무관심의 상태로 빠졌을 때 느끼는 공허감이라"고 하였고, 사르트르는 구토에서 "실존적 권태는 혐오감과 깊은 관련이 있고, 구토와 담즙 과다 분비로 이어진다."라고 하였다. 실존적 권태의 관련 서적으로는 '멜랑콜리'를 주제한 책으로는 귀스타브 플로베르의 〈보바리 부인〉, 장 폴 사르트르의 〈구토〉, 알베르 카뮈의 〈이방인〉 등이 대표적이다.

우울증의 두 가지 형태로 하나는 단순한 권태가 해소되지 않을 때 나타날 수 있는 우울, 권태, 조증의 사이클을 이루는 하나의 극단적인 형태이고, 다른 하나는 실존적 권태다. 한편 권태의 역설적인 면으로는 권태에 빠지면 이따금 타인에게서, 세상에서, 우리 자신에서 떨어져 나가며, 권태는 자아인식을 강화 시키고, 자신을 또 다른 존재로 볼 희귀한 기회를 제공한다.[22]

2) 권태 성향척도(BPS) :

(미국 오리건대학 심리학 교수 노먼D. 선드버그와 제자 리차드F. 파머. 1986년)

〈권태 성향척도(BPS /Boredom Proneness Scale)〉

1. 내 일에 쉽게 집중할 수 있다.
2. 어떤 일을 하면서 다른 일을 걱정할 때가 자주 있다.
3. 시간이 항상 느리게 가는 것 같다.
4. 뭘 해야 할지 모른 채 멍하니 있을 때가 많다.
5. 무의미한 일을 해야 할 상황이 많다.
6. 누군가의 홈 무비나 여행사진을 볼 때면 무척 따분하다.
7. 해야 할 일들을 항상 머릿속에 담아두고 있다.
8. 스스로 즐기는 일이 어렵지 않다.
9. 내가 해야 하는 많은 일이 반복적이고 단조롭다.
10. 어떤 일을 하려고 할 때, 남들보다 더 큰 자극이 필요하다.
11. 내가 하는 일들이 대부분 재미있다.
12. 내 일에 대해 짜릿함을 좀처럼 느낄 수 없다.
13. 어떤 상황에서든 뭔가 흥미롭게 할 일이나 구경거리를 찾을수 있다.
14. 오랜 시간 동안 아무 일도 하지 않고 빈둥거린다.
15. 인내심 있게 기다리는 걸 잘한다.
16. 시간이 많은 데도 아무것도 안 할 때가 많다.
17. 줄을 서는 등 기다려야 하는 상황이 자주 오면 매우 초조해진다.
18. 새로운 아이디어로 깨어날 때가 많다.
19. 아주 짜릿함을 느낄만한 직업을 찾기가 매우 어렵다.
20. 삶에서 더욱 도전적인 일을 하고 싶다.
21. 대부분의 경우 나는 능력 이하의 일을 하고 있다.
22. 많은 사람이 내가 상상력이 풍부하거나 독창적이라고 말한다.

23. 흥밋거리가 너무 많아서 그걸 다 해볼 시간이 없다.
24. 친구 중에서 어떤 일을 가장 오래 하는 편이다.
25. 스릴 넘치거나 위험천만한 일을 하지 않으면, 무료하고 반쯤 죽은 것처럼 느껴진다.
26. 내가 진정으로 꾸준히 행복하기 위해서는 많은 변화와 다양성이 필요하다.
27. 텔레비전이나 영화나 언제나 같은 내용이어서 식상하게 느껴진다.
28. 어렸을 때 따분하고 단조로운 환경에 있었던 적이 많다.

다음 각 질문에서 1에서 7까지 점수를 매겨 답해보자

(1점 : 매우 그렇지 않다, 4점 : 중간이다. 7점 : 매우 그렇다)

평균점수의 범위는 81~117점, 평균점수는 88점, 총점이 117점 이상이면 실제 권태에 매우 쉽게 빠지는 성향이다. 그러나 99점 이하이거나 심지어 81점 이하이면 웬만해서는 권태에 잘 빠지지 않는 편이다.[22]

자기도취

심리학에서 인간은 나태를 비롯하여 자기도취, 비판, 절망, 비교의식, 질투와 같은 6가지 정신질환을 앓고 있다고 한다.

여기서 자기도취는 '나르시시즘(Narcissism'이라고 하며, 자기를 지나치게 사랑하고 자기중심적인 사고방식으로 타인을 배려할 줄 모르는 일종의 '자기애 성격장애' 때문이다. 흔히 공주병, 왕자병, 꽃미남, 된장녀라고 불리는 현상이다. 자기도취에 빠진 사람이 과대망상으로 발전하여 범죄를 저지르게 되는 경우가 많다. 자기도취에 사로잡힌 사람은 남들로부터 칭찬받기를 갈구하고 남의 말을 들으려 하지도 않고 오직 자기 자신 외에는 관심이 없으며 권력욕에 사로잡힌 정치인들에게 잘 나타나는 현상이다. 그리고 나(Me)만 아는 자기중심적인 세대는 Me세대(자기중심세대, Generation Me)라는 책에서 미국의 샌디에이고 주립대 진 트웬지(Jean Twenge)교수는 "자기중심적인 사람들은 다른 사람을 이해하려는 노력이 부족하고 자신에 대한 비평에는 격정적으로 대응하며, 타인을 돕기보다는 오로지 자신을 내세우는 데만 신경을 쓰는 경향이 있다"고 하였다. 자신의 능력을 과대평가하는 '과신효과' 또는 '과신오류'는 기만적 우월감효과(illusory superiority effect)라고도 하며, 거의 모든 문화권에 걸쳐서 대다수의 사람들이 자신을 실제보다 높게 평가고, 자신이 평균 이상이라고 생각하며 다른 사람은 자신보다 못하다고 과신한다고 한다. 그러나 자신감을 갖는 것은 나르시시즘의 장점이나 자기중심적 태도가 지나친 과신오류는 문제가 될 수 있다.그리고 오늘날 약자나 종업원을 무시하는 우월적 직위남용이나 소위 말하는 갑(甲)질 등도 이런 병폐의 단면이라 할 수 있다. 또한 심한 셀카족이나 자기노출을 하는데 쾌감을 느끼는 SNS 족들도 정도가 심하면 자화자찬과 같은 제 잘난 맛에 사는 자기중심에 빠질 우려가 있다.

자신감 결여 등

자긍심 저하, 회복 탄력성 저하, 인성결여, 사회성 부족, 독립성 (캥거루 증후) 저하, 독단, 아집. 이기주의 등이 있다.

자존감(self-esteem)은 스스로를 높이는 마음을 말하며, 자신의 능력에 대한 믿음인 자신감과 자신이 스스로 가치 있다고 느끼는 자아 존중감이 통합된 개념이다. 그러나 자존심은 타인과의 관계에서 남에게 굽히지 아니하고 자신의 품위를 스스로 지키려는 자기방어적인 마음으로 언제나 남과 비교하는 경쟁 심리로 부정적인 개념이다.

자존감이 강한 사람은 자신의 강점과 재능에 집중하는 반면, 자존심이 강한 사람은 자신의 약점과 무능에 집중하며 이를 남에게 들키지 않으려는 자기방어적 심리로 자신이 만든 마음의 감옥에 스스로 가두고 스트레스를 받게 된다. 한편 자존심도 열등감과 마찬가지로 우월해지려는 욕구로 동기부여가 되면 오히려 자기발전의 계기가 될 수 있는 긍정적인 측면도 있다. 그리고 지나친 자존감은 자기도취라는 부정적인 감정으로 발전할 수 있는 위험도 있다.

각종 심리적 아노미 상태 (멘붕- 멘탈 붕괴)

우울증, 만성 피로증후군, 스트레스, 무관심, 불감증, 좌절감, 불면증, 쾌감의존(알코올, 담배 약물 등), 설마 병, Not me, 님비, 면역력 저하, 편견, 각종 성격결함 등이 있다.

1) 대표적인 정신장애

구 분	장애 명	종류
정신질환	기질적 정신장애	치매, 뇌 손상 후 기억상실증
	기능적 정신장애	우울증, 정신증, 조증, 불안증
중독 장애	충동조절 장애	알코올, 약물중독, 니코틴, 도박, 주식, 성형, 쇼핑중독, 인터넷, 섹스, 게임 등
과잉 행동	주의력결핍증(ADHD)	과잉행동장애
다중인격	해리성(解離性) 정체장애	한 사람의 정신 속에 여러 인격 존재, 이중인격
정동장애	우울증	기분저하, 자책감, 의욕상실
	조울증	크게 들떴다가 저하되는 증세 반복
	조증	조울증 중 들뜨는 상태가 두드러짐
불안장애	공황장애	집 이외의 낯선 곳이 두려운 공포 장애, 대부분 광장 공포증 동반

불안장애	강박장애	의지와 무관하게 특정 생각과 행동 반복, 결벽증, 완벽주의, 정리 벽 등
	외상 후 스트레스 (트라우마)	사고경험 목격 후 반복적으로 악몽에 시달리고 대인관계 힘들어짐
신체형장애	신체형 장애	병이 없는데도 각종 통증 호소, 소화기 장애, 두통 호소
	전환 장애	병 없이 심리적 갈등으로 온몸이 마비 되고 감각이 없어짐
	건강염려증	큰 병 걸렸다는 생각으로 신체 및 감각 이상 호소
신경증	정신분열 (Schizophrenia)	대인관계 장애, 감정 장애, 희비감 교차, 과민반응, 사고 장애(망상, 공상, 비합리 사고)
증후군 (Syndrome)	피터 증후군 (Peter pan)	나이를 먹어도 현재의 나는 내가 아니라고 계속 꿈을 꾸며, 영원히 어른이 되지 못함
	파랑새 증후군	현실에 만족지 못하고 새로운 이상만 추구
	스탕달 증후군	위인이나 유명인을 접촉한 후 일어나는 자아 상실 및 정서혼란상태로 상대적 박탈감
	스마일 증후군	겉으로 보이는 표정은 웃고 있지만 속으로는 울고 있는 심리상태
	샌드위치증후군	어디엔가 소속되어 있는 사람이 소속감을 느끼지 못하고 외면당하고 있다고 느낌
	고슴도치 증후군	자신을 드러내고 싶지 않아 하고 다른 사람과 거리를 두려워 하며, 신비주의를 원함
	신데렐라 증후군	신데렐라와 같은 운명을 믿는 병. (남성에 의존해 안정적으로 살려는 여성의 심리상태)
	폐쇄공포 증후군	엘리베이터나, 방안 등 밀폐 공간 두려움
	편집 증후군	근거 없이 의심과 불안을 가진 정신불안증
	오델로 증후군	근거 없이 부정을 의심하는 의처, 의부증

증후군 (Syndrome)	공소 증후군	중년의 가정주부가 자신의 정체성에 회의를 품어, 텅 빈 둥지를 지키고 있다는 허전함
	햄릿 증후군	햄릿처럼 우유부단하게 결정을 못 하고 주저하는 '결정 장애 증후군'
	쿠싱 증후군	부신피질의 호르몬 중 코르티솔의 과다로 인해 발생하는 임상 증후군으로 여성이 8배 정도 많다 (30~40대) 중심성 비만, 고혈압, 무 월경

2) 5대 증후군 장애지수

구분	매우 그렇다 (5점)	어느 정도 그렇다 (4) (4점)	보통이다 (3)	별로 아니다 (2)	전혀 아니다 (1)	점수 계
파랑새						
햄릿						
샌드위치						
피터 팬						
스탕달						
점수						합계

자가 평가

점수/평가	자가 평가
21 ~ 25점	매우 위험한 상태이니 주위의 선배나 맨토, 의사에게 상담이 필요함
16 ~ 20점	상당한 주의를 기울여 본인을 관찰할 필요가 있음
10 ~ 15점	조금만 주의를 기울이면 좋은 결과가 있을 수 있으니 노력하시기 바람
9점 이하	아주 건전한 상태이므로 자신감을 느끼고 현재에 충실하시기 바람

3) 고4증후군

요즈음 대학생들은 신체적으로는 훌쩍 커버려 어른이 되었지만 아직 생각과 행동은 여전히 고등학생 수준에 머무르는 현상을 '고4증후군'이라고 한다.[49]

고4증후군 자가 진단표

1. 꿈이나 목표의식이 희박하다.
2. 노력이나 의욕이 부족하여 무기력한 상태다.
3. 자아 존중감이나 자신감이 부족하다.
4. 자기주도력이 부족하다.
5. 과정보다 결과를 중시하고 학교 성적에만 관심을 가진다.
6. 고정관념에 사로잡혀 시야가 좁다.
7. 모험심이 부족하여 새로운 일에 도전하지 않고 실패를 두려워 한다.
8. 매사에 부정적인 사고와 태도로 일관한다.
9. 문제의식이 부족하여 질문이나 호기심, 창의력이 부족하다.
10. 실행력이 부족하며 게으르고 매사가 귀찮게 느껴진다.
11. 삶의 의미나 가치관이 확립되어 있지 못하다.
12. 자기중심적으로 사회성이나 공감능력이 떨어진다.
13. 시간관념이 희박하고 자기계발에 소홀하다.
14. 나쁜 식습관이나 사고 습관병 등에 사로잡혀있다.
15. 대학에 들어온 이유와 올바른 대학생활을 위한 구체적인 계획이 없다.

상기 항목 중 10개 이상 해당되면 고4증후군이 심각하고, 3개 이내이면 아주 건강한 상태라 할 수 있다. 문제는 이러한 증후군을 스스로 자각하지 못하고 설령 자각하더라도 탈피하려는 의지나 노력을 하지 않는데 있다 하겠다.

4) 직장인 사춘기 자가 진단 표(직장 3년 차 증후군)

1. 업무집중도와 능률이 예전 같지 않다.
2. 이렇게 살려고 어렵게 회사에 들어왔나 하는 회의가 종종 든다.
3. 내가 진정으로 원하는 일은 어딘가에 있을 것 같다.
4. 만사가 귀찮고 삶에 의욕이 없으며, 내가 뭐하고 있는 걸까? 하고 가끔 멍 때릴 때가 있다.
5. 다람쥐 쳇바퀴 같은 일상생활로 자신이 마치 기계 같은 생각이 든다.
6. 상사나 선배를 보면 이렇게 살다 보면 나도 저렇게 될까 봐 문득 겁이 날 때가 있다.
7. 막상 이직을 생각해보면 내가 정말 원하고 잘 할 수 있는 것이 무엇인지 잘 모르겠다.
8. 사소한 일에도 짜증내고, 자괴감에 빠지는 일이 전보다 많아졌다.
9. 현재 하는 일이 계속 해야 한다고 생각하면 끔찍하기까지 하다.
10. 아침마다 출근하지 않고 이대로 어디론가 훌쩍 떠나는 상상을 한다.
11. 무언가 잃어버린 것 같고 가슴 어딘가 뻥 뚫려있는 것만 같아서, 인생의 의미와 목적, 꿈에 대해서 생각하는 일이 잦아졌다.
12. 맡은 일하기도 급급하여 감히 자기계발은 꿈도 꿀 수가 없다.
13. 그래도 입사 때는 나름대로 꿈과 목표가 있었는데 갈수록 희미해지는 것 같다.
14. 혼자 있을 때가 많으며 사람과 만나는 것이 두렵고 남을 이해하거나 공감능력이 떨어진다.
15. 문제의식이나 모험심, 창의력과 입맛이 떨어지고 잠을 설친다.

– 상기항목 중 10개 이상 해당하면 직장 3년 증후군이 심하다는 징조다.
– 4개 이내면 정신적으로 아주 건강하며 아직도 초심을 잃지 않고 있다

는 징조다. 그러면 당신의 정신 자세와 생활 태도는 과연 지금 어떤 상태라고 생각이 됩니까? 보통 사람들도 위와 같은 심리적 복병은 다 한두 가지씩은 가지고 있는 것이 정상인데 하물며 중년에 접어든 당신은 하나도 없다는 것이 오히려 비정상일 수 있다.

✱ 직장인 사춘기 자가 치유법

1. 선배나 멘토에게 조언을 구한다

선배들이나 멘토들은 당신이 지금 겪고 있는 시련들을 이미 예전에 경험하고 이겨낸 사람들이다. 그들에게 조언을 구하고 어드바이스를 받아보자.

2. 일상으로부터 탈피

직장인 사춘기 증후군은 보통 일상의 반복으로 비롯되는 권태에서 오는 경우가 대부분이다. 평소에 시도해 보지 못한 취미활동과 같은 일탈로 스스로 환기를 시켜 기분전환을 도모해 보자.

3. 주변 환경을 정리정돈 하자

일상이 지루하고 일의 능률이 떨어질 때 주변 대청소나 꽃꽂이, 화분교체 등 주변 장식을 바꾸고 정리 정돈하여 기분을 전환하자.

4. 삶의 활력소를 제공하는 태마의 책읽기

일상의 슬럼프에서 벗어났던 경험담이나, 혜민스님의 〈멈추면 비로소 보이는 것들〉 등을 읽음으로써 지금 여기서 잠시 멈추어 자신의 몸과 마음을 되돌아보며 관찰해보자.

2부

내 삶의 복병 탈출하기

1

스스로를 벼랑 끝에 세워라

꽤 오랫동안 앞만 보고 달려온다고 이렇게 자기도 모르게 심신이 피로한 당신이야말로 그저 적당히 마음 한번 결심한다고 모든 것이 뜻대로 순조롭게 잘 되지는 않을 것이다. 효과적인 자기관리를 위해서는 적당히 대처해서는 아무 효과가 없다. 일종의 충격요법으로 먼저 자신을 벼랑 끝으로 내몰 필요가 있다.

사람을 비롯한 모든 동물은 더 이상 물러설 곳이 없는 한계상황에 직면하면 자신을 지키기 위해 본능적으로 자신도 몰랐던 무한한 잠재능력이 나타나게 된다. 궁지에 몰리면 쥐도 고양이를 문다고 하였다. 대뇌변연계에 있는 아몬드 모양의 '편도체'에서 외부에서 오는 위협이나 공포로부터 자신을 지키기 위한 자율적인 기능이 있기 때문이다. 혹시 지금까지 살아오면서 당신 자신을 스스로 한 발자국도 물러설 수 없는 벼랑 끝에 세우며 임전배수(臨戰背水)의 진을 치듯이 앞길을 가로막는 운명과 맞서본 경험이 있습니까? 어쩔 수 없는 환경에 의해서 떠밀리듯이 벼랑 끝에 선 것과 죽기 살기를 각오하고 나 스스로를 벼랑 끝에 세우는 것과는 엄청난 차이가 난다. 자기가 선택하여 벼랑 끝에 세우고 운명과 정면 승부를 거는 사람은 그 마음가짐이나 눈빛부터가 다르다. 운명아, 비켜라! 아무리 네가 내 앞길을 가로막더라도 나는 기필코 너를 밟고 지나가리라 하고 말이다. 나에게는 더 이상의 퇴로는 없다. 목숨을 걸고 사즉생(死卽生)의 각오로 올인 한다면 못할 것이 없게 된다.

이는 위험에 직면하여 딴생각을 못 하도록 자신을 스스로 벼랑 끝으로 내몰아 퇴로를 차단함으로 환경을 통제해서 자기를 통제하려는 절박한 심리 전략이라 할 수 있다. 이는 역사적으로도 잘 알려진 바와 같이 시저나 나폴레옹이 군사들이 아예 딴생각을 못 하도록 건너온 다리를 끊어버리고, 바이킹이 타고 온 배를 불태우고, 한나라 명장 한신이 조나라 30만 대군과 싸울 때 불과 2만의 병사로 배수의 진을 치고 대승을 거둔 사례에서도 볼 수 있다.

한신은 병사 2천 명을 조나라 진영 근처에 매복시켜놓고 1만여 명의 군사들에게 강물을 등지고 진을 치게 한 다음 본대를 몰아 조나라 진영으로 진격하였다. 이를 틈타 2천여 명의 병사들은 조나라의 빈 성으로 들어가 성벽의 모든 깃발을 한나라의 것으로 바꾸어 버렸다. 조나라 대군의 공격에 퇴각하려고 해도 뒤에 강물이 있어 더 이상 물러설 수 없는 절체절명의 순간에 죽기 살기로 싸우는 한나라 군사와 도망가려 해도 성이 함락되어 한나라의 붉은 깃발이 펄럭이는 것을 본 조나라 군사는 당황하고 혼비백산하여 결국 적은 병사로도 조나라의 30만 대군을 물리칠 수 있었다.

2차 세계대전 당시 독일군의 전쟁영웅인 사막의 여우 롬멜 장군은 "극한 상황은 어떠한 상황에서도 탈피할 수 있는 최고의 해독제이다."라고 말하였다. 뛰어난 성과를 낸 영웅이나 천재들은 타고난 능력이 탁월하기보다 궁지에 몰리거나 혹은 스스로를 궁지로 몰아 자신에게 혹독하게 요구하는 사람들일 뿐이다. 지금이라도 자신 스스로를 벼랑 끝에 세우고 운명과 한 번 도전해 보자.

2
■■■■■■■■■■■■■■■■
내 삶의 은밀한 복병에서 탈출하기

타성과 매너리즘 탈출

잠시 잊어버린 자신의 꿈과 목표를 찾고, 재정립해 보자. 나아가 그동안 일상 업무에 충실하다 보니 미처 깨닫지 못한 '삶의 의미나 가치관 그리고 장래의 비전'에 대해서 진지하게 성찰해보고 초심으로 돌아가는 것이다.

신입사원으로 입사할 때 당시의 결심과 자세를 상기시켜 보는 것이다. 또한, 부부 관계라면 연애할 때, 대학생이라면 입학할 때 기분으로 돌아가는 것과도 같다. 원래의 자기 모습이나 뜻한 바를 찾고 결의를 다지는 의식행위와도 같다.

일상생활에서 내적 동기와 호기심을 자극하여 삶의 활력소를 찾아보고 선배나 상사 또는 맨토에게 자문하거나 친구들과 교류를 확대하면서 여행을 떠나거나 휴식을 함으로 잠시 일상 업무에서 탈출하여 심신의 에너지를 재충전하자. 또한, 등산이나 운동으로 신체에 자극을 통하여 뇌를 활성화(세로토닌)하고 기분전환을 하면서 명상이나 요가, 심장 호흡 (편안한 상태를 상상하며 5초 들숨, 5초 날숨)으로 부 교감 신경을 활성화하고 음악이나 영화를 즐기며 기분 전환하자. 그리고 잘못된 식습관과 주변 정리 정돈을 통하여 심신의 건강을 회복하고, 적극적이고 긍정적인 사고와 세상을 낙천적으로 본다. 늦잠을 잔다거나 흡연, 음주, 인터넷, 휴대폰 중독 등 잘 못된 방법으로 스트레스를 해소하는 '습관병'을 과감히 벗어던지고 건전한 스트레스 해소법을 길들여 보자.

또한, 취미를 가져봄으로써 업무와는 전혀 다른 재미와 즐거움을 느껴 보자. 특히 악기, 서예, 꽃꽂이, 사진, 스포츠댄스 등과 같이 평소에 해 보고 싶었지만 여러 가지 사정으로 시도하지 못한 취미들을 과감히 도전 해 봄으로써 자신의 잠재능력을 계발하는 계기를 마련해본다.

그리고 자기계발에도 매진해 보자. 독서를 통하여 긍정적인 사고와 매 너리즘을 극복할 수 있는 용기와 지혜를 얻으며 전문분야에 자격증을 따거나 외국어 공부에 도전해 본다. 봉사활동이나 동아리 활동 등으로 다양한 사회 경험을 체험해보며 자신의 장점이나 흥미, 성격 등을 탐색 해 보자.

자신의 일에 긍지를 갖고, 아무리 하찮은 일이라도 소중하므로 지금 하고 있는 일의 의미와 가치를 재정의하여 새로운 전기(모맨텀)를 만들 어 보며 자신의 존재감을 찾아보고, 가정이나 직장, 사회에서 자신의 역 할과 존재가치를 찾아봄으로써 자긍심을 갖자.

그리고 혼자만의 생각할 시간을 마련하여 자신을 객관적으로 돌아보 자. 사람은 때때로 하던 일을 멈추고 혼자만의 시간을 마련하여 자신을 되돌아보고 지금 하는 일을 객관적으로 관조해볼 필요가 있다. 마치 거 울에 비친 자신의 있는 그대로의 모습을 살피고 느껴보는 것과 같다. 모 든 관계를 끊고 오로지 자기 자신에만 집중하며, 내면의 자아상을 찾아 조용히 명상하여 보자.

감사일기를 써보고, 범사에 감사하는 마음을 갖고 자원봉사를 통하 여 이웃과 사회에 공헌함으로써 삶의 보람과 자부심을 느껴보자. 이 세상에서 가장 행복한 사람은 감사하며 사는 사람이다. 가지지 못한 것보다 이미 가지고 있는 것에 감사하고, 언제나, 어떤 경우라도 '그럼에도 불구하고'와 같이 무조건 감사하는 마음을 가져보자. 남과 비교한 자신이 아닌 '있는 그대로의 자신'에게 감사해보세요. 자신이 얼마나 소중하고 가치 있는 존재임을 깨닫게 될 것이다.

무기력 탈출

무기력증은 열등감과 밀접한 관계가 있다. 무기력증을 이기는 것은 열등감을 없애는 길과 같다. 내재동기를 유발하여 삶의 기쁨과 기여활동으로 자신도 타인을 위하여 공헌하고 기여 할 수 있다는 자부심과 존재가치를 찾아보며, 타인에 대한 관심과 배려심으로 연민의 정을 가지며, 아픔을 공감하고 선행으로 도움을 베풀어보며 삶의 의미를 찾아보자.

감사하는 마음으로 열등감을 탈피하고 내적 자아 존중감이나 자긍심으로 자신은 가치 있고 어떤 경우에도 필요한 존재임을 자각하며, 자아 존중감으로 다른 사람들이 자신을 소중하게 대하기 때문에 생기는 명성, 존경, 사회적 지위를 획득하여 잃어버렸던 자존감을 회복해 보자. 그리고 있는 그대로의 자신을 받아주며, 장단점은 있는 그대로 수용하자.

누구를 만날 때는 마치 사랑하는 연인을 만나듯이 가까운 태도로 대하고, 상대방의 눈을 마주치며 자신감 있고 진지하게 대하자. 낯선 사람을 만나러 갈 때 화젯거리를 미리 준비하여 당당하게 대화를 이끌어가고, 남과 비교하지 않음으로써 상대를 너무 대단하게 여기고 자신을 비하하지 말자.

또한, 당신은 당신으로서 충분한 가치가 있는 사람임을 자각하며, 두려움을 느끼는 일일수록 일단 해보면 두려움은 생각보다 쉽게 사라지고 자기만 그런 것이 아니라 모두가 그렇다고 생각하면 마음이 편안해지므로 작은 성공 경험으로 자신감을 키워 나갈 수가 있다. 남에 대해 미움이나 증오감, 원망이나 죄책감에서 벗어나고, 상대편과 경쟁체제를 협력체제로 바꿈으로써 상생하고 유능감을 제고하여 아픈 마음의 상처를 잊고 용서하며, 수용해 보자. 타인과 사회에 공헌하는 이타심으로 자신의 존재감과 필요감을 느끼고, 자신의 단점보다 장점을 찾아 남과는 다른 자신만의 브랜드를 구축하자.

일상생활로부터 오는 모든 제약과 나쁜 상황을 걸림돌에서 디딤돌로 승화시키는 적극적인 마인드를 가져보자. 남들과 세상이 만들어 놓은 고정관념이라는 틀 속을 과감히 탈출하며 '상자 밖의 사고(Thinking outside the box)'인 수평적 사고로 틀과 껍질을 깨고 새로운 세상 밖으로 나가는 모험을 감행하여 열정적으로 창의성을 발휘하자.

또한, 현재의 안주는 미래의 도태를 의미한다. 미래를 바꾸고 싶으면 이 순간 이곳에서 의미 있고 생산적인 삶을 살아야 가능하다. 나중이란 말은 영원히 오지 않을 수 있다는 말이다. '지금 당장, 바로 여기서 지금 하는 일'에서 가치를 찾아보자.

게으름 탈출

게으름을 부정하거나 축소하고 합리화하지 말고 문제로 받아들임으로써, 스스로 탈피 할 방법을 찾을 수 있다. 필리핀 속담에 "하고 싶은 일에는 방법이 보이고, 하기 싫은 일에는 핑계만 보인다."라는 말이 있다.

그리고 미래의 관점에 서서 오늘을 바라보며, 철저한 자기반성을 통하여 게으름의 폐해를 인지하고, 자신의 가능성을 믿음으로 나는 원래 게으른 사람은 아니라고 자각해 보자.

또한, 삶의 에너지를 한 방향으로 통합하여 무질서한 정신에 방향성과 목표의식, 동기부여를 하여 삶의 목적과 의미, 비전을 세우자.

그리고 자신이 좋아하고, 하고 싶은 일부터 찾아서 삶의 에너지에 마중물을 넣어보자. 가던 길을 멈추고 자문해보라, 성경에도 "두드려라! 그러면 열릴 것이다."라는 말이 있지 않은가? 그리고 SMART 규칙대로 목표를 잘게 쪼개어 구체적으로 징검다리를 낳아 보자.

과거의 트라우마에서 벗어나자. 트라우마는 애초부터 없다. 다만 자신의 상황을 합리화 하고자 필요한 트라우마를 만들어낼 뿐이다. [48] 그것 봐 난 안된다 했잖아! 난 어쩔 수 없어! 라는 말은 아예 하지 말고, 두려움이나 자기 비난과 자기 합리화를 넘어서 보자. "하늘은 스스로 돕는 자를 돕는다."라는 말이 있지 않은가? 자신의 가치와 존재감을 회복하자. 또한, 스스로 깨우치는 각성의 순간이 필요하다, 이제 더는 예전처럼 살 수는 없어! 라고 크게 외치고 자신의 평소 구태의연한 감정이나 가치와 신념을 바꿔 좋은 습관을 길들여보자. 그리고 혼자는 살 수가 없다. 긍정의 인적 네트워크를 연결하여 더불어 사는 공생 공영하는 마인드를 가져보자. 사명과 비전에 따라 하루를 진지하게 살아가는지 마음의 거울에 비춰보고, 풀어진 마음을 매일 동여매고 점검하자. 또한, 감정과 점검은 필수다. 과거의 부정적 감정이나 사고, 습관을 긍정의 것으로 대체하자.

무슨 일이든지 일의 우선순위에 따라 중요하고 급한 것부터 효율적으로 운영하여, 스스로 선택하고 자기 책임감이라는 실천 에너지를 활성화하자. 그리고 운동과 휴식(recreation)을 통하여 에너지를 재창출하는 생산적이고 적극적인 삶의 방편을 마련하자. 삶의 효율성을 높이기 위하여 몰입하는 습관과 선택과 집중으로 에너지를 활성화하고, 자신의 강점을 강화하자.

지금, 당신에게 필요한 것은?

* 나를 위한 이벤트

뭔가 일이 잘 풀리지 않을 때 자신이 했던 말이나 행동들을 추적해 보자. 당신을 가로막고 곤경에 빠뜨리는 것도, 어려움에서 나를 구출해내는 것도 남들이 아니라 바로 당신 자신임을 깨닫게 될 것이다. 자신을 믿고 사랑하자. 남을 위한 것도 중요하지만 먼저 자신을 위한 이벤트를 해 보자.

① 크리스마스나 화이트데이 선물도 좋다. 때론 봄맞이 셀프 이벤트로 가까운 둘레길로 산책을 가보자. 나를 위한 체험 여행이나 템플스테이도 좋다.

② 자신을 용서하거나 기도하기로 원하는 바를 간절히 염원하는 것도 좋다.

③ 감사 일기나 다행 일기를 써보자.

④ 자신의 로고나 브랜드, 아명이나 별명, 호, 좌우명 등을 만들어보자.

* 미루는 습관에서 탈피하기 위해서는

① 눈앞의 계획이나 일을 즉각 행동에 옮기는 즉결즉행(卽決卽行) 습관을 생활화한다. 사람들의 70%는 미루는 고질적 습관이 있다. 당신을 귀찮게 하는 일이 있으면 일단 눈 딱 감고 3분만 해보라. 그러면 아마 기적같이 그 일을 계속하는 자신을 발견하게 될 것이다.

② 일시적인 안일함을 탐하지 말고 지금의 만족을 미뤄라. 어차피 감당해야 할 고통이라면 지금 기꺼이 껴안아라. 그리고 나중에 편안히 더 큰 기쁨을 누려라. 성공의 핵심 요소는 현재의 만족 지연능력임을 명심하자.

③ 즉각적인 보상체계를 구축하자.

④ 어떤 일을 완수하고 난 후 자신에게 상을 줌으로써 자신감과 내적인 만족감을 얻게 된다. 긍정적인 자기 암시와 응원으로 자신감을 키우자.

⑤ 자발적으로 유혹의 손길을 미리 차단하자. 인터넷이나 TV등을 미리 꺼버리고 좋은 주위 환경을 만들어 놓자.

⑥ 일이 너무 어려워 미루면 우선 난이도를 낮추어 할 수 있는 일부터 하여 자신감부터 쌓아 나가자.

⑦ 시간을 낭비하는 요소를 점검한 후 제거하고 효율적으로 운영한다.

⑧ 관련 지식이나 기술이 부족하면 계획을 수정하고 쉬운 것부터 단계적으로 해보자.

⑨ 시작부터 완벽하게 준비할 수는 없다. 지금 이 상태로 일단 시작하고 차차 보완하자. 시작이 반이라고 보면 방법이 보인다.

⑩ 앞으로는 왠지 상황이 좋아질 것이라는 막연한 기대감으로 미루게 되지만 미루면 상황은 더 나빠질 뿐, 절대 나아지지 않는다는 것을 자각하자.

✽ 미루는 습관에서 탈피하자

히말라야에 산다는 "내일이면 집 지으리"라고 하며 한고조(寒苦鳥)라는 이름을 가진 전설의 새가 있다. 이 새는 어찌나 게으른지 그 추운 산에서도 한평생 둥지도 없이 살아간다.

밤마다 눈보라와 칼바람에 떨면서도 "내일이면 집을 지으리…. 날이 새면 집을 지으리…." 하고 생각만 하면서 떨고 있다고 한다.

그러나 날이 밝아 따뜻해 오면 그 춥고 고통스러웠던 어젯밤의 기억은 까맣게 잊고 아름다운 히말라야의 풍경에 매료되어 정신없이 또 하루를 보낸다. 밤이 되면 또 추위에 떨면서 보금자리를 만들지 못한 것을 뒤늦게 후회하면서 내일이면 집을 지으리 하면서 말이다….

당신은 혹시 '내일이면 집 지으리 새처럼 살고 있지는 않은가? 내일이면 달라져야지, 사랑해야지, 시작해야지…. 하고서 말이다.

권태 탈출

   열심히 일한 당신 "떠나라."라는 광고카피와 같이 혼자나 혹은 가족과 함께 어디론가 훌쩍 여행을 떠나 현실을 탈피하여 자신을 재발견해봄으로써 삶에 지친 당신에게 생활의 활력소를 불어넣어 보자.

   그리고 일상의 고질적인 습관을 깨거나 내려놓는 것만으로도 권태에서 벗어날 수 있다. 또한, 독서, 운동, 미술, 교육, 음악, 수집, 요리, 등 다양한 분야를 직접 체험하여 흥미를 느껴보고, 익숙한 것에서 벗어나 새로운 것을 탐험해보자. 이러한 다양한 문화에 직접 몰입하거나 탐사를 통하여 타인을 이해하고 공감할 수 있게 된다. 익숙한 것은 우리 뇌를 타성에 젖게 한다. 새로운 경험은 우리의 뇌에서 새로운 기억을 가능하게 하는 신경 시냅스에 고속도로가 뚫리는 것을 의미한다.

  • 토론토 대학 노먼 도이지(Norman Doidge)교수는 〈기적을 부르는 뇌 The Brain that Changes Itself〉에서 쥐의 뇌를 자극하면 두꺼운 신경전달물질과 혈액공급량도 풍부해지고, 신경 세포가 생성되어, 해마에 있는 뉴런의 수명이 연장됨을 밝혀 '뇌 가소성'(유연성)을 증명하였다. 인간의 두뇌는 놀라우리만치 유연하여 뉴런은 재설정될 수가 있기 때문이다. 또한, 학습은 뇌를 자극하여 뇌의 유연함을 유지하고 시냅스의 형성을 촉진시킨다.

  • 데보라 웰스 박사가 이끄는 벨파스트 퀸스 대학교의 연구팀은 클래식 음악을 코끼리에게 들려주면, 몸을 흔들고 서성이며, 코를 마구 젖히는 이상행동을 최소화한다는 사실도 밝혔다.

  • 프랑소와즈 베멜스펠더는 〈동물의 권태 Animal Boredom〉이라는 논문에서 동물에게 먹이를 먹이는 단순한 행동에서도 권태를 완화할 수 있다고 했다.

• 핼펀의 최근 저서〈뭘 잊어버렸는지 기억하지 못해〉에서 에어로빅으로 혈류량을 늘려 노쇠한 뇌의 새로운 세포 성장을 촉진 시키고, 기억력이 향상됨을 밝히기도 하였다. 운동하면 뇌의 해마 부위를 활성화 시켜 학습과 기억을 관장하는 시냅스들의 강도를 증가시키는 단백질인 '뇌유래신경영양인자(BDNF, Brain—Derived Neurotrophic Factor)'의 양이 많아진다. 이 BDNF는 새로운 뇌세포의 생성을 촉진하고, 신경가소성을 강화하여 뇌를 활성화 시킨다. 알츠하이머, 우울증, 파킨슨병, 치매, 강박장애, 식욕부진, 폭식증, 자폐성 장애 등과 같은 병을 앓는 환자는 BDNF의 양이 적다.[22]

＊ 권태 탈출에도 효과적인 등산

① 노화를 예방하여 젊음을 유지하고, 동행자와 충분한 대화로 교감할 수 있다.

② 산을 오르는 힘든 과정을 통하여 성취감을 맛보고 자신감을 얻을 수 있다.(climber'high, 정상정복의 쾌감)

③ 혈액 속의 지방을 걸러내고 심근을 단련시켜 심장을 튼튼하게 한다.

④ 충분한 산소를 폐의 깊숙한 곳까지 들여보냄으로써 폐 기능을 강화시키고, 맑은 공기와 햇빛으로 세로토닌 효과를 만끽할 수 있다.

⑤ 체중이 실리는 걷기로 골밀도를 높인다.

⑥ 무릎을 구부렸다가 펴는 동작으로 연결 세포에 관절액이 스며들게 하여 영양공급과 노폐물을 원활하게 배출토록 촉진한다.

⑦ 대표적인 유산소 운동으로 체내에 축적된 잉여에너지를 태워 성인병의 근원인 비만을 예방할 수 있다.

⑧ 숲속을 걸으면서 나무가 자신을 보호하기 위해 토해내는 살균, 살충, 항균작용을 하는 테르펜(terpene)이라는 물질을 함유한 '피톤치

드(phytoncide)를 흡수할 수가 있어 면역기능향상은 물론 피로회복, 스트레스해소, 심폐기능 강화 등으로 싱그러운 냄새와 상쾌하고 맑은 느낌으로 건강 회복에 매우 좋다. 특히 편백나무는 소나무 보다 무려 5배의 효과가 있다고 한다.

• 공동체 생활을 영위하면 사회적 상호작용으로 신경가소성이 유지되고 만성 권태를 해소하고, 또한 식사나, 일하기, 잠자기 등을 규칙적으로 실천해 보면 권태 탈출에 효과가 있다. 특히 신선한 과일이나 야채는 복합 탄수화물이 많고 비타민과 미네랄이 풍부하여 마음이 편안하고 안정과 행복감을 증진하는 행복 호르몬인 '세로토닌' 수치를 증가시킨다.

• 여가를 알차고 즐겁게 보내자.

여가는 심신의 피로를 풀고 삶의 에너지를 재충전하며, 편안한 복장으로 가까운 사람과 함께 즐겨야 효과적이다. 여가는 일이나 업무와는 반대 개념으로 대화를 통하여 다른 사람과 교류가 있어야 하고, 신체와 특히 정신을 사용해야 하므로 신경 가소성과 관련이 있다. 아리스토텔레스는 "여가 시간은 즐거운 활동이고, 그 자체로 목적이 되어야 한다."라고 하였다.

• 인간의 뇌는 익숙한 것을 싫어하기 때문에 익숙한 것들로부터 결별하자. 새로운 것을 대할 때 신경 세포와 시냅스는 활성화가 되고, 뇌는 나이와 관계없이 계속 성장하기 때문이다.

• 삶의 의미나 비전, 꿈이 있는 사람은 어떤 역경과 고난에도 좌절하지 않는다, 그 원동력은 이를 실현하기 위하여 끊임없는 도전으로 뇌가 최적의 자극을 받게 되어 스스로 동기를 유발하는 것이다. 따라서 도전은 권태감이나 무기력, 낮은 자존감, 자포자기, 목표 상실로 방황하는 것들을 미연에 방지할 수 있다. 또한, 종교나 직장, 감각, 부(富) 등에 관하여 가까운 친구나 단체를 통하여 역할이나 입장을 바꾸어보자. 상대의 입

장에 대한 공감대는 물론 자신에 대한 인식도 달라질 수 있다.

• 남자가 여자를 연기하고, 부자가 빈민을, 젊은이가 늙은이를 연기할 때 그들의 현실을 직접 체험함으로써 공감하고 새로운 활력소와 자극으로 권태에서 탈피할 수 있게 된다.

• 그리고 권태를 삶의 기회로 승화시키자.

권태란 살다 보면 어쩔 수 없이 누구에게나 찾아온다. 매일 오가는 출퇴근길이 지겨워지고, 매일 반복되는 일과, 보기 싫은 사람이라도 매일 만나야 하는 것도 지겹고, 똑같은 주위 환경도 단조롭고 모든 것이 다람쥐 쳇바퀴 돌 듯 한 일상적인 삶이 권태롭고 싫증을 느낄 때가 있다. 이것은 결코 나쁜 감정이라고만 할 수는 없다. 그러나 이는 그동안 꾸려왔던 삶의 방식을 바꿔보라는 하나의 신호로써, 더 나쁜 길로 들어서거나 엉뚱한 방향으로 가기 전에 현 상황을 점검하거나 자신을 되돌아보고 새로움을 모색하라는 경고와도 같은 것이다. 단순하게 부정적인 생각에만 함몰될 것이 아니라 오히려 발전의 기회로 승화시키려고 진취적으로 받아주는 자세가 중요하다.

이처럼 권태가 자신도 모르게 찾아올 때 현실의 세상과 나 사이에 잠시 거리를 두고 마음의 여유를 가지고 또 다른 나를 찾아 여행을 떠나보는 것이 좋다. 그곳에서 새로운 나를 '재발견'하여 '재정의'해 봄으로 좀 더 나은 미래를 설계하고, 새로운 꿈과 목표를 향해 도전 의지를 불태울 수 있는 계기를 마련할 수 있기 때문이다. 따라서 우리는 권태를 단순히 부정적인 시각으로만 보지 말고 더욱더 긍정적이고 진취적인 관점에서 재정의하고 재창조함으로써 하나의 '축복'으로 승화시켜 그냥 삶의 일부로 겸허히 받아주는 마음의 수용적 자세가 필요하다[36]

자신감을 회복하자

　우리가 세상을 살아가면서 자신감 보다 중요한 것이 아마 없을 것이다. 자신감이 없으면 어떤 일을 할 때 머뭇거리며 주저하게 되고 혹시 실패하면 어쩌나 하고 망설이게 된다. 일을 되게 하고 일의 성과를 높이려면 자신감 없이는 될 수가 없으며, 어떤 기회가 주어져도 외면하게 되므로 결국 자신감은 우리 삶의 가장 기초적인 원동력이라 할 수 있다. 다만 살아가면서 어려움에 직면하면 해결할 능력인 '자신감'이 그들 자신에게 있다는 사실을 모를 뿐이다.

　자신감의 사례로는 1936년 미국 샌프란시스코의 금문교를 건설할 때의 이야기가 있다. 길이가 무려 2,825m 교각의 높이가 227m나 되는 거대한 공사이기 때문에 인부들이 작업하다가 혹시 높은 교각에서 떨어질지도 모른다는 '두려움'으로 실제 많은 인부가 떨어지는 사고가 나서 10만 달러나 들여 인부추락방지 안전거물을 설치하고 난 후 그의 추락사가 발생하지 않았다고 한다. 작업하다 혹시 떨어져 죽을지도 모른다는 두려움이 설마 떨어지더라도 그물이 있으니까 안심을 하고 '자신감'을 가지게 된 결과이기 때문이다.

　중국 명나라 정치인이자 사상가인 왕양명(1472~1528)은 "산속의 적 1만 명은 정말 잡기가 쉬울지 모른다. 그러나 우리 인간들의 마음속의 '두려움이라는 적 1명'은 정말 잡기가 어렵다. 그러므로 여러분들이 '나는 최고의 병사다'라는 강한 자신감을 가지는 순간 우리는 전쟁에서 이길 수 있다."라고 하였다. 따라서 우리는 나는 할 수 있다, (Yes, I Can Do It) 라는 자신감을 느끼도록 하자!

　• 자신감을 잃고 불안해하는 이유로 성공 경험이 부족하고, 객관적인 잣대로만 사람을 평가하는 것이 두렵고, 아무런 준비 없이 무모한 도전

으로 인한 실패가 두려우며, 할 수 없다는 스스로의 자기비하 심리와 할 수 있을까? 하는 의심 등의 열등감으로 용기가 부족해서 이다. 그리고 스스로 한계를 만들고 규정짓는 것은 항상 나 자신이고, 실패가 두려워 전력투구를 포기하고 스스로를 상자 안으로 가둬버린다.

• 자신감을 회복하기 위해서는 욕구를 줄여야 하며, (효능감 =성취 / 욕구, 이므로 분모인 욕구나 욕심을 줄여야 효능감이나 만족감이 커질 수 있다), 작은 성공을 자주 맛보고, 스스로 나아지고 있다는 자각이 필요하고, 성공한 자신의 모습을 상상하며, 자기 능력을 무조건 확신하여야 한다. 문제해결능력이 자신 안에 있음을 자각하고 용기를 일깨워주자. 또한 스스로 만든 무능과 열등감의 한계를 규정하는 생각의 박스를 과감히 박차고 나오는 용기를 가지자.[49]

• 자신감의 두 가지 유형으로는 동기 심리학자 리처드 드샴은 '자기 확신의 두 가지 타입으로

첫째, 오리진(origin)형 인간은 '자신감이 강하여' 자신의 운명과 마음을 자신이 지배한다고 생각한다. 외부 환경이나 타인에 의해 영향을 받는 게 아니라 자신에 잠재된 힘과 스스로의 결단과 선택을 믿는다.
둘째, 코마(coma)형 인간은 '자신감이 부족하여' 타인에 대한 의존도가 높아 결단력이 부족하고 소심하며 자신에 대해 의심이 많다. 주위 환경에 끌려 다니며, 귀가 얇아 다른 사람들의 말에 흔들리기 쉽다.

〈신념의 마력〉 저자 크로드 브리스톨은 "자기 확신은 잠재된 자신의 능력에 대한 무한 신뢰다"라고 하였다. 프랑스의 심리학자 에밀 쿠에 박사는 "나는 날마다 모든 면에서 점점 나아지고 있다."라고 자신에게 스스로 주문을 하는 것이 좋다고 하였다.

또한 심리학자 앨버트 반두라(Albert. Bandura)는 의도한 결과를 얻을 수 있는 '자기 효능감'(Self-efficacy)은 자신의 과거 '성공경험'과 자신과 비슷한 사람들의 '성공사례'에서, '나는 잘 할 수 있어'라는 자신에 대한 격려에서 자신감을 얻게 된다고 하였다.

그래서 자신감이 부족한 사람은 '자신의 결점'에 초점을 맞추어 자신의 능력을 저 평가하기 때문에 자신감을 높이기 위해서는 자신에 대한 '믿음'을 가지고 자기계발을 위한 노력이 필요하다.[35]

자존감과 자긍심을 높이자

자존감과 자긍심은 자기 자신을 가치 있는 존재이며, 나름대로 능력을 갖춘 귀한 존재임을 사실대로 받아들이고 스스로 인정하는 것을 말하며, 우월감이나 자만심, 교만이나 부정적 개념인 '자존심'과는 다르다. 불교에서는 한 개인을 소우주라고 한다. 그만큼 사람은 우주와도 같이 광대하고 신비로우며, 존귀하고 모두가 대등하다는 뜻이다.

• 자존감이 높은 사람은 다른 사람의 가치를 인정하며, 있는 그대로를 수용하고, 외향적이며 사회성이 높다. 자신의 실수는 물론 타인의 실수나 약점에 대해서도 관대할 수 있으며, 타인을 용납하고 사랑하며, 관용이나 배려심이 있고, 매사가 긍정적이고 낙천적이다. 그리고 자부심이 강하고 남의 비난에 초연하고, 자기주도성과 책임감이 크고, 남과 비교하지 않고 언제나 어떤 경우나 당당하고 자신감에 차 있다.

• 자존감이 낮은 사람은 인간관계가 원만하지 못하고 자기만족이나 행복감이 떨어지고, 짜증을 잘 내고 우울해 하며, 열등감을 감추기 위하여 잘못된 자만심과 허영심을 표출하고, 다른 사람과 함께 있는 것을 불

편해 한다. 대체로 의지가 약하고 스스로를 비하하며, 자신감이 부족하여 도전하지도 못한다.

그리고 자존감을 높이기 위해서는 무엇보다 먼저 나를 인정하고 받아들여야 한다. 부끄러워하지 말고, 다 똑같은 입장이다.'라고 생각하고, 자존감은 키우고, 자존심은 버리며, 남이 나를 어떻게 생각하느냐 보다, 내가 나를 어떻게 생각하느냐에 집중해 보자.

또한 자기를 좋아하고 사랑하자, 사람은 누구나 장단점이 있다. 단점만 보지 말고 장점을 먼저 보자. 장점을 적극적으로 키우고, 단점은 개선하여 긍정적인 나로 만들어가며, 남과 비교하지 말고 있는 그대로의 자신에 집중하고, 과거보다 현재에 충실하며, 자신과 긍정적인 자기 대화를 하자.(49)

헤르만 헤세는 "내가 나를 사랑하지 않고는 남도 나를 사랑할 수 없고, 내가 나를 사랑하는 만큼 남도 나를 사랑한다."고 하였다. 그리고 자기를 진정으로 인정하여야 한다. 사람은 누구나 다른 사람으로부터 인정받으려는 욕구가 있기 때문이다. 더구나 인정 중에서도 최고의 인정은 '자신으로부터 받는 인정'이다.

매일 아침 잠자리에서 일어날 때 "나는 할 수 있다."라고 외치며 힘차게 일어나 보세요. 엄청난 마법의 힘이 용솟음칠 것이다. 자신을 언제나 인정하고, 격려하고, 칭찬해 주세요!

지금, 당신에게 필요한 것은?

자기도취 탈출

　무엇보다도 평소에 남에게는 관대하고 자신에게는 엄격히 대하는 것이 중요하다. 또한 자신을 있는 그대로 객관적으로 보는 습관을 키운다. 혼자 있는 시간이 많으면 자기도취에 빠지기가 쉬우므로 인간관계를 폭넓게 가지도록 노력한다. 그리고 자신을 칭찬하는 것을 자제하는 것이 좋다. 칭찬은 다른 사람이 하는 것이라야 진정한 칭찬이기 때문이다.

　또한 자기도취라는 의존하고 안락한 '마음의 감옥'에서 나오기 위해서는 항상 깨어있어야 한다. 먼저 내안에 이런 것들이 웅크리고 있구나하고 알아차리는 것이 중요하다. 그리고 어떤 것에 대한 지나친 집착이나 편견, 오해와 같은 '생각의 프레임이나 틀'에서 과감하게 벗어나도록 노력해야 한다. 그러기 위해서는 좀 더 초연한 입장에서 그것이 어디에서 또 무엇 때문에 기인한 것인지를 냉정하게 분석하여 인식한 후 대비책을 세워 그곳으로부터 탈출하여야 한다.

　특히 자기도취에 빠져 자기중심적인 사고는 기업경영이나 어떤 중요한 의사결정을 할 때 커다란 과오를 저지를 수가 있다. 〈경영의 모험, 존 브룩스, 2015.3.16, 쌤앤파커스〉에서 저자는 미국의 포드자동차 회사의 창업주 핸리 포드의 사례에서 체계화된 시장조사와 과학적인 전략수립을 멀리한 채 자기도취에 기반 한 '직감'을 맹신한 '나르시스트 CEO'는 반드시 실패한다고 하였다. '승자의 저주'도 일종의 과거 성공경험에 대한 지나친 맹신에 의한 자기도취라 할 수 있다. 따라서 어떠한 경우라도 항상 철저한 시장조사를 기반으로 열린 자세로 자기중심에서 벗어나 객관적인 관점과 과학적인 전략을 가지고 대응해야만 할 것이다.

각종 심리적 아노미 상태(멘붕- 멘탈 붕괴) 탈출하자

우울증, 만성 피로증후군, 스트레스, 공감력 부족, 무관심, 불감증, 좌절감, 불면증, 쾌감의존(알코올, 담배 약물, 인터넷 중독(게임, 야동) 등), 설마 병, Not me, 님비, 면역력 저하, 편견, 각종 성격결함 등이 있다.

1) 우울증

우울증은 '마음의 감기' 정도로 누구에게나 쉽게 올 수 있는 마음의 병으로 정서적으로 불안하고 우울하며, 슬픈 기분을 느끼는 증상이다. 자신감이 결여되고 불면증을 동반하여 항상 피곤하고 매사에 의욕이 없어 모든 일에 재미가 없고 대인관계가 귀찮고 막연히 미래가 두렵게 느껴진다. 청소년은 주로 학업성적이나 가정불화, 교우관계 등으로 찾아오지만 겉으로는 반항적 행동이나 짜증, 폭식, 게임 몰두 와 같은 변덕스러운 감정을 보이므로 잘 알아차리기가 쉽지 않다. 그래서 청소년의 우울증을 흔히 가면 우울증(Masked depression)이라고 부른다.

초기 증세로는 식욕이 없고 체중이 감소하며, 가슴이 답답하고 두통을 동반하고 소화불량에 변비도 올 수 있다. 그러나 정도가 심해지면 정서적 망상이나 환각 증상이 동반될 수도 있다.

✻ 우울증의 원인

① 각종 스트레스 반응과 조절력 결여
② 뇌의 뉴런 성장물질인 뇌유래신경영양인자(BDNF) 감소와 기타 세로토닌, 노르에피네프린과 같은 신경 전달물질 감소와 갑상선 호르몬 이상 등.

③ 한번 손상된 뇌세포가 복구 메커니즘 결함으로 회복이 안되어 탄성이 부족하다.

④ 심리적 이상으로 낮은 자존감, 지나친 열등감, 의존성(자율성 결여), 트라우마 등이 있다.

⑤ 신체적 이상으로 당뇨병, 뇌졸중, 종양 등의 뇌 분비 질환과 갑상선 기능 저하증.

⑥ 선천적으로 해마가 적고 기능이 저하된 경우.

＊ 우울증 자가 진단 체크리스트

번호	증 상	항상 (3)	자주 (2)	가끔 (1)	없다 (0)
1	사소한 일에 신경 쓰이고 걱정거리가 많은 증상이 있다.				
2	쉽게 피곤하고, 의욕이 없고 만사가 귀찮다.				
3	즐거운 일이 없고 세상일이 재미가 없어 매사가 비관적이고 절망감에 빠짐.				
4	자신의 처지가 초라하고 죄의식에 사로잡혀 가끔 죽고 싶다는 생각이 든다.				
5	잠을 설치고 수면 중 자주 깨고, 입맛이 바뀌고 한 달 사이 체중이 5% 이상 변하는 증상.				
6	답답하고 불안하며 매사에 쉽게 짜증이 난다.				
7	두통이나 소화 불량, 만성 통증 등 신경성 심신장애 증상이 나타남.				
8	집중력이 떨어지고, 결정 장애 나 건망증이 늘어나는 증상.				

9	자기에 대해 화가 나고 자책할 때가 많다.				
10	무엇을 하든지 활기가 없고 재미나 흥미를 못 느낀다.				
11	자주 흥분이 되며, 가라앉기가 힘들고 감정 기복이 심하다.				
12	이유 없이 울거나, 울고 싶은 충동을 느낀다.				

〈자가 평가〉 6점 이하(정상) / 7~12 (주의 요망) /13~24 (적극적 관리 요망)/25점 이상 (전문가 상담요망)

* 적절한 치료법

　우울증은 정신과 질환 중 가장 치료가 잘되는 질환 중 하나로 적절히 치료를 받으면 90% 정도는 완전히 회복할 수 있다. 우선 정신치료와 약물치료를 병행하면 효과적이다.

- 정신치료의 경우는 자기 자신과 주위 환경, 매사에 대한 부정적인 사고방식을 긍정적으로 바꾸도록 연습하여 습관을 바꾸고, 의사 소통이나 사회성 기술 등을 익혀 대인관계 회복과 인지행동 등 전문가의 상담을 통해 문제를 해결하는 치료를 말하며,
- 약물치료의 경우는 세로토닌, 도파민, 노르에피네프린과 같은 신경전달물질을 공급하는 치료법이다. 그러나 심한 우울증 증상의 경우는 입원치료를 통해 집중적 치료를 하는 것이 좋으며, 우울증은 완치는 가능하지만, 너무 조급하게 생각하지 말고 꾸준히 치료할 필요가 있다.
- 식이요법으로 신선한 과일이나 야채를 섭취함으로써 세로토닌 수치를 높인다.
- 스트레스에 대해 자기만의 적절한 조절과 해소법을 익힌다.(사고습관,

호흡, 명상)

- 부정적인 생각에서 탈피하자.
- 혼자 있기보다 다른 사람과 함께 있으며, 대화를 많이 한다.
- 기분전환이 될 만한 일이나 놀이를 한다. 운동, 음악, 종교, 문화, 사회 활동 등을 한다.
- 일단 밖으로 나가 햇볕을 쬐면서 산책하며 맑은 공기를 마시고 기분전환을 한다.
- 충분한 수면을 취하고 활동적인 취미를 갖도록 한다.
- 어떤 일이건 지나치게 기대하지 않는다. 기대가 크면 그만큼 실망도 크기 때문이다.
- 너무 어려운 목표를 세우거나 지나친 책임감에 사로잡히지 말자.
- 할 일이 많을 경우 일을 작게 나누어 우선순위를 정하여 급하고 중요한 일부터 한다.
- 짜증나거나 화가 날 때 가슴속에 삭히지 말고 적절히 표현하여 입장을 분명히 표명한다.
- 이혼이나 회사 사직, 사업 투자 등 중요한 결정은 우울증이 있는 동안에는 내리지 않는 것이 바람직하다. 나중에 후회할 가능성이 높으며, 부득이하다면 믿을 만한 사람과 충분히 상의 후 결정하자.
- 속마음을 허심탄회하게 털어놓고 상의할 수 있는 멘토나 가까운 지인의 도움을 받는다.
- 단숨에 병이 낫기를 기대하지 마라. 우울증은 상당히 오랫동안 치유해야 하기 때문에 의사와 충분히 상의하고 치료를 받아야 한다.[8]

2) 만성피로증후군

뚜렷한 질병이 없음에도 기운이 없고 지속해서 일에 집중할 수가 없고 불면증, 운동, 업무 후 심한 피로감, 집중력 저하, 어지럼증, 식은땀, 근육통, 두통 등을 호소하고 이러한 피로가 6개월 이상 지속하고 휴식으로도 개선이 안되는 피로감을 말한다.

* 그 원인으로는

- 과로, 심장질환, 스트레스 등의 정신질환.
- 잘못된 생활습관이나 환경 등으로 과음, 비만, 운동부족, 야근, 수면부족, 삐뚤어진 자세.
- 그의 매일 술을 먹어야 하는 직장인이나 자영업자들의 숙취.
- 야근으로 늦게 주무시고 새벽에 일어나야 하는 직장인들의 수면 부족.
- 탈수로 겨울에 땀을 잘 흘리지 않아 물을 잘 들지 않아 체내 물부족으로 쉽게 피로감 느낌
- 정신근무나 공부 등으로 두뇌에너지 사용이 많은 경우 에너지 고갈로 쉽게 피로해지는 정신노동.
- 우울증과 무기력증으로 매사에 귀찮고 의욕이 없는 분들은 몸이 쳐지고 깔아지는 것을 만성 피로증후군과 혼동한다.
- 소화 장애로 위장기능이 약한 분들은 소화하는데 많은 에너지가 필요하여 식후에 피로함.
- 월경전증후군으로 생리 전후 생리가 좋지 않아 피로하고 기운이 없음.
- 특히 여성의 경우 철분 섭취부족, 지나친 다이어트 등으로 적혈구가 부족하여 생기는 빈혈.
- 암, 간염, 결핵 등과 같은 우리 몸을 갉아 먹는 소모성 질환.
- 남성, 여성 호르몬 외에 성장호르몬 부족 등이 있다.

* 자가 진단법

아래 5가지 항목 중 3개 이상이 6개월 이상 지속하면 의심할 수 있다.
• 단기기억 장애, 집중력 손상.
• 목구멍 통증, 근육통, 관절통, 두통.
• 목이나 겨드랑이 임파선 비대 및 통증.
• 자고 일어나도 상쾌하지 않은 증상.
• 운동 후 24시간이 지나도 회복되지 않는 피로감.

* 만성피로 증후군 치료법

생활습관 개선으로 활력을 불어넣는 것이 있다.
• 규칙적인 생활 영위.
• 가벼운 운동으로 심신에 활력을 주어 피로 지수를 낮춘다. 걷기, 달리기, 자전거, 수영과 같은 유산소운동은 심장건강에도 도움이 되며, 온몸의 근육을 풀어줄 수 있는 체조나 요가 등으로 매일 30분 이상 꾸준히 하면 몸의 신진대사와 혈액순환이 원활하여 몸에 활력을 준다.
• 충분한 수면을 취하며, 특히 수면의 질이 중요하다. 불면증 예방을 위하여 잠자기 전 편안한 수면 환경조성의 필요를 위하여 잠자기 전에는 텔레비전 시청보다 라디오나 독서가 바람직하고 커피나 홍차 등 카페인 식품 섭취를 삼가는 것이 좋다.
• 긍정적인 마음가짐.
• 음식 요법으로 홍삼, 매실, 당근, 꿀 등을 섭취한다. 비타민C 섭취로 인체 내 바이러스에 대항해 싸우는 인터페론이 증가하여 면역력이 높아지고 감염증으로 인한 피로증상 예방, 미네랄이 풍부한 자연식품인 채소, 과일, 단백질이 풍부한 생선이나 고기를 섭취한다.
• 산책이나 여행 등으로 생활의 새로운 분위기 변화를 모색한다.

* 만성피로 자가 체크리스트

아래 각 12문항의 상황이 자주 나타나면 2점, 가끔 나타나면 1점, 거의 없으면 0점을 주어서 12문항 점수를 합산

번호	질문	자주 (2)	가끔 (1)	없음 (0)
1	스트레스 상황을 얼마나 자주 경험합니까?			
2	특별한 이유 없이 피로를 얼마나 자주 느낍니까?			
3	쉽게 잠이 들지 않거나, 잠이 들어도 자주 깨십니까?			
4	불안 또는 우울, 분노와 같은 부정적 감정을 얼마나 자주 느낍니까?			
5	갑자기 성욕이 감퇴하는 것을 느껴본 적이 있습니까?			
6	최근에 와서 체중이 쉽게 불어납니까?			
7	최근에 와서 식욕이 감퇴하고 체중이 줄었습니까?			
8	갑자기 단것이 먹고 싶어지거나 식탐이 생기는 경우가 있습니까?			
9	기억장애나 집중력 장애를 얼마나 자주 경험합니까?			
10	긴장성 두통이나 어깨, 목의 근육긴장을 자주 경험합니까?			
11	장에 가스가 차고, 트림, 신물이 넘어오거나, 설사, 변비와 같은 소화기 장애 증상을 자주 경험합니까?			
12	감기나 몸살에 자주 걸립니까?			
	합계			

*6점 이하(정상), 7-12점(주의 요망), 13점 이상 (적극적 관리요망)

3) 스트레스

현대인들은 '스트레스의 심연'에 빠져 있다. 보통 인간관계와 업무상 문제로 스트레스를 받게 된다. 인체는 스트레스를 받으면 코르티솔 (Cortisol)과 아드레날린(Adrenalin)을 분비한다. 심장박동률이 오르며, 근육을 긴장시켜 혈압을 높이고 싸우거나 도망갈 태세를 갖추게 된다. 면역력을 떨어뜨리고 세포를 노화시키고 심장병의 주요 요인이 된다. 스트레스의 지각은 상당히 주관적이기 때문에 지각 여부는 자극과 반응 그 자체가 아니라 유기체가 환경적 자극을 해석하고 반응하는 방법에 따라 자신의 대처능력을 초과한다고 주관적으로 느끼는 것만이 스트레스로 느낀다는 것이다. 스트레스 수치가 높은 사람이 낮은 사람보다 인지능력 점수가 50% 정도 떨어진다. 정서를 담당하는 편도체가 부정적인 신호를 보내면 기억을 담당하는 측두엽과 통합적 사고를 담당하는 전두엽의 피질도 위축되기 때문이다. 문제는 살아가면서 이러한 부정적인 스트레스를 피할 수 없다면 기꺼이 맞을 준비를 하는 것이 건강에는 좋다.

＊ 스트레스를 기꺼이 맞을 준비를 하자

① 스트레스의 필연성을 인식하고 친구처럼 대하자. 현실에서는 스트레스를 피할 수도 없고, 도망갈 수도 없다면 있는 그대로 받아들이자.
② 적당한 스트레스는 오히려 생활의 활력소라고 인식하자.
③ 스트레스의 주요 원인을 제대로 파악하자.
④ 능력을 향상하거나 가치관을 조정하자.
⑤ 다른 사람과 스트레스를 나누자. 다른 사람에게 스트레스를 해소하는 방법을 배우고 의논하고 도움을 요청하자.
⑥ 스트레스에 휘둘리지 말고 진정한 스트레스의 주인이 되어 컨트롤 하라.
⑦ 완벽할 수 있다는 허상에서 탈피하자.

⑧ 자기만족으로 욕망을 조절하고, 남과 비교하지 말고 자신에 충실하자.

⑨ 패배를 인정하여 불필요한 경쟁에서 벗어나 해방하자.[8]

＊ 스트레스 대처법

① 매사에 긍정적이고 낙천적인 사고방식을 가지고, 세월이 약이라는 느긋한 마음을 갖고, 항상 감사하는 마음을 느끼자.

② 변화를 피할 수 없다면 적극적으로 변화를 모색하고 현재의 라이프 스타일을 바꾸자.

③ 정기적인 운동과 심신의 휴식을 취하자.

④ 자신만의 스트레스 해소법을 계발하여 실행하자. 자기최면, 호흡, 명상, 발산, 취미생활 등을 하자.

⑤ 심리학자, 심리 상담소, 스트레스 관리 연구소, 정신과 의사, 직장이나 단체의 지원 프로그램, 친구 등과 같은 사회와 인맥의 조언이나 협조를 구한다.

⑥ 인체의 방위적 체력을 강화하는 면역시스템과 이 두 시스템을 조정하는 관제탑 기능을 하는 자율신경계 및 공격적인 기초체력 강화에 너지 대사 시스템의 조화와 균형을 잘 이루도록 조절한다.

⑦ 뇌에 자신의 상태를 일깨워주면 스트레스가 절반으로 준다. '이건 스트레스야!' '이건 감정노동이야!', '난 지금 감정노동중이야!' 하고 뇌에게 알려준다.

4) 공감결핍

핵가족과 일인 가족이 확대되는 사회 분위기로 혼자 사는 사람의 비중이 늘어나면서 공감적 감수성을 기를만한 사회적, 공동체 활동에 참여할 기회가 부족해지고 있다.

빠른 산업화와 도시화로 공동체 의식이 붕괴되고 시민으로서 참여와 개인주의 이데올로기로 인하여 타인의 삶에는 아예 관심이 없는 심리학적으로 '나르시시즘'이라는 전염병이 확산하고 있기 때문이다.

인터넷의 발달과 더불어 소셜 네트워크의 확산으로 어느 때보다 많은 사람이 서로 연결은 되고 있어 단순히 정보의 공유차원은 뛰어나지만 서로 간의 가슴으로 느끼는 공감의 결핍 해소에는 별 도움이 되지 못하고 있는 실정이다. 공감과 공존의 결핍현상은 이 순간에도 지구 곳곳에서 나타나고 있다. 시리아 내전에서 5천 명의 민간인이 사망하였고, 빈부 격차는 심화되어 〈세계의 절반은 왜 굶주리는가?〉에서 장 지글러는 "세계 식량 기구(FAO)에 의하면 세계기구의 1/7인 8억 5천만 명이 만성적 영양실조 상태이고 10세 미만의 아이가 5초에 한 명씩 굶어 죽는 것은 기아는 식량 때문이 아니라"고 경고하고 있다. 그리고 이산화탄소 배출 규제를 위한 국제 협상이 별 진전이 없는 것에서도 잘 나타나고 있다. 이처럼 정치적, 민족적 폭력, 종교적 갈등, 빈곤과 굶주림, 인권탄압, 테러, 지구온난화를 비롯하여 개인적으로 황금만능주의로 인한 인간성 상실, 부정부패, 성추행 등의 위기가 공감과 공존의 필요성을 절실히 요구하고 있다.

• 심리학자 올리버 제임스(Oliver James)는 남들을 불편하게 만드는 성격적 특징인 '어둠의 3요소'는 마키아벨리적인 권모술수, 나르시스트적인 자아도취, 사이코패스적인 반사회적 인격장애 라고 지적하였다.[32]

• 공감력을 키우기 위해서는 무엇보다도 인간은 태생적으로 혼자 살 수 없는 사회적 동물로 진정한 행복은 타인과의 관계에서 '동료애와 사회성'으로 상호협력하고 공생 공존하는 데 있다는 사실을 인식할 필요가 있다.

타인의 처지에 서서 그들의 입장을 인정하고 이해하며 존중하려는 의식적인 습관을 지니며, 자신의 삶의 방식이나 문화와 상반되는 것들에 대하여 입장을 바꿔 직접 체험하고, 공감여행을 떠나보고, 협력 등을 통해 체험탐사를 해 본다. 또한, 공감을 가로막는 4가지 장벽인 편견, 권위, 거리, 부인을 뛰어넘어야 한다.

존 듀이(John Dewey)는 "진정한 교육은 체험에서 온다."라고 하였다. 현실을 직접 체험하면서 학습할 때 가장 효과적이다. 그리고 낯선 사람과 환경에 대한 호기심과 타인에 대해 배려와 경청으로 공감적 소통을 한다. 자기계발의 권위자인 스티븐 코비가 말하였듯이 '공감 소통'을 통하여 인간관계를 개선하는 것이다.

인성 함양

1) 인성이란 무엇인가?

〈성공하는 사람의 7가지 습관〉에서 스티븐 코비(Stephen Covey) 박사는 성공의 열쇠를 성품 윤리(Character Ethics)와 성격 윤리(Personality Ethics)로 설명하고 있다.(4)

일찍이 미래학자 앨빈 토플러는 "21세기는 도덕성을 지닌 민족만이 번영할 수 있을 것이다."라고 예측하였다. 미래사회는 자기 주도적인 정보 처리 능력과 문제 해결 능력을 갖춘 창의적인 발상과 깊은 안목을 갖추고 세계를 이끌 수 있는 성품이 뛰어난 인재가 필요하다. 오늘날 성공한 사람들의 공통점은 훌륭한 성품의 소유자들이었다. 우리나라도 2009년 개정교육 과정은 더불어 살 줄 아는 창의적인 인재를 양성하는 '창의, 인성 교육'을 강화하는 방향으로 설계되었다. 또한, 3~4세 누리 과정에도 역시 인성교육을 강화하고 나아가 최근에는 대입이나 취업에서도 인성

면접을 중시하는 방향으로 범국가적 차원에서 평가가 변경되고 있는 실정이다. 성품 윤리는 '인성'에 관한 것으로 성공적인 삶과 대인관계의 기본 원칙인 언행일치(신뢰), 배려, 나눔, 협력, 타인존중, 관계지향, 공감, 갈등관리, 규칙준수, 겸손, 충성, 절제, 용기, 인내, 정의, 근면, 소박, 수수함, 황금률 등을 말하며, 결국 성품은 '사람의 됨됨이와 성질'로 자신의 내면은 물론 타인과의 관계에서 오는 '사회적 관심'인 후천적으로 개발된 문화적 유산으로 그 사람의 '생각의 틀'이고 감정을 '공감하는 능력'으로 아무도 보지 않을 때 나타나는 그 사람의 원래 모습이다.

탈무드에는 하느님이 주신 7가지 성품으로 경건, 정직, 공평, 선량, 자비, 진실, 화목을 제시하고 있다. 공자는 "지(知), 인(仁), 용(勇)"을 인성의 주요 덕목으로 말하고, 맹자는 인성을 "인간만이 지닌 사회적, 도덕적 속성"이라고 하였다. 오늘날 비즈니스 사회에는 인성은 보이지 않는 내면의 성품으로 긍정적인 사고, 적극적인 태도, 밝은 표정, 명랑한 태도, 성실성, 원만한 인간관계, 배려, 겸손, 이타심 등을 말한다.

결국 인성(성품)은 '사람의 성질이나 됨됨이'를 말하며, 사람의 마음, 생각, 감정, 행동, 의지 등의 총체적 표현으로 생각하는 방식, 방향, 습관, 태도 등으로 본래 자신이 가지고 있는 천성으로 억지로 가장하거나 꾸밀 수 없는 타고난 마음가짐이다. 그 사람의 내적인 모습이 총체적인 성품으로 드러나게 된다. 따라서 성품이 밖으로 표출되기까지는 마음과 생각이 습관으로 오랫동안 반복된 일종의 제2의 천성이라 할 수 있다. 성품은 저절로 형성되는 것이 아니라 오랜 습관으로 형성되기 때문에 어릴 때부터 올바른 성품을 기르는 것이 매우 중요하며 특히 환경에 많은 영향을 받게 된다.

• 종교개혁가 마틴 루터는 "한 나라의 국력은 군사력, 재력, 정치력이 아니라 훌륭한 성품을 가진 국민이 얼마나 많이 있느냐에 달려 있다."라고 하였다.

• 1871년 새뮤얼 스마일즈는 〈인격론〉에서 "인격이란 이 세상을 이끌어 가는 가장 중요한 원동력이다. 성품은 한 개인의 삶을 궁극적으로 평가하는 결정적 요소이며, 더 나아가 한 국가의 흥망성쇠를 좌우하는 원동력이 되고, 성공하는 미래를 향해 달려가는 세상을 움직이는 강력한 힘이다."라고 하였다.

그리고 성격 윤리는 '개성'을 의미하며 대인관계를 원활히 해 주는 성격, 대중적 이미지, 태도와 행동, 인간관계 기법과 기술 등과 같이 성공에 크게 작용한다고 한다. 그러나 이런 성격 중심의 접근법은 다른 사람이 자기를 좋아하게 하려고 다분히 조작적이고 기만적인 면이 있기 때문에 이차적이며, 원칙적으로 훌륭한 성품에 기초하여야 영구적으로 성공적인 삶이 가능하다고 강조하고 있다. 성격은 태어나면서 나타나는 유전적 기질의 독특한 특성을 말하며, 후천적인 노력으로 교정은 가능하나 그 근본 기질이나 본성은 크게 변하지 않는다.

성격의 유형은 보편적으로 고대 그리스 의학자 히포크라테스의 인간의 '4가지 체액설'인 건(Dry), 열(Hot), 습(Moist), 냉(Cold)을 근거로 하여 1928년 심리학자 윌리엄 마스톤(William Marston)이 정립한 DISC 유형분석이 있다. 주요 기질은 D(주도형), I(사교형), S(안정형), C(신중형)의 4가지 패턴으로 나눌 수 있다.[23]

지금은 성품 부재 시대다. 교육의 목적은 오로지 '입시'이다 보니 과열 경쟁으로 인하여 인성 형성이 부재하기 때문이다. 교내 폭력과 집단 따돌림이 난무하고, 동료나 공존의식 부재로 지나친 개인주의에 의한 상대 존중이나 배려심이 없이 인간성이 황폐해지고, 물질만능주의와 과정보다 결과만 중시하는 사회 병리 현상 난무 등 사회지도층의 노블레스 오블리주 부재와 막말 등이 주원인이다.

* 현대사회가 인성이 문제가 되는 원인

① 핵가족화와 맞벌이 부부로 인해 좋은 성품을 가르치는 사람이 없기 때문.

② 무분별한 매스 미디어의 악영향.

③ 사회 전반적인 도덕성의 붕괴(정신적, 종교적, 교육의 사회 기반 붕괴, 개인존중 학교 교육부재, 국가의 가치관, 지역사회 지원 부족, 가정 교육부재 등)

④ 성취 지향적인 기성세대의 잘못된 가치관(스펙으로 불리는 성적, 학벌, 돈, 명예 등 외 면적 가치를 최우선으로 하는 무한 입시경쟁으로 성품은 무시되고 있다)

⑤ 상처받은 인간관계로 학교폭력, 왕따, 우울증, 자살의 문제로 나타남.

2) 주요 인성 덕목

① 역경을 순경으로 승화시키며, 세상을 선한 눈으로 보는 긍정과 낙천성.

② 웃음과 유머로 주위에 활력을 불어넣는 에너지 충만한 밝고 명랑한 태도.

③ 인간의 도리와 정직, 원칙주의를 신봉하는 신의(信義)와 성실의 윤리의식.

④ 남을 배려하고 친절하고 성실한 마음을 가진 친화력과 협력적 마인드와 공감능력.

⑤ 강한 멘탈과 의지력을 가진 정신력.

⑥ 개인, 이웃, 자연과 사회에 공헌하는 좋은 공생과 상생관계의 공존의식
⑦ 감사하는 마음으로 자기만족과 행복한 삶.
⑧ 주인의식을 가지고 자율적이고 주도적인 삶의 태도.
⑨ 조직이나 단체를 통합하고 원하는 방향으로 끌고 가는 리더십과 통솔력.
⑩ 제2의 천성인 올바른 습관 길들이기.
기타 회복 탄력성, 사회성, 독립성, 자율성, 독단, 양보, 존중, 이타주의 등이 있다.

* 벤저민 프랭클린의 13가지 성품으로는

절제, 침묵, 질서, 결단, 절약, 근면, 진실, 정의, 중용, 청결, 평정, 순결, 겸손을 제시하였다. 남에게는 관대하면서도 자신에게는 아주 엄격한 외유내강(外柔內强)형으로 수첩에 적어놓고 날마다 체크하였다.

* 우리나라 도덕교육 18가지 품성은

정직, 자주, 성실, 절제, 책임, 용기, 효도, 예절, 협동, 민주적 대화, 준법, 정의, 배려, 애국 애족, 평화 통일, 생명존중, 자연애, 사랑이다.

* 이영숙 박사의 한국형 12 성품 교육의 기본 덕목으로

- 공감 인지능력(Empathy) 6가지는 경청, 긍정적인 태도, 기쁨, 배려, 감사, 순종이며,
- 분별력(Conscience) 6가지는 인내, 책임감, 절제, 창의성, 정직, 지혜라고 하였다.
• 미국 필립 핏치 빈센트(Philip Fitch Vincent) 박사의 인성을 가르치는 학교 만들기 5가지 핵심 덕목과 인성교육의 기본은 가르치고 본을 보이

고 돌봐주어 '학생들을 사랑하는 교사되기'(도덕적 나침판)이다. 이는 마치 첫째가 바퀴의 중심축과 같으며, 나머지 네 가지는 바퀴살과 같은 것이라 할 수 있다

① 규칙과 질서로 예의 바른 학교 만들기 바탕 위에
② 인성을 위한 협동학습.
③ 인성을 위한 사고력 교육.
④ 인성을 위한 독서교육.
⑤ 인성을 위한 봉사학습.

《 아시아코치센터의 8가지 의식단계 》[23]

구분	단계별 의식	내용	1단계	2단계	3단계
공동체	8, 개방적의식	전 세계 인류와 다음 세대의 발전을 위해 자신의 시간과 자원을 사용	배려	협동	지혜
	7, 사회의식	자연환경을 지키고 사회의 발전을 위해 사회활동에 적극적으로 참여한다.	경청	신뢰	사랑
	6, 팀 의식	공동체 구성원들이 함께 성장할 파트너임을 인식하고, 성장에 기여한다.	책임감	존중	포용력
	5, 성공 의식	자신의 판단력과 능력을 믿으며, 자립적인 태도로 목표를 이루어 나간다.	용기	솔선	겸손
개인	4, 공동체의식	다른 사람과 협동을 통해 공동체 구성원들의 인정과 존중을 얻는다.	정직	성실	절제
	3, 자부심의식	스스로 무엇인가를 이루어 냄으로써 성취감과 자부심을 얻는다.	창의성	자신감	분별력
	2, 인간관계 의식	가족이나 공동체의 구성원들과 좋은 관계를 맺어 유익한 결과를 얻는다.	순종	인내	융통성
	1, 생존의식	살아가기 위해 가장 기초적인 조건을 충족하고 안전을 확보한다.	질서	신중함	결단력

《 미국 조셉슨 윤리연구소의 인성의 '여섯 기둥' 》[24]

신뢰성	정직, 성실, 약속이행, 충성심
존중	자율, 사생활 존중, 품위, 예의, 관용, 수용
책임감	책임, 탁월성 추구
배려	긍휼, 경의, 나눔, 친절, 사랑
공정성	결과만이 아닌 절차에 대한 공정성, 불편부당, 일관성, 평등, 형평, 정당한 과정
시민 정신	준법정신, 사회봉사, 환경보호

3) 인성의 형성

프로이드나 아들러와 같은 금세기 최고의 심리학자들은 5세 이전의 영 유아기 때 성격형성이 그의 끝난다고 하였다. 그러나 인성이나 성품은 교육으로 키울 수가 있으며, 21세기 교육의 핵심 키워드이다. 이와 같이 성품은 교육과 자신의 목표의식에 따라 전 생애를 통하여 습관으로 쌓여 형성된다. 인간관계의 기본이 되는 '가정'을 회복하는 것이 가장 기본 과제다. 아들러는 어릴 때 형성된 성격은 바꾸기가 어려우나, 우선 변하겠다는 본인의 의지나 심리적 메커니즘, 삶의 방식을 정면으로 바라보겠다는 용기가 있으면 얼마든지 바꿀 수 있다고 보았다.

그리고 좋은 사고와 습관을 통해 계발되는 인성은

① 플라톤은 사람이 진정한 선(善)을 안다면 선한 사람이 된다고 하나, 아리스토텔레스는 이를 부정하며, 올바른 행동의 실천으로 올바른 사람이 된다고 하였다. 따라서 진정한 도덕교육은 플라톤의 사고능력향상과 아리스토텔레스의 올바른 행동 실천습관을 종합하여 아이로 하여금 선한 행동을 알고, 나아가 하고 싶게 만들어야 진정한 인성이 계발될 수 있다.

② 플라톤은 소크라테스의 트리톤과의 대화편에서 남에게 선한 행동은 대화와 토론하는 과정에서 인성을 배울 수 있다고 하였고, 아리스토텔레스도 〈니코마스 윤리학〉에서 도덕적 탁월함은 습관이나 관습(에티켓)의 결과로 가르침이나 롤 모델, 독서, 토론, 연구, 생활을 통해 훈련하고 배울 수 있다고 함.

③ 공동체나 사회 국가의 법 시스템이 도덕성을 지지한다. 법과 규칙, 규정의 준수가 습관화되면 올바른 시민 정신과 예의가 자란다.

＊ **연령대별 인성 형성**

① 영 유아기(출생~만 2세 이하)
• 부모에 의한 스킨십 (애착)으로 친밀감과 안정감 절대 필요.

② 유아기(2~6세)
• 가족이나 유치원을 통해 사회성을 배운다.
• 아무리 떼를 써도 안 되는 것은 안 된다는 것을 가르쳐야 한다.
• 옳은 성품을 칭찬하여 바른 성품 습관형성을 훈련하고, 자존감을 세워주는 말을 해준다.
• 3~4세에 대뇌와 감성 뇌(편도체) 50% 이상 형성.

③ 아동기(7세~12세)
• 칭찬과 격려로 강요보다 동기를 유발시켜야 한다.
• 부부의 화목과 상호 존중하는 모습을 보여준다. 일관성과 원칙있게 행동하도록 한다.
• 머리가 좋다는 칭찬보다 열심히 노력하면 좋은 결과가 온다고 칭찬하고 격려한다. (미국 스탠퍼드 대 캐롤 드웩 교수)
• 호기심과 성취욕을 채워주면서 성품 훈련을 한다.

- 7세부터 좌뇌가 발달하기 때문에 언어와 논리적이고 합리적인 훈련을 돕는다.

④ 청소년기(13세~19세)

- 아이를 인격적인 성인으로 대해주고 성숙한 대화를 통해 스스로 답을 찾아 나가도록 코치의 역할을 한다.
- 지나치게 버릇이 없거나 건방지고 엉뚱한 짓을 해도 화를 내지 말고 잠깐 멈추고 수용한다.
- 분노의 감정을 다스리는 방법을 알려주고, 좌절을 미리 훈련 시킨다. (조건 없는 사랑은 금물)
- 과도한 기대로 부담을 주지 않고, 다른 아이와 비교하지 않는다.[23]

4) 인성(성품)의 훈련

가. 전제조건으로

- 좋은 성품은 훈련을 통해서 만들 수가 있으며.
- 성품은 습관과 같이 생각과 감정, 행동을 바꿈으로써 변화시킬 수가 있다.
- 교육자는 학습 환경과 자녀의 태도를 조절함으로써 변화를 강화할 수 있다.
- 훈련기간은 최소 3주 이상부터 3개월에서 6개월 정도까지 꾸준히 훈련한다.

나. 성품 훈련 5단계는

목표전달 → 정의 → 보여주기 → 행동 → 피드백이 있다.

〈성품 훈련 1단계〉 목표 전달

훈련시키고 싶은 성품의 특징이나 기술, 행동 등을 아이에게 효과적으로 훈련시키기 위해 성품의 의미와 교육의 목표를 가시적으로 인식시킨다. 종이에 적어 볼 수 있게 비치, 성품 포스터를 그리게 한다, 컴퓨터 활용 등.

〈2단계〉 성품 정의하기

성품에 대하여 정확히 정의해줌으로써 훈련으로 얻게 되는 효과를 주지시킨다.

• 스토리텔링을 통해 사례별로 생생하게 이해시킨다.

• 아이에게 직접 체험사례를 통하여 칭찬을 곁들여 이해시킨다.

• 구체적인 사례를 들고, 모범을 보임으로써 확신시킨다.

〈3단계〉 사례 보여주고 체험하게 한다

• 가르치려는 성품의 특징을 몸소 행동, 역학 놀이, 동영상 등 시청각 자료 활용으로 보여준다.

〈4단계〉 행동하기

• 배운 것을 실제 구체적으로 실천할 기회를 부여 (계획 – 실천 – 확인 – 피드백)

《5단계》 습관으로 길들이기

- 잘한 일에 대하여 즉각적인 피드백, 칭찬과 격려로 긍정변화에 대
해 스스로 뿌듯함을 느끼게 한다.[23]

다. 이영숙 박사의 성품 교육법으로

* 공감 인지능력 계발 성품 교육

① 부모와 교사가 먼저 감정 경청해주기.
② 감정어휘 능력을 계발시키기.

- 감정 이름 붙이기.
- 감정 상태를 묻고 질문 많이 하기.
- 감정카드 만들어 보기.
- 하루일과 후에 가족 또는 학급구성원들이 모여 그날의 감정에 관
해 이야기하는 시간을 갖도록 하고, 상대방의 감정에 반응하는
감수성을 강화하기.
- 섬세하고 친절한 행동 칭찬하기.
- 감수성의 결과 보여주기.
- 왜 그런 감정 가지는지 물어보기.
- 감정과 그 뒤에 숨겨진 욕구 추측해 보기.
- 그 사람의 기분이 어떨까?'라고 자주 물어보기.
③ 상대방의 입장에 서서 생각해보는 훈련하기.

- 역할 바꾸기.
- 처지 바꿔 생각하기
- 상대방 기분 상상하게 하기.

④ 부모와 교사가 학생의 무례한 행동에 일관되게 반응하기.

- 무리한 행동 즉시 지적하기.
- 학생들에게 어떻게 생각하니? 라고 자주 질문하기.
- 자신이 한 행동의 결과를 알게 하기.
- 무례한 행동은 용납할 수 없다고 말하고 그 이유를 설명해주기.

* 분별력을 키우는 성품 교육법

① 좋은 모범을 보여주기.
② 부모와 교사의 가치관을 자주 이야기해 주기.
③ 좋은 행동을 기대하고 요구하기.
④ 질문을 사용하기.
⑤ 규칙과 방침을 설명해 주기.
⑥ 성실히 일하는 모습 보여주기.
⑦ 결혼을 소중히 여기고 책임을 다하는 모습 보여주기.
⑧ 잘못하면 적절한 격려와 훈계하기.
⑨ 공평하고 효율적으로 가사 일을 분담하여 실행.
⑩ 가족 구성원들의 능력이 최선을 다해 계발되도록 성장시켜주기 등이
   있다.[24]

그리고 회복 탄력성 강화, 사회성 증가, 독립성 (캥거루 증후 탈피), 자율
성 강화, 유연성. 이타주의 등이 있다.

3부

꿈은 나를 응원하고 지켜준다

1

가슴 뛰게 이루고 싶은 꿈이 있는가?

당신은 아침잠에서 어제 하던 일을 다시 하기 위해 벌떡 일어나 본 적이 있는가? 마치 현대그룹 창업자인 고 정주영 회장이 그랬듯이 두 주먹 불끈 쥐고 힘차게 잠자리를 박차고 나와 크게 기지개 한번 켜고 오늘 해야 할 일을 상상하며 가슴 설레며 기쁜 마음으로 또 하루를 힘차게 시작하듯이 말이다. 매일 아침 잠자리에 벌떡 일어나 '나는 할 수 있다'라고 크게 외쳐본 적이 있느냐?

우주인의 텔레파시인 〈가슴 뛰는 삶을 살아라〉의 저자인 다릴 앙카(Darryl Anka)는 "인간이 이 세상에 온 이유와 목적은 바로 '가슴 뛰는 삶을 살기 위해서."라고 하였다. 그는 우주의 에너지는 자력을 갖고 있기 때문에 우리가 어떤 생각을 하는가에 따라 그것과 같은 파장을 가진 우주의 에너지를 끌어당겨 와서 최대한 당신을 도와준다는 것이 우주의 기본법칙이라고 말하였다.

그는 "가슴 뛰는 일을 하라, 그것이 최고의 명상이고, 신이 당신에게 주는 메시지는 가슴 뛰는 일을 통해서 온다고 하며, 가슴 뛰는 일을 할 때 당신은 최고의 능력을 펼칠 수 있고, 가장 창조적이며, 가장 멋진 삶을 살 수 있으며, 그것이 당신이 이 세상에 온 목적이다."라 하였다. 가슴 뛰게 이루고 싶은 꿈을 가지면 우주도 당신 편이기 때문이다.

꿈은 나를 당당하게 만들어준다

사람이 꿈과 목표가 분명하다면 세상에 겁날 것도 없고 사는 것이 즐겁고 신바람 나는 것은 당연할 것이다. 한 발짝씩 목표에 다가가고 손에 잡힐 듯한 목표달성이 바로 눈앞에 있다는 기쁨으로 밥 안 먹어도 배부른 그런 기분을 느껴본 적이 없으면 사람은 살맛이 없이 하루하루가 지루하고 의미 없는 삶이 될 것이다.

꿈은 나를 굳세고 담대하게 만들어주는 마법과도 같다. 그렇지 않고 온몸이 천근만근같이 무겁고 몸은 움츠러들고 잠자리에서 일어나는 것이 고역처럼 아마 당신도 느낀 기억이 있을 것이다.

실존주의 철학자 니체는 "꿈과 희망이나 '살아가는 의미'와 가치관이 있는 사람은 어떠한 고난과 역경에도 절대 좌절하지 않는다."라고 하였다. 그만큼 꿈과 목표는 삶의 원동력이며 흔들릴 수 없는 삶의 지렛대와도 같은 것이라고 할 수 있다. 당신에게도 그런 꿈과 목표가 있는가? 그저 머리에만 있는 것이 아니라 가슴속에 뜨거운 용암같이 끓는 그런 것, 희망이나 사명감 같은 것 말이다.

그리고 꿈은 희망의 또 다를 이름이며, 희망과 절망의 합은 100이라는 뜻으로 희절백이라 하였다. 희망이 100이면 절망은 0이요 희망이 0이면 절망이 100이다. [44]

마치 시소와도 같이 희망이 크면 절망은 적고, 희망이 적으면 절망이 크다는 뜻이다. 희망이 없다면 소위 철학자 키르케고르가 말하는 죽음에 이르는 병인 절망뿐인 바로 그 죽음에 이르게 되는 것이다. 따라서 이와 같은 꿈과 목표는 당신의 삶을 가늠 수 있는 바로미터와 리터머스 시험지와도 같은 것이라 할 수 있다.

당신에게도 꿈과 목표가 분명히 있다면 무심코 흘려버린 단 1초가 아깝고 잠시라도 한눈팔 겨를이 없을 것이다. 눈은 언제나 먼 미래의 비전을 향하고 있을 것이며 머릿속에는 이미 이루어 놓은 꿈의 밑그림을 상상하고 가슴은 뜨거운 열정으로 콩닥거리고 있을 것이기 때문이다. 그냥 되는 대로 무심코 소일이나 하고 있다면 반드시 당신에게는 가슴 뛰게 하는 꿈과 목표가 없다는 증거다. 긍정적으로 꿈과 목표가 뚜렷하다면 당신은 아마 지금 이 순간들이 즐겁고 하루하루의 삶이 가치 있고 행복하게 느껴질 것이다. 지금 무엇을 하고 있기나 자기가 하고 싶은 일을 한다는 것 자체가 행복이고 보람찰 것이다.

꿈은 그 사람의 영혼과도 같은 것이다. 꿈이 없는 사람은 영혼 없이 육체만 살아있는 얼이 빠지고 정신 나간 사람과도 같으며, 또한 앙꼬 없는 붕어빵과도 같이 아무런 맛이 없을 것이다. 따라서 꿈과 목표는 그 사람의 '삶의 의미'이고 '가치관'과도 같은 것이다.

꿈이 있는 사람은 매일 매일의 생활이 즐겁고 활기차며, 매사가 적극적이고 의욕이 앞서며 열정적이고, 얼굴에 생기가 넘치고 눈빛이 살아있으며 자신감과 자존감이 넘쳐나게 된다. 반면에 매사가 부정적이고 무기력하고 자신감이 없다면 꿈이 없다는 반증이다.

그리고 꿈은 쉽게 이루면 그건 이미 꿈이 아니다. 혹한의 빙하기에도 모질게 생명을 이어온 돌 매화같이 그렇게 끈질긴 생명력이 있어야 꿈이라 할 수 있다. 한 송이 국화꽃을 피우기 위해 봄부터 그렇게 울어대던 소쩍새처럼 그러한 아픔과 고난을 통해 성숙한 삶이 있어야 꿈이라 할 수 있다. 또한, 넘어지고 또 넘어져도 다시 일어나는 오뚝이처럼 실패를 통하여 수많은 시련과 고난을 참고 이겨내는 용기와 도전이 있어야 꿈으로서 가치가 있을 것이다. 당신에게도 이렇게 가슴을 뛰게 하고 결코 포기할 수 없는 꿈과 희망이 있습니까?

지금부터 24년 전 1991년 현대자동차는 꿈에도 그리던 1,5ℓ급 '알파 엔진'을 한국 최초로 독자 개발하는 데 성공하였다. 엔진개발을 시작한 지 7년만으로 당시로써는 기적과도 같은 일이었다.

자동차산업은 엔진을 독자 생산하지 않고는 자동차를 생산한다고 말 할 수가 없다. 당시로는 자동차의 핵심이라고 할 수 있는 엔진을 비롯한 미션 등 동력계통을 일본의 미쓰비시사로부터 값비싼 로얄티를 주고 기 술을 수입하여 단순 조립하는 하청업체와 같은 수준이었을 때였다. 자동 차산업이 발전하려면 무엇보다 기술 독립이 우선 되어야 한다는 고 정주 영 회장의 굳은 의지에 따라 당시 불모지나 다름없는 한국의 자동차산 업을 일으켜 세우고자 세계 최고의 GM에서 자동차엔진 연구원으로 근 무하던 뉴욕주립대 이현순 공학박사(2011년 부회장으로 퇴임)를 1984 년에 스카우트하여 '신 엔진개발계획' 프로젝트의 총책임자로 삼고 1984 년 11월 15일 경기도 용인에 '마북리 연구소'를 어렵게 준공을 하게 되었다.

당시 GM은 직원이 무려 76만 명이고 박사급 연구원만 1,200명이 넘 는 세계 최고 기업이기 때문에 직원의 복지나 대우가 안정되어있었으나, 이 박사는 스카우트 제안을 받고 비록 "대우는 턱없이 부족하지만, 세계 적인 자동차에서 한 연구원으로 일생을 마치는 것보다 설령 불모지라도 이제 막 시작하는 고국의 자동차산업에 작은 힘이나마 보태는 것이 더 가치 있는 일이라 생각하고, 또한 엔지니어로서 자신의 능력을 마음껏 발휘해 보고 싶은 욕망과 힘들고 무모하지만, 미지의 세계에 도전해 보 고 싶은 '꿈이 있었기 때문에' 흔쾌히 고국의 현대자동차에 몸담을 수가 있었다."라고 회고하였다.

출발이 늦다고 해서 이미 다른 회사가 개발한 모델을 목표로 삼으면 우리는 영원히 선두 그룹을 따라잡을 수가 없다는 차원에서, 아예 시작부터 최신 사양의 엔진을 개발하겠다는 결정을 하고 '알파엔진 프로젝트'를 발표하였다. 새로운 시도를 하는 사람은 늘 기존 방식을 고수하는 수구세력의 반대에 부딪힐 수밖에 없다. 미쓰비시도 아직 만들지 못한 엔진을 만든다고 사내의 극심한 반대와 원청업체인 미쓰비시사의 조직적인 방해 공작으로 개발 초부터 엄청난 난항에 부딪히곤 하였다. 그러나 꿈을 향해 나아가다 보면 앞뒤가 꽉 막힌 터널 속에 갇힌 것 같은 시련이 찾아올 때가 있기 마련이다. 목표가 분명한 사람은 어떠한 시련과 고난에도 절대 좌절하지 않고 돌파구를 찾을 때까지 끊임없이 노력하게 된다.

심지어 이 박사를 보직 해임하기까지 하고, 독자개발을 중단하면 로얄티의 절반을 깎아 주겠다는 미쓰비시사의 회유도, 현대의 기술독립을 막으려는 회사와 앞서가는 원청 업체들의 멸시와 갖은 수모에 대해서 반드시 앙갚음하고야 말겠다는 굳은 의지를 결코 꺾지는 못하였다. 그 후 2002년 일본과 미국에 엔진기술을 역수출하여 로얄티를 도로 받게 해 준 NF쏘나타에 탑재한 세타엔진을 비롯하여 2008년 엔진 부분 최고의 권위인 '워즈오토상'을 수상하고, 우리나라 최초로 북미 올해의 차에 선정된 제네시스에 탑재된 타우 엔진 개발까지 거침없는 기적의 질주가 이어지게 되었다.

이 모든 것은 '최고를 향해 도전하라'는 그의 패기와 실패를 두려워하지 않고 끊임없이 도전하는 도전정신과 무에서 유를 창조하는 창의 정신의 결과라고 하겠다. 그는 무려 100년이나 늦게 출발한 한국의 자동차 산업을 세계 5위의 자동차 생산국으로 발돋움하는데 주역을 하므로 전 세계 자동차업계에서 가장 영향력 있는 인물 16위에도 올랐으며, 한국의 1세대 엔지니어들의 표상이 되고 있다. 그는 지금도 "젊은이들에게 이왕이면 큰 꿈을 가지고 겁 없이 도전하기를 바라며, 부디 이 세상에서 주

늙이 들지 말고, 패기 있게 자신의 가능성을 시험해보기"를 바란다고 말하고 있다.[29]

꿈은 어디에서 어떻게 찾을 수 있을까?

그렇다면 그 꿈은 도대체 어디에서 찾을 수 있을까? 꿈은 밖에서 찾는 것이 아니라 자기 스스로 자신 내부에서 만들어내야 한다. 그러기 위해서 무엇보다 중요한 것은 이 순간 있는 그대로의 자기 성찰이 있어야 한다. 발가벗은 자신의 모습, 솔직한 자신의 모습 그대로를 바라보자. 지금 이 순간 무엇을 하고 있고, 무엇을 좋아하고, 하는 일의 방향은 어디인지 점검하고 자각하는 절차가 반드시 있어야 한다.

자신의 재능, 취미, 성격, 가치관, 성품 등을 조망해 보아야 한다. 자신을 바라보는 관점, 남들이 보지 못하는 것을 보고, 생각지도 못하는 것을 생각하고, 당연하다고 생각되는 것도 다르게 보면 미래의 꿈과 희망을 찾을 수 있을 것이다.

그리고 지금 하고 있는 일과 그 일을 하는 당신 자신을 고정관념에서 과감히 탈피하여 '재정의'해볼 필요가 있다. 그러면 자신만의 전혀 새로운 신선하고 가슴 설레는 가치와 방향과 비전을 찾게 될 것이고, 어떤 일을 하고 싶고 어떤 사람이 되고 싶은지 알아차리게 될 것이다. 그 꿈은 마침내 누구와도 비교되고 경쟁할 수 없는 나만의 스토리, 나만 할 수 있는 콘텐츠로써 오로지 자신과만 경쟁하는 그런 장점을 키워나갈 수가 있을 것이다. 쇼펜하우어는 "모든 불행의 시작은 남과 비교하는 것으로부터 시작된다."라고 하였다.

꿈의 씨앗을 뿌린 사람들

2차 세계대전 때 빅터 프랭클[(Victor E. Frankl) 빈대학 의학박사]은 1,500명이나 되는 수많은 유대인과 함께 유대인 포로수용소인 아우슈비츠 감옥에 갇혔다. 그는 자신의 가족인 부모, 아내, 형제 그리고 친구들이 가스실에서 죽임을 당하고, 굶주림으로 혹은 질병으로 죽는 것을 눈앞에서 목도하면서도 누군가가 전해준 쪽지 속에 '진심으로 네 영혼과 힘을 다하여 하나님을 사랑하라,'라는 말을 보고 크게 깨달아 어떠한 고난과 역경에도 살아야겠다는 강한 삶의 욕구를 느끼면서 짐승만도 못한 모멸감을 참고 견디어 자신의 존엄성을 지킴으로써 끝까지 살아남을 수가 있었다. 그는 그 속에서 언제나 니체의 말을 되새기며 결코 희망을 잃지 않았다. "나를 죽이지 못하는 것은 나를 더욱 강하게 만들 것이다," 그리고 왜 (Why) 살아야 하는지를 아는 사람은 그 어떤 (How) 상황에도 견딜 수 있다".[36]

후일 그는 인간 도살장 같은 포로수용소에서 자신의 생생한 체험을 통하여 '삶의 의미'가 있는 사람은 어떠한 고난과 역경에도 견뎌낼 수 있다는 로고 테라피(Logo therapy, 의미 심리치료) 요법을 만들어 프로이드의 정신분석과 아들러의 개인심리학에 이은 제3 학파라 불릴 정도로 인류 정신건강에 커다란 기여를 하였다. 바로 그에게는 스스로 인간의 존엄성을 지켜내는 것을 몸소 체험으로 보여주며 반드시 살아서 나치의 참혹성을 만천하에 알리려는 강한 욕구와 삶의 의미를 찾는 '꿈과 희망'에 믿음이 있었기 때문에 가능하였던 것이다. 이는 미래에 대해 믿음의 상실은 곧 죽음을 부른다는 사실을 알고 있었기 때문이었다. 절체절명의 순간에도 살아남은 사람은 곧 나갈 수 있을 거라는 낙관주의자도, 여기서 죽고야 말 것이라는 비관주의자도 아니었다. 오직 현실을 직시하고 인정하며 주어진 매순간의 현실에 충실하였고, 비관적인 상황에서도 삶의 의미를 스스로 찾는 감성근력이 높은 현실주의자들이었다.

* SBS〈힐링캠프〉에서도 방영된 이지선 씨에 대한 이야기다

2000년 7월 30일, 스물셋의 꽃다운 지선 씨는 밤 10시가 조금 늦은 시간이라 여느 때와 같이 오빠와 함께 자동차로 도서관을 나와 집으로 돌아가는 중이었다. 용산쯤 왔을 때 신호대기 중인 우리 차가 만취한 음주 차량에 추돌당하면서 3도 화상을 입고 그녀의 인생은 180도 달라졌다. 그 후 죽음의 문턱에서도 절대 포기하지 않고 13년간 40번이 넘는 수술과 재활치료를 반복하면서 수많은 좌절과 고통 속에서 견뎌내었다. 사고 후 지독한 운명과 화해하고 2010년에는 미국 UCLA 사회복지 박사과정까지 합격하고 지금은 사회복지활동으로 제2의 인생을 알차게 살아가면서 많은 사람에게 감동을 주고 있다. 그녀는 사고로 인하여 받은 고난은 오히려 축복이었다고 말하고 있다. 죽음 앞에서 비로소 삶은 축복이고 선물이었음을 깨닫게 되는 그 원동력은 바로 삶에 대한 경외감은 물론 꿈과 희망의 메시지를 누군가에게 전해주려는 전도사가 되려는 꿈이었다고 할 수 있다. [18]

2

꿈은 나를 응원하고 지켜준다

　진정한 행복은 지금 가지거나 이루어 놓은 것보다, 어제보다 더욱더 나은 오늘, 이 순간의 삶에서 찾아볼 수 있을 것이다. 바로 현재의 절대적 상태가 아니라 과거보다 더 나아지고 있다는 긍정적인 변화인식이 중요함을 말한다. 지금 생각만 해도 가슴 설레는 꿈이 없다면, 당신은 먼저 가슴 깊은 곳에 꿈과 목표부터 심어놓기 바란다. 칠흑같이 어두운 망망대해에 어디로 가야 할지 목표도 없이 떠돌며 표류하는 일엽편주와도 같은 신세다. 꿈과 목표는 당신이 어디로 나아가야 할 방향과 나침판의 역할을 할 뿐만 아니라 자기를 언제나 감사 주며 보호하고 응원해주는 든든한 후원자요, 자기를 최후의 일각까지 지켜주는 파수꾼과도 같다.

꿈과 목표는 만병통치약이다

　꿈과 목표는 삶의 길목에서 어디로 가야 할지를 몰라 방황할 때 자기 삶의 길잡이가 되는 '나침판'이요, 외부로부터 자신을 든든히 지켜주는 '보호 장벽'이며, 힘들 때 자신을 받쳐주는 '버팀목'이고, 어둠을 밝혀주는 '등불'이며, 멀리 볼 수 있는 '망원경'이고, '천리안'이다. 에너지가 고갈되어 무기력하고, 열정이 식을 때 자신을 응원하는 '치어리더'이며, 동기를 부여하여 가슴에 불꽃을 피우게 하는 '열정'이고, 게으르고 권태가 밀려올 때 자신에 대한 사랑의 '채찍'이 되는 것이다. 해답 없는 문제가 없듯이, 이룰 수 없는 꿈은 없다. 꿈은 자신을 굳세고 총명하게 만들어 준다.

꿈의 원동력

꿈의 원천과 에너지는 '결핍'에 대한 절박한 심정이며 강력한 행동의 원동력이 된다. 헝그리정신이나 벼랑 끝과 같은 절체절명의 위기 상황과 같은 수많은 고난과 역경은 '그럼에도 불구하고'와 같이 삶을 승화시키는 원동력이 된다. 궁즉통(窮卽通)이다. 궁즉변(宮卽變), 변즉통(變卽通), 통즉구(通卽久)를 줄여서 하는 주역의 근본 원리이다. 궁하면 변하고, 변하면 통하고, 통하면 오래간다. 어려움에 직면해야만 변해야 하는 원인이 되고, 그 변화의 필요성이 통하게 하는 원동력이 되며, 통하고 나면 오랫동안 좋은 것을 향유하며 살 수 있다는 뜻이다. 다시 말하면 어려운 궁지가 결국 꿈과 목표를 가지게 되는 원동력이 된다는 뜻이라고 할 수 있다.

어떤 위기나 궁지에 내몰리면 본능에 따라 인간의 뇌는 편도체에서 전신을 비상사태인 긴장모드로 바뀌며 정면 공격이나 회피를 통하여 극한 상황을 탈출하려고 한다. 바로 자신을 지키려는 일종의 즉각적인 '생존 본능의 자연법칙'이다. 고난과 역경은 마치 용광로에서 쇠붙이가 더욱 단단해지듯이 당신을 더욱 단단하고 강하게 만들어 주는 원동력이 될 것이다. 궁하면 그저 평범한 경우보다 훨씬 드라마틱하고 보람차고 가치가 있는 일일 것이다.

미국의 캐네디 가문은 아일랜드에서 극심한 가난을 피해 미국으로 이민간지 무려 4대에 걸친 110여 년 만에 가장 위대한 미합중국의 최 연소 43세 J.F.케네디 대통령을 배출하였다.

그 원동력은 수백 년 동안 영국으로부터 핍박받고 무시당해왔던 아일랜드계로써 이민 와서 까지 갖은 멸시와 배척하는 종주국인 영국인들의 콧대를 꺾기 위하여 '반드시 영국인을 이겨야 한다'는 일등주의의 절박한 심정과 '누구라도 최선을 다하면 반드시 꿈을 이룰 수 있다'는 자신감으로 대를 이어 피나는 노력과 엄격하고 체계적인 교육으로 얻은 결실이며, 꿈은 세대를 거쳐서라도 적극적으로 후원하면 반드시 이룰 수 있다는 가능성을 보여주는 세계명문가들 중에서도 보기 드문 자녀교육의 모범이 되고 있다. [37]

월터 미셀(Walter Michel) 스탠퍼드대 교수는 인생에 있어 성공에 이르는 원동력으로 즉각적인 만족을 지연시킬 수 있는 '절제력'으로 보았다. 다섯 살 아이들에게 마시멜로 과자를 나누어 주면서 15분 동안만 먹지 않고 참아주면 하나 더 주겠다고 하며 15년 후까지 그들을 추적 조사하는 실험을 통하여 인생의 성패 여부의 주요 요인은 '즉각적인 만족(쾌락)을 지연시킬 수 있는 절제력임을 입증하였다. 즉, 참고 기다리는 부류는 감성지수나 사회성이 탁월하고 대인관계도 원만하며, 도전 정신도 높았고 대학 적성검사도 210점이나 높았다.

반면에 못 기다리는 부류는 정서가 불안하고 쉽게 좌절하며, 열등감으로 인간관계에도 문제가 많았다. 결국, 지금 현재의 달콤함과 편안함보다 더욱 나은 먼 장래의 꿈을 위해 인내하는 것이 성공의 조건이라는 것이다. 이를 마시멜로 효과라고 말하고 있다.

꿈을 이루지 못하는 이유로서는 먼저 꿈을 이루기가 너무 힘이 덜어서이고 다음은 꿈에 대한 구체적인 이미지가 그려지지 않아서다. 또한 작심삼일로 끝나는 경우이고 생각만 하고 행동으로 이어지지 못하는 경우와 일상을 바쁘게 사느라 생각할 마음의 여유가 없어서 그럴 경우도 많다고 할 수 있다. 실행하지 못하는 꿈은 현실의 고단함에서 도피하려는 백일홍이요 달콤한 일장춘몽에 불과하다. 자! 이제 당신은 내일의 성공을 위해 오늘 기꺼이 무엇을 할 것인가 한번 생각해보자!

3

꿈의 씨앗을 뿌리고 가꾸어라

꿈의 씨앗을 뿌려라

알베르트 슈바이처는 1899년 24세에 철학박사가 되고 이듬해 25세엔 신학 박사학위를 땄다. 그 후 28세에 독일의 슈트라스부르크 대학의 교수로 임용되었다. 그는 오르간 연주가로도 활발하게 활동하였다. 그 후 파리에서 그에게 오르간을 가르친 스승 마리 비도르의 권유로 바흐(J.S. Bach 음악가이며 시인)의 인생과 예술을 연구하다가 그에게서 영향을 받아 1905년 박애 사업에 헌신하기 위해 학자로서의 안락한 생활을 버리고 선교사가 되겠다는 꿈을 가지게 되었다.

그는 30세의 늦은 나이에 다시 의학을 공부하기 시작하여 6년간 열심히 공부한 끝에 마침내 의학박사가 되고 국가고시에도 합격하였다. 그리고 1913년 간호사 훈련을 받은 아내와 함께 프랑스령 적도 아프리카의 가봉에 있는 랑바레네로 출발하였다. 그러나 아프리카에서의 선교활동은 매우 험난하고 힘들었다. 마땅한 병원도 없어 손수 병원을 지어야 했고 백인들의 따가운 시선도 받으면서 굶주리고 병든 원주민들을 희생적인 사랑으로 수많은 생명을 건지고 그들의 삶을 변화시켰다. 마침내 그는 1952년 '형제애'를 위한 헌신적인 노력과 '생명에 대한 경외'라는 그의 철학으로 노벨평화상까지 받았다.

오늘날 그는 인류역사상 헌신적인 사랑을 몸소 실천한 가장 위대한 사람 중의 한사람으로 기억되고 있다. 그에게는 기존의 모든 영광과 안락함을 뿌리치고 오로지 사랑의 희생정신으로 어려운 형제들을 돕겠다는 '선교의 꿈'이라는 씨앗을 아프리카에서 뿌리고 열심히 가꾸었다고 할 수 있다.

꿈을 마음의 밭에 씨앗을 뿌리고 정성껏 잘 가꾸어야 한다. 마치 농부가 봄에 밭을 갈고 곡식의 씨앗을 심고 여름에 김을 매고 거름을 주며 정성을 다해 잘 가꾸어서 가을에 추수하는 것과 같다고 할 수 있다.

꿈과 목표는 삶의 이정표이고 '자기다움'이나 '자기만의 그림'으로 어떤 '가치관'이나 '삶의 의미' 또한 자신이 이루고 싶고 도달하고 싶은 궁극적인 '비전'이나 '사명감'과도 같은 것들이다. 즉, 꿈과 목표는 '삶의 방향'을 말한다. 인생에서 중요한 것은 얼마나 빨리 가느냐? 하는 속도가 아니라, 어디를 향해 나아가느냐? 하는 방향이다. 토끼와 거북이의 경주와도 같이 제아무리 늦더라도 자신을 신뢰하며 방향만 올바르다면 언젠가는 그 목적지에 도달할 수 있기 때문이다. 한편 왜 사는지? 어떻게 살 것인가? 혹은 어떻게 살고 싶은가? 는 무엇이 되고 싶은지에 대한 본질적인 대답이며 추구하고 싶은 삶의 가치라고 말할 수 있다. 목표는 그 하위 개념으로 꿈을 달성하기 위한 과정으로서 장·단기적인 도달점을 의미한다고 할 수 있다. 꿈과 비전, 목표의 사전적 의미는 먼저 꿈은 실현하고 싶은 희망이나 이상을 의미하고, 한편 실현될 가능성이 전혀 없는 헛된 기대나 망상을 말하기도 한다. 비전이나 이상은 내다보이는 장래의 상황이며 목표는 어떤 목적을 이루려고 지향하는 실제적인 대상을 말하고 있다. 따라서 꿈은 반드시 ~한 사람과 같이 형용사가 붙어서 자기만의 가치관이나 사명감과 삶의 의미가 녹아나는 그 무엇이 되어야 할 것이다.

이를테면 왜 그러한 사람이 되려는지 자기만의 명확한 이유와 가치가 함께 곁들여야 한다는 뜻이다.

3중 장애인 헬렌 켈러는 "이 세상에서 가장 불쌍한 사람은 시력은 있지만 꿈과 계책이 없는 사람이다."라고 말하였다. 탈무드에는 '승자의 주머니에는 언제나 꿈이 들어있고 패자의 주머니에는 욕심이 있다'는 말이 있다. 또한, 괴테는 "꿈을 간직하고 있으면 반드시 실현할 때가 온다."고 하였다.

우리는 후회 없는 삶을 살기 위해, 또 좌절하지 않고 열정적으로 가치 있는 삶을 위해 꿈과 이상을 가져야만 하는 것이다. 따라서 꿈은 성공이나 출세나 이기는 것이 아니라 자기만의 고유한 그림이어야 한다. 그 꿈을 이루기 위해서는 중간 목표를 세워 치열하게 노력하는 과정을 반드시 거쳐야만 한다.

꿈은 클수록 좋다고 말할 수 있다. 미켈란젤로는 "꿈과 목표를 높게 잡아라! 우리의 적(敵)은 목표가 높아서 못 이루는 것이 아니라 그것이 너무 낮아 쉽게 이루어버리는 것이다."라고 하였다. 마치 일본의 코이(Koi)라는 관상어같이 어항의 크기에 따라 비례하여 자라듯이 작은 어항에 넣어 키우면 비록 5~8cm 정도밖에 못 자라지만, 좀 더 큰 수족관이나 연못에 넣으면 15~25cm까지 자라고, 강물에서는 무려 90~120cm까지 자랄 수 있듯이, 꿈과 비전은 그 크기에 따라 비례한다.

꿈과 목표는 마치 호시우보(虎視牛步)와도 같다. 호랑이처럼 먼 장래를 내다보는 장기적인 목표와, 소처럼 우직하게 발걸음을 옮겨 마침내 목표에 도달하는 인내와 전략이 필요할 것이다. 성공의 '하인리히 법칙'과도 같이 300가지의 작은 실천이 모여 29가지의 작은 성공경험을 이루고 마침내 큰 성취를 하듯이 착실히 한 발짝씩 앞으로 나아가 보자. 1년 후, 5년 후 나아가 10년 후, 그리고 그 이후, 자기의 모습을 상상해 보자.

*꿈을 대하는 네 가지의 태도는

① A(Ace)급, 스스로 꿈을 찾고 그 꿈을 이룰 방법을 끊임없이 탐구하는 사람과,

② B(Better)급, 스스로 목표는 설정하지 않지만 주어진 일에 최선을 다하는 사람,

③ C(Common)급, 시키는 일에만 꼬박꼬박 하는 사람,

④ D(Drop)급, 시키는 일도 마지못해 하는 사람이 있다.

　보통 사람은 대게 C급 정도로 조직에서 어떤 창의적인 아이디어나 개선을 통해 효과를 극대화하고자 하는 생각은 않고 그저 상사가 시키면 시키는 대로 할 뿐인 경우가 대부분이다. 나의 경우는 자타가 공인하는 솔직히 B등급은 되리라 자평하고 싶다. 한 직장에 30년 동안 무탈하게 장기근속하고 임원으로 명예롭게 퇴진할 수 있었으니까 말이다. 당신은 어느 부류에 속할까? 스스로가 가장 정확히 알고 있을 것이다. 지금부터라도 A급으로 스스로를 끌어올려 보면 어떨까?

　목표는 시각화하여 종이에 적어 항상 휴대하는 것이 효과적이다. 성공의 3% 법칙이라는 것이 있다. 1953년 미국의 예일대학에서 졸업생들의 한 설문조사에서 20년 후 그들의 성공 여부에 대하여 추적조사를 하였다. 그들 중 3%만이 자신의 꿈과 목표를 종이에 정확히 적어 항상 몸에 휴대하고 다니면서 그 꿈과 목표가 이루어지도록 염원을 하였고, 그들은 나머지 97%보다 더 많은 재정적 성공을 이루었다.

설문 조사 내용은 다음과 같다.

- 단기 목표는 있지만 꿈이 없는 사람 (60%)
- 되는 대로 살아가는 사람 (27%)
- 목표는 정해놓고 생각만 하는 사람 (10%)
- 명확한 목표를 종이에 적어서 항상 생각하는 사람 (3%)

꿈을 종이에 써 휴대하는 사람은 그렇지 않은 사람보다 이룰 확률이 33%가 더 높으며 그중에서도 목표를 달성하기 위해 해야 할 것들을 구체적으로 정리하고, 꿈을 이루는 과정을 친구들과 지속해서 공유하는 그룹이 그렇지 못한 그룹보다 꿈을 이룰 확률이 무려 76%나 더 높다는 연구 결과도 있다.[30]

이는 기록의 힘으로 종이에 기록하는 것은 두뇌의 망상을 활성화하여 각성하는 효과가 있기 때문이다. 따라서 스스로 표방하는 비전 선언문도 두뇌를 자극하는 각인효과가 있어 효과적이다. 〈종이 위의 기적 쓰면 이루어진다〉의 저자 헨리에트 앤 클라우저는 '꿈을 종이에 적는 행위는 우주에 신호를 보내어 우주의 에너지를 끌어당기는 일종의 마력과도 같은 것이다.'라고 하였다. 자신의 열망을 담아 정성스럽게 적은 한 줄의 글자와 무의식중에 적어봤던 몇 자의 단어들에도 모두 우주의 에너지가 담겨있다. 그 에너지가 목표를 끊임없이 끌어당기고 우리의 뇌는 망상 활성화 시스템을 활성화하여 무의식적으로 민감하게 반응하여 결국 사람과 세상을 변화시킬 수가 있다. 이와같이 강력한 열망을 담은 메모 하나로 실제로 운명을 바꾼 사람들이 있다.

캐나다 출신 노숙자 짐 캐리는 영화배우로 무명시절에 문방구에서 구입한 백지수표에 헐리우드 사장으로부터 지급받는 일천만 달러 지급수표를 작성하여 4년 동안 가지고 다니며, 결국 영화 한 편당 2천만 달러라는 어마어마한 출연료를 받는 주연배우로 성장하였고 세계 2,000개 이상의 신문에 '변화를 두려워하고 현실에 안주하려는 조직에서는 가장 무능한 직원이 승진되는 경우가 많다'는 '딜버트(Dilbert)의 원칙'을 풍자한 만화를 연재하는 스콧 애덤스도 국제 금융가의 여왕 수지 올만도 모두 '종이에 소원을 쓰는 것'으로 인생을 바꾸는 마법을 실제로 실현해낸 사람들이다. 당신에게도 종이에 적어 지갑에 고이 넣어 가슴속에 간절히 바라는 그런 꿈이 있는지 스스로 생각해보면 알 수 있는 일이다. 간절히 바라면 반드시 이루어지는 마음의 법칙, 우리는 흔히 이것을 '피그말리온 효과'라고 말한다.

당신에게 그것이 있으면 다행이나 없다고 결코 실망할 일만은 아니다. 지금부터라도 만들면 된다. 늦다고 생각할 때가 가장 빠르고, 새로 시작하기에 너무 늦은 때란 결코 없다고 하였다. 문제는 지금 당신의 마음 자세고 의지다. 답은 당신 안에 있다. 선택은 자유다.

꿈의 씨앗을 가꾸어라

꿈을 마음의 밭에 씨앗을 뿌리고 정성껏 잘 가꾸어야 한다. 마치 농부가 봄에 밭을 갈고 곡식의 씨앗을 심고 여름에 김을 매고 거름을 주며 정성을 다해 잘 가꾸어서 가을에 추수하는 것과 같다고 할 수 있다.

애써 뿌린 씨앗을 가을에 풍성하게 수확을 하기 위해서는 농부의 땀이라는 정성이 필요하듯이 꿈과 목표를 이루기 위해서는 체계적인 보살핌이 있어야 한다. 따라서 꿈과 목표는 막연히 생각만으로는 결코 이루어질 수가 없다. 그것을 이루기 위해서는 반드시 몇 가지의 요건이 충족되어야 실현할 수 있다.

* 꿈과 목표의 SMART 규칙

- S(Specific) 구체적이고, 명확해야 한다. (구체성)
- M(Measurable) 오감을 통해서 측정 가능해야 한다.(측정성)
- A(Action-Oriented, Attainable) 행동 중심, 달성 가능한 (행동성)
- R(Realistic, Result-Forused, Based) 실현가능하고, 결과 중심 (실현성)
- T(Timely, Time-bounded) 마감시한을 설정하는 (시효성)

목표는 그 자체가 구체적이고 명확해야 하며, 오감을 통해서 객관적인 잣대로 비교 측정이 가능해야 하며, 그리고 그 목표를 이루기 위하여 실제로 계획대로 몸과 마음을 움직이며 실천을 해야 한다. 그리고 현실적으로 노력하면 이룰 수 있는 정도나 범위 내에 있어야 한다. 마지막으로 언제까지 이룬다는 중간이나 장기적인 기간이 설정되어있어야 이룰 가능성이 높다는 것이다.

* 꿈과 목표의 일정한 공식

(꿈 + 기한 = 목표 → 목표 × 디테일 = 계획 → 계획 X 실행 = 실현)
- 꿈에 기한을 정하면 목표가 되고, 목표를 구체적으로 설정하면 계획이 되며 그 계획을 실천하면 이루어진다는 것이다.

R = VDA (Realization = Vivid Dream Action)
- 생생히 꿈꾸고 실천하면 이루어진다는 뜻이다.

* 목표의 8단계 법칙((성공학) 친다웨이)

1단계, 왜 이 목표를 세웠는지 스스로 답해보는 것.

2단계, 목표의 각 단계마다 달성 기한을 정해주어야 하며,

3단계, 목표를 이루기 위해 필요한 조건들을 기록해보고,

4단계, 목표가 달성된 뒤의 청사진을 마음속 깊이 걸어두라,

5단계, 왜 현재의 목표를 달성치 못하는 이유를 열거해보고 해결책을 찾아보자,

6단계, 성공할 거라는 자신감과 믿음을 가져라,

7단계, 과감하게 기회를 잡고 즉시 행동하라,

8단계, 아침에 계획을 세우고, 저녁에 반성하라. (매일 반성하고 점검)

• 미국의 영화배우이자

정치인인 아널드 슈워제네거는 그의 꿈 세 가지를 종이에 적어 책상 앞에 붙여놓고 항상 보며 꿈을 염원하였다.

① 영화배우가 되겠다.

② 미국의 명문인 케네디가문의 여성과 결혼하겠다.

③ 2005년 캘리포니아 주지사가 되겠다.

그는 자신의 꿈을 이루기 위한 구체적인 전략으로 우선 건강해야 하고 남의 눈에 띌 만큼 좋은 체격을 갖추어야 한다는 생각으로 세계 최고의 보디빌더가 되어 영화배우로 발탁되어 터미네이터, 토탈 리콜, 투루라이즈 등에 출연하였고, 고 케네디 대통령의 누이 딸인 마리아 슈라이버와 결혼하여 정치적 기반을 닦았으며, 급기야 2003년 2월 보궐선거에서 꿈에도 그리던 캘리포니아 주지사에 당선되었다. 그는 미래에 자기가 원하는 자리에 서 있는 비전을 상상할 때가 가장 기쁘고 행복하였다고 말하였다. 이처럼 그의 꿈은 매우 구체적이고 단계적이었기 때문에 이루어질 수가 있었다.

4

■■■■■■■■■■■■■■■

꿈만 꾸는 자, 꿈을 이루는 자

　꿈만 꾸고 생각만 하면서 그 꿈을 이루기 위해서 아무런 구체적인 실천을 하지 않는 사람을 흔히 우리는 NATO족이라 말한다. No Action Talk Only, 행동하지 않고 오로지 말만 하는 사람을 말한다. 구슬이서 말이라도 꿰어야 보배라는 속담이 있다. 제아무리 값진 보배라도 값을 제대로 받으려면 적어도 마지막 가공이라는 수고는 해야 한다는 뜻일 것이다.

꿈만 꾸는 자

　대부분 사람은 어떤 특별한 생의 목표나 꿈을 가지고 살고 있지 않다. 더구나 사회가 하루가 다르게 변하고 정보의 홍수가 쓰나미 같이 밀려오는 요즘과 같은 격변의 시대에서는 매 순간 정신없이 바쁘게 살아가기도 벅차게 느껴지기 때문일 것이다.
　잠시라도 스마트폰에서 눈을 떼면 왠지 모르게 불안해한다. 혹시 나 혼자 시대에 뒤떨어지지는 않을까? 왕따나 낙오자는 되지 않을까 하고 노심초사하면서 말이다. 마치 급물살에 휩쓸리지 않기 위해 한 가닥의 생명 동아줄을 붙잡고 안간힘을 쓰는 형국과도 같다고 할 수 있다. 오늘날 우리나라는 반세기 만에 경제와 민주화를 동시에 이룩한 세계에서 유일한 나라로 칭송을 받고 있다.

지금부터 약 50년 전인 1963년도 우리나라 1인당 국민소득이 불과 76 달러로서 필리핀 170달러, 태국 220달러에도 훨씬 못 미치는 세계에서 인도를 제외하고 가장 못사는 나라였다. 그러나 지금은 세계 10대 경제 대국으로 기적같이 발돋움하였고 더구나 남북 분단의 극한 상황임에도 불구하고 민주화까지 이루어 놓았으니 세계가 모두 경악해 할만도 할 것이다.

거기에는 중화학공업으로부터 기초를 다지고 나아가 첨단 IT 부문의 역할이 크다고 어느 사람도 부인 하지는 못할 것이다. 지금은 IT 강국답게 스마트폰 사용자가 2014년 11월 기준 무려 4,038만 명에 이르고 있으니, 머지않아 '전 국민의 스마트폰 시대'가 오리라 예상을 하기에 이르렀다. 그러다 보니 예상치 못한 인터넷 중독이라는 사회 병리 현상이 큰 사회문제로 대두 되고 있다.

또한, 그 이면에는 빈부격차의 심화, 황금만능주의, 과열경쟁에 따른 교육 황폐화로 인한 인성 부재, 이념논쟁, 사회 분열, 공공질서 파괴 등 선진국 진입 문턱에서 몇 년째 정체되고 있어 온 국민이 안타까워하고 있으며 이제는 '선진화'가 우리나라 전 국민의 핵심 키워드가 되고 있다고 하겠다. 그러나 우리 민족은 지금까지 위기 때마다 지혜를 모아 슬기롭게 극복한 민족적 저력과 자부심이 있기 때문에 반드시 이 총체적 난국을 헤쳐나가리라 희망을 가지게 된다.

이러한 총체적인 격변의 사회에서 개개인이 희망과 꿈을 키우고 보다 나은 미래의 행복을 위해서 나아가기가 현실적으로 어려운 사회 분위기도 부인하지는 못할 것으로 생각한다. 이를 때일수록 각자 자신을 돌이켜 보고 현재 자신이 어디에 있으며 더욱 더 나은 미래를 위해 자신의 인생설계를 다시 해보는 것은 대단히 의의가 크다고 생각하며, 특히 100세 시대를 맞이하여 어느덧 중년에 접어든 당신이야말로 직장에서도 중간

지점쯤에 있고 인생 마라톤에서도 그의 중간 반환점에 뛰고 있는 시점에서 진지하게 고민을 해 보아야 할 필요성이 크다고 할 것이다.

＊ 꿈과 목표를 이루기가 어려운 가장 큰 이유

① 무엇보다도 일상생활이 너무 바빠서 감히 젊을 때 가져본 꿈이나 목표는 하나의 사치품에 불과하며 심지어 골동품에나 있을 만하게 아예 자기 머리에서 까맣게 잊은 지가 오래되었기 때문일 것이다.

② 이래서는 안 된다고 생각은 하면서도 새해부터는 뭔가 해보려고 마음을 다잡아 보며 며칠 실천해 보지만 막상 계속 실행하기가 너무 힘이 덜어서 벌써 몇 년째 작심삼일로 끝나고 말기 때문이기도 하다.

③ 혹시 그렇지 않고 뭔가 해 보려고 마음을 먹어보지만, 막상 자기가 이루고 싶은 꿈이나 목표가 구체적으로 무엇이며, 또한 어떻게 해야 이룰 수 있는지 그 방법이나 밑그림이 도무지 잘 그려지지 않기 때문이기도 할 것이다.

④ 이번에는 무슨 일이 있어도 꼭 결판을 내겠다고 결의를 다져보지만 그게 그리 쉽게 되나요? 몇 달 아니 몇 년째 열심히 뛰어보지만, 이런저런 예상치 못한 사태로 또 중간에 포기하고 말았나요? 이건 남의 얘기가 아니라고요, 이 글을 쓰는 필자도 늘 그래 왔으니까요! 뭔가 열심히 하다가도 가끔은 '꼭 이렇게 해야 하나?'하고 스스로도 회의를 느낀 적이 한두 번이 아니었다.

⑤ 그렇지 않다면 아마 당신은 소위 삶의 복병인 타성이나 매너리즘, 무기력증, 게으름, 권태 등에 자기도 모르게 빠져 도대체 어찌할 바를 모를 정도로 탈진상태인지도 모를 일이다.

아무튼, 이런 것들 이외에도 아마 수없이 많은 이유와 핑계가 있을 것이다. 그래도 그냥 때 되면 하루도 안 늦게 통장에 월급 들어오지, 아이들 잘 크지, 거기에 아파트도 남부럽지 않게 장만했으니까 말이다.

사실 회사 맡은 일 처리하기도 급급하고 주말만 되면 그동안 쌓인 피로와 스트레스라도 뿌리를 뽑아보려 작정하고 늦잠이라도 자려 하면 마누라 극성이 이만저만이 아니죠!, 아이들은 놀아 달라고 기어오르고 아우성이니 귀찮기도 하고 꼭 이렇게 살아야 하나하고 때론 내 신세가 처량하게 느껴질 때도 솔직히 있었으니까 말이다. 누구 이야기냐고 묻기보다는 자신의 이야기처럼 느껴지는 분들이 더 많을 것으로 생각한다.

꿈을 이루는 자

어떻게 하면 내 꿈과 목표를 이룰 수 있을까?

우선 개괄적으로 생각해보면 사람마다 생각과 처한 환경이 다 달라서 천편일률적으로 이것이라고 명확한 해답은 없겠으나 그래도 보편적인 차원에서 생각해보기로 하자. 꿈과 목표를 이루기 위해서는 우선 목표에서 잠시라도 눈과 마음을 놓지 말아야 한다. 늘 주의하고 집중하라는 뜻이다. 우리 뇌는 어떤 것에 주의 집중하면 활성화되고 각성하여 다른 부위의 반응은 무시 되고 그 부위만 활성화되고 각성한다고 한다. 꿈을 이루기 위해서는 마치 과일나무를 정성껏 키우듯이 단계가 있다. 먼저 결정하고 심고 물과 거름을 주며 가꾸고 대표 과일로 선택하여 끝까지 주의와 집중하는 것이다. 또한, 그렇게 하는 이유와 삶의 방향과 믿음을 가져야 한다. 삶의 목적과 믿음이 분명한 사람은 어떤 역경이나 외압에도 동요되지 않고 눈빛부터가 다르다.

리빙스턴은 "사명감을 가진 사람은 그것을 달성할 때까지 절대로 죽지 않는다."라고 하였다. 나치 유태인 아우슈비츠 포로수용소에서 무려 3년 동안이나 감금되어 갖은 고초를 겪으면서도 죽음을 극복하고 오로지 그들의 천인공노할 만행을 만천하에 알리기 위한 일념으로 마침내 생존하여 생지옥 속에서도 생생한 자신의 경험을 토대로 죽음도 극복하는 빅터 프랑클(Vitor Frankl) 의학박사의 '의미요법 (Logo Therapy)'은 어떠한 역경에도 불구하고 꿈과 목표를 이루어낸 너무나 유명한 사례 중 대표적이다.

인생에서 성공하기 위한 반드시 필요한 세 가지의 기본적인 A, B, C 원칙이 있다. 그것은 꿈과 목표를 분명히 설정하고, 그것을 이루기 위해 온 정성을 다하여 열정적으로 실천하고, 이것을 이룰 때까지 절대 포기하지 않고 인내를 가지고 끝까지 도전하는 것이다. 구체적인 방법으로 육하원칙이 있다. 바로 5W1H (Who, What, When, Where, Why, How)에 따라 추진해야 한다. 긍정적으로 꿈과 목표가 뚜렷하다면 당신은 아마 지금 이 순간들이 즐겁고 하루하루의 삶이 가치 있게 느껴질 것이다.

지금 무엇을 하고 있기나 자기가 하고 싶은 일을 한다는 것 자체가 행복이고 보람찰 것이다. 진정한 행복은 지금 가지거나 이루어 놓은 것보다, 어제보다 더욱 나은 오늘 이 순간의 삶에서 찾아볼 수 있을 것이다. 바로 현재의 절대적 상태가 아니라 과거보다 더 나아지고 있다는 긍정적인 변화인식이 중요함을 말한다. 지금 생각만 해도 가슴 설레는 꿈이 없다면, 당신은 먼저 가슴 깊은 곳에 꿈과 목표부터 심어놓기 바란다. 꿈이 없으면 칠흑같이 어두운 망망대해에서 어디로 가야 할지 목표도 없이 떠돌며 표류하는 일엽편주와도 같은 신세다. 꿈과 목표는 당신이 나아가야 할 방향과 나침판과 같은 길잡이 역할을 할 것이다.

그래도 10여 년간 어디론가 열심히 걸어온 당신이 아닌가? 이제 잠시 가는 이 길을 멈추고 진지하게 어디로 가고 있으며, 또 방향은 맞게 가고 있는지 점검해볼 필요가 있다.

자동차도 주행거리에 따라 점검이 필요하다. 신차 시 1,000km 점검을 하며, 그 후 5,000km마다 엔진오일 교환을 비롯하여 휠 바란스와 브레이크 오일, 디스크 마모상태 등도 점검하고, 5만km 정도에서는 바퀴도 X자로 교환하거나 새 타이어로 교환도 하고, 연료도 가득 넣어 에너지를 재충전하듯이 당신의 삶도 반드시 중간 점검과 에너지 재충전이 필요한 것이다.

1) 꿈을 이루는 마법의 양탄자

먼저 '나는 누구인가? 라는 근본적인 질문부터 스스로에게 해 볼 필요가 있을 것으로 생각한다. 왜냐하면, 질문은 해답을 찾도록 강제하는 효과가 있기 때문이기도 하고, 그것도 남이 아닌 반드시 본인 스스로에게 해 볼 필요가 있다. 그 이유는 긍정적인 질문은 긍정적인 해답을 강구하게 되므로 반드시 긍정적인 질문부터 해보는 것이 효과적일 것이기 때문이다. 이를테면 '나는 왜 사는가?' 무엇 때문에, 또 무엇을 위해서 사는지? 다시 말해 '존재 이유'와 '삶의 의미'와 '가치관'과 같은 근본적인 질문을 본인에게 자문해 보는 것이다. 소위 다름 아닌 '자기 정체성'을 찾아가는 과정이라고 할 수 있을 것이다.

왜냐하면, 독일의 대 철학자 니체는 "꿈이나, 삶의 의미, 혹은 가치관이나 사명감이 있는 사람은 어떠한 고난과 역경에도 좌절하지 않는다." 라고 하였듯이 '삶의 이유'는 강력한 생명력의 원동력이 되기 때문이다. 그리고 십 수 년간 공부한 후 어렵게 취업의 문을 뚫고 입사한 첫 직장에서 청운의 꿈을 가지고 첫걸음을 내딛는 신입사원 시절의 기백과 혹은 어려운 가운데에서도 첫 사업을 시작할 때의 꿈 많던 사업 초년생같이 그때 그 모습으로 다시 '초심으로 돌아가는 것'이다.

현실의 높은 벽에서 시달릴 대로 시달린 심신의 피로를 훌훌 털고 그동안 잃어버렸던 자신의 원래 모습을 찾기 위하여 스스로에게 자극을 줄 수 있는 환경을 만드는 것이다.

또한, 현재 하는 일에 대해 '재정의'를 해보자. 이는 그동안 자신도 모르게 빠져 있을지도 모르는 고정관념에서 탈피하기 위해서이다. 자기가 하는 일 자체에 대해서 남들이 보지 못하는 '자기만의 가치'를 찾아보기 위한 것이기 도하다. 아무리 하찮고 보잘 것 없는 일도 그 속에는 반드시 그 일의 고유한 가치가 있기 마련이다. 그래서 직업을 한편 하늘이 내린 '천직'으로 '천명이나 소명'의 뜻으로 영어로는 'Calling', 즉 '신의 부름'이라고 한다.

여러분들도 이미 석공의 이야기를 들어보았을 것이다.

어느 날 나그네가 길을 가던 중 3인의 석공이 땀을 흘려가며 열심히 돌을 쪼는 석공에게 물었다. "당신은 지금 무엇을 하고 있습니까?" 한 석공은 이렇게 대답하였다. "보면 몰라요? 보시다시피 저는 목구멍이 포도청이라서 먹고살기 위해서 마지못해 이 짓을 하고 있습니다."라고 대답하였다. 또 한 석공은 그저 별생각 없이 "성당 짓는 데 쓰일 석재를 다듬는 중이랍니다."

마지막 3번째 석공은 비전이 가득 찬 눈빛으로 쳐다보며, "저는 지금 이 세상에서 하느님을 모실 가장 훌륭한 성스러운 성당을 내 손으로 만드는 중이랍니다."

자! 여러분은 여기서 무엇을 느꼈습니까? 아마 세 번째 석공은 비록 하찮은 석공이지만 그는 그 일을 통해서 자기 나름의 일의 가치와 높은 사명감과 비전을 보고 있었다. 어느 사람의 시선이나 타인과의 비교의식도 없이 오로지 자신만의 주관적인 관점에서 남들이 보지 못하는 고차원의 창조성(High Soul, Spirit)을 보고 있다.

그리고 자기를 사랑하는 마음을 가지고 자신의 가능성을 믿는 것이 매우 중요하다. 인간관계의 원조인 데일 카네기도 "자신을 먼저 사랑하며, 자기 자신을 발견하고 자기 자신이 되어라"라고 하였다. 사람은 스스로를 좋아하는 사람을 좋아하는 법이다.

자기애(自己愛), 자긍심(Self - Esteem)이 높은 사람은 자신에게 만족하고 있으며, 자기 자신을 남과 비하하지 않으며, 자신감이 넘치고 당당하고 자중자애(自重自愛) 한다고 하였다.

또한, 꿈과 목표를 종이에 적어 항상 휴대하자. 꿈과 목표를 종이에 적어 눈에 잘 띄는 곳에 붙여두고 자주 볼 수 있도록 하는 것이 좋다. 왜냐하면, 적어보는 자체가 행동을 강화하며, 또한 뇌에도 각인 효과가 있기 때문에 목표에서 눈을 떼지 않는 효과가 있다.

그리고 작은 성공의 경험으로부터 얻는 '자신감'으로 나도 할 수 있다는 '자기 확신'이 무엇보다도 중요하다. 처음부터 너무 많이 큰 것을 욕심내지 않고, 지금 여기서 내가 쉽게 할 수 있는 것부터 하나에 한 가지씩(One Step One) 해나가는 것이다.

중도 포기하는 대부분이 '역시 난 안 돼'라는 패배감에서 비롯되기 때문이다. 금연도 '에라 모르겠다.' 나 '꼭 이렇게 해야 하나, 살면 얼마나 사는데?' 하면서 스스로 중도 포기하게 되는 경우가 많다. 여기에도 '하인리히의 법칙'이 성공에도 적용할 수 있기 때문이다. 작은 300개의 성공경험이 모여서 29개의 좀 더 큰 성공을 가져오고 이러한 경험들이 밑바탕이 되어 마침내 큰 꿈을 이룰 수가 있는 것이다. 더불어 꿈과 목표를 공개적으로 밝혀서 스스로를 그것에 구속할 필요가 있다. 그것은 마치 다른 사람과의 약속과도 같아서 한번 한 약속은 반드시 지키려는 심리가 있기 때문입니다. 특히 담배를 끊을 때나 나쁜 습관을 고칠 때에도 주위 사람들에게 공개하여 자신이 약속을 잘 지키는 사람임을 입증하고 강제하는 심리효과를 노리는 것이다. 아울러 목표를 구간별로 재설정하고 세분화하자.

한 번 실패한 목표설정이라도 결심을 년 초나 어느 특정일에만 할 것이 아니라 구간별로 단·중·장기별로 나누고 목표를 잘게 쪼개어서 큰 목표로부터 받을 수 있는 중압감에서 벗어날 수가 있게 하고, 또한, 자주 재설정을 함으로 새로운 전기를 마련하는 것이다. 그리고 반드시 수행 과정을 점검하여 그간의 문제점과 앞으로 목표추진에 걸림돌이 될 수 있는 점을 사전에 수정 보완하는 것이다. 그리고 생각과 태도의 함정에서 탈피하자.

그동안 여러 가지 요인으로 자기도 모르게 젖어버린 타성이나 게으름, 무기력증에서 빨리 탈피하는 것이다. 이런 정신자세나 생활의 태도 등에서 삶의 복병들은 앞에서 별도로 살펴본 대로다. 그리고 목표추진 자체를 하나의 일상 생활습관으로 만드는 것이다. 습관은 처음에 길들이기가 어렵지만 일단 습관화가 되면 우리의 뇌는 관성의 법칙에 따라 크게 어려움 없이 흘러갈 수 있는 자동연동법칙이 적용되기 때문이다.

2) 꿈을 이루는 마법의 양탄자 ACT

철저히 점검하면서 끝까지 인내를 가지고 절대로 포기하지 않는 불굴의 투지다.

가. A(Act) 실행하자

구슬이 서 말이라도 꿰어야 보배다. 실행 없는 꿈은 한낱 일장춘몽이요, 몽상에 지나지 않는다. 생각과 실행은 마치 자동차의 양 바퀴와도 같다. 어느 한 쪽이라도 뒤지면 자기가 원하는 방향으로 나아갈 수가 없기 때문이다. 시작이 반이다. 일단 시작해 보라. 그러면 신기하게도 자기도 모르는 사이에 원하는 방향으로 가게 된다. 보이지 않는 힘이 작용한다. 바로 우주의 원리다. 관성의 법칙이 적용되어 점화장치와 마중물 역할을 할 수 있기 때문이다. 하기 싫던 일도 일단 하다 보면 그것이 계기가 되어 발동이 걸린 기계가 스스로 움직이듯이 계속 움직이려 한다. 정신의학자 에밀 크레펠린(Emil Kraepelin은 이를 '작동 흥분이론(Work Excitement Theory)으로 설명하고 있다.

나이키의 케치 프레이즈가 'Just Do it!' '그냥 해버려!' 이다. 이것저것 제보지 말고 일단 해보라, 그러면 방법이 보인다는 구호다.

현대 그룹 창시자인 고 정주영 회장도 "이봐 해봤어!"라고 하며 직원들에게 일침을 놓으며, 실행을 최고의 덕목으로 삼았다. 실행하는 사람은 방법이 보이고, 하지 않으면 핑계만 보일 뿐이다. 현대 맨 정신이 '해봤어'라는 도전 정신이라 할 수 있다. '실행'은 오늘날 무에서 유를 창조한 바로 그 도전 정신이라 할 수 있다.

아는 것을 실행하지 않으면 무의미하다. 중국의 유학자 왕양명은 지행합일(知行合一)을 강조하였다. 몰라서 못하는 것과 알면서도 하지 않는 것은 전혀 다르다. 안다는 것은 실천하여 뭔가를 바꾸고 되게 하려는 의지가 전제되어야만 그 존재가치가 있게 되는 것이다.

성공하기 위해서는 먼저 그 길(방법)을 알아야 하지만 실제로 아는 길을 걷는 사람은 많지 않다. 결국, 성공의 핵심은 아는 것이 아니라 '실행'에 달려있다고 할 수 있다. '언젠가'는 이나 '나중에'라는 말은 평생 한 번도 못하고 않겠다는 말과 같다. 그래서 '할 수 있다(I Can).'라는 말보다는 '했다(I did)가 더 중요한 것이다.

그리고 어떤 일을 하려고 할 때 처음부터 거창하고 완벽하게 준비가 된 상태에서 시작할 필요는 없다. 그렇다고 전혀 계획 없이 막무가내로 덤벼들 듯이 하라는 것은 아니다. 다만 매우 완벽하게 준비만 하고 시작할 기회를 잡으려다 자칫 절호의 타이밍을 놓치는 우를 범해서는 안 되기 때문이다. '시작하기에 결코 좋은 때란 없다는 뜻이다.' 작은 실천으로 먼저 물꼬를 트는 마중물이 중요하다. 관성의 법칙이 적용되어 작은 행동이 새로운 관성인 습관이 만들어지기 때문이다. 어떤 일을 두고 어찌 할 바를 몰라 결단을 못 하고, 우유부단하게 망설이는 '햄릿형'보다 어리석고 때로는 한심해 보일지라도 자신의 꿈을 향해 모든 것을 바쳐 달려가서 돌진하는 행동가인 '돈키호테형'이 되도록 하자.

나. C(Check) 점검하자

일의 진척은 처음 계획한 데로 잘 진행이 되는지, 또 원하는 방향으로 나아가고 있는지에 관한 중간점검은 실제 일을 추진하는 데 있어 다른 어떤 것보다 중요하다. 왜냐하면, 진행 과정에서 올 수도 있는 실패 요인을 사전에 제거하여 개선할 기회를 얻는 효과가 있기 때문이다. 만일에 지금까지 잘 안 되었으면 그 원인을 분석하고 대비책을 세우면 된다. 그리고 진행과정에서 어려운 점이나 개선할 사항을 정리하여 앞으로의 정책에 반영하는 것이라 하겠다.

다. T(Tenacity) 포기하지 말자

끝까지 포기하지 않고 밀어붙이는 인내력과 투지력이다. 끝장을 보고야 마는 프로 근성이다. 이 세상에서 끈기를 대신할 수 있는 것은 아무것도 없다고 한다. 에디슨이 만일 수천 번의 실패를 통하여서라도 전기를 발명하는 끈기가 없었다면 결코 오늘날의 전기는 없었을 것이다. 그래서 그는 근면과 끈기를 최고의 성공 인자라고 말하였다.

따라서 강인한 정신력의 요체는 '은근과 끈기'라고 말할 수 있다. 중국 당나라 때 시선 이백(李白)은 도끼를 갈아서 바늘을 만드는 어느 노파를 보고 크게 깨달음을 얻었다고 전해지는 사자성어로, 도끼를 갈아서 바늘을 만든다는 '마부작침'(磨斧作針)이라는 고사가 있다. 아무리 어려운 일이 있어도 끈기 있게 계속 노력하면 마침내 이룰 수 있다는 뜻을 가르치고 있다.

또한, 괴테의 '파우스트'는 끊임없이 노력하는 인간은 결국 구원을 받는다는 메시지를 주고 있으며, 그가 23살 때부터 집필하여 무려 60년 동안 끈기와 인내로 몸소 실천하며 노력하지 않았다면 결코 완성할 수가 없었을 것이다. 창의력의 전문가인 와이스버그(Robert W. Weisberg)는 "진정으로 창의력을 구현하기 위해서는 관련 분야에서 적어도 10년 동안의 노력이 필요하다."며 '10년 법칙'을 제시하였다.

"인디언들이 기우제를 지내면 반드시 비가 온다."라고 하였다. 기우제 자체가 어떤 신비한 효험이 있는 것이 아니라 비가 올 때까지 쉬지 않고 기우제를 지내기 때문에 반드시 비가 오게 되는 것이다. 인디언들의 불굴 투지와 인내심을 엿볼 수 있는 대목이라 할 수 있다.

지금까지 우리는 중년에 가장 필요한 것에 대하여 지금 시점에서 있는 그대로의 모습을 스스로에게 물어보았다. 멈추면 비로소 보이는 것들처럼 가는 걸음을 잠시 멈추고 자신을 되돌아보며 자기 성찰을 하는 것은 2보 전진을 위해 1보를 후퇴하는 것이며, 더 높은 창공으로 비상하기 위해 온몸을 움츠리는 독수리와도 같다고 할 수 있다.

링컨 미국 전 대통령은 "나무를 베어 쓰러뜨리는데 한 시간의 시간이 주어진다면 나는 도끼를 가는데 45분을 쓰겠다."고 하였다. 도끼를 가는 것은 나무를 보다 효율적으로 베기 위한 전략수립이라고 앞에서도 이야기하였듯이 현재 처한 자신의 정신 상태를 살펴보고, 앞으로의 마음가짐에 대하여 생각해 보았다.

그렇지만 어딘가 자신도 모르게 에너지는 고갈되어가고 열정은 식어만 가는 허전하고 외로운 자신의 초라한 모습을 발견하게 된다고 하였다. 꼭 이렇게 해야만 하느냐? 하고 회의감마저 들 때도 있을 것이다. 내 안에 또 다른 '나'가 웅크리고 있는 것이다. 점차 주인 행사까지 하려고 하고 있다. 바로 내 삶의 불청객인 권태와 무기력, 게으름과 타성 등임을 알게 되었다. 하지만 조금도 두려워할 필요는 없다. 모든 문제는 해결할 방법을 전제로 하고 있다. 해결할 방법이 없는 것은 이미 문제로써 존재할 수가 없기 때문이다. '성공하다'란 의미인 'Succeed'에는 '계속하다'라는 의미도 함께 들어있다 한다. 그것이 무엇이든지 '성공'하기 위해서는 꾸준히 쉬지 않고 노력하는 것이 중요하다는 뜻이다.

5

....

꿈은 나를 배신하지 않는다

꿈의 40대

나의 40대는 현대자동차사 국내영업 본부 부산중부 트럭지점장을 거쳐 부산동래 트럭지점장에 근무하고 1993년에는 부장으로 승진하여 1995년 년 말까지 마산지점장으로 3년간 근무할 때였다. 예하에 직원은 30여 명 내외로 구성되며 20여 명의 영업직 사원과 10여 명의 관리직 사원으로 구성되어 있고, 본부로부터 매달 일정량의 자동차 판매목표가 부여되며 월간 단위의 달성률로 평가받는 영업부서에 근무하고 있을 때였다.

매달 부여된 목표를 직급별과 개인의 능력을 고려하여 균등하게 개인별 목표를 부여하고 캠페인이나 인센티브 제공, 승급 등의 동기부여를 통하여 최대한 실적을 초과 달성하고 판매차량에 대한 사후수리와 대금회수까지 책임지는 시스템이었다. 나름대로 직원들과 소통의 리더십이 필요했고 지점장으로써 맡은 지역의 택시나 버스 화물업체를 직접 판매 관리하는 영업용과 까지 관리했으니까 상당한 영업력이 필요하였다.

물론 나름으로 열심히 직원들과 대화를 통하여 애로사항이나 고충처리를 비롯하여 어떻게 하면 개인별 잠재력을 끄집어내고 나아가 팀과 지점의 목표 달성을 하느냐가 최종목표라고 할 수가 있었다. 월 초와 말경에는 팀 단위나 전체 회식을 통하여 그간의 노고도 풀어주고 서로의 팀 워크를 위해 단합대회도 자주 했다.

신입 사원이나 중견 사원 입장에서는 업무적으로는 지점장과는 상당히 신분상의 격차가 크기 때문에 어려운 사이로 느낄 수 있기 때문에 회식장소에서 만큼은 대등한 위치에서 격려도 해주고 고충도 들어주며 사기를 올려주는 것이 회식의 가장 큰 목적이라 할 수 있었다.

나는 원래 체질적으로 약간의 고혈압 증세로 술을 잘 먹지 못하였으나 직원들과 허심탄회하게 어울리기 위해서 정신력으로 먹다 보니까 제법 늘어 소주 한두 병까지는 무리 없이 마시게 되니 다들 주량이 상당히 세다고 착각하는 직원들도 있었다. 어떨 때는 피치 못할 사정으로 회식이 몇 일식 겹치게 되면 정말 피곤하고 속이 쓰릴 때도 많이 있었으나 영업부서라는 것이 다 그렇다고 자위를 하고 참고 정신력으로 견딜 수 있었다.

특히 영업부서에 근무하려면 평소에 체력 관리가 매우 중요하다고 생각되었다. 그래서 지점 직원이나 지역본부 지점장들과 가끔 주말에는 등산이나 골프로 체력을 비교적 잘 관리하였다. 결국, 사람 관리로 인적자원관리에 초점이 맞춰진 셈이었다.

영업부서라는 것이 당시로는 실적과 고객 관리하는 온갖 스트레스로 항상 긴장할 수밖에 없었고, 하루하루 피 말리는 전쟁과도 같았으며 다람쥐 쳇바퀴 돌듯이 매달 반복되는 생활로 힘들었던 기억이 더 많았다. 그러나 지금 생각하면 나름대로 보람도 있고 성취욕도 맛볼 수 있어서 좋은 직종으로 생각된다. 때로는 본사 주관 우수지점장 해외포상 캠페인도 가끔 있었고, 그래도 열심히 하여 운 좋게도 전 직원의 일치단결된 덕분에 그 시기에도 전국 최우수 지점장으로 선정되어 부부동반 하와이와 뉴질랜드로 포상휴가도 다녀올 수 있는 영광도 맛볼 수가 있었다.

그 당시로써는 A급 지점장쯤 되면 그 지역의 이름 있는 기관장급으로 제법 지역 유지들 모임에도 참석하기도 하고 업체 대표들과 가끔 판촉 차원에서 골프도 해야 했다. 월급은 생활하고 어느 정도 저축도 할 수 있을 만큼은 되어, 일단 경제적으로는 어느 정도 여유가 있었다고 할 수 있었다. 시간 면에서는 출근은 다른 업종에 비해서 비교적 빠른 편에 들 정도로 언제나 아침 7시 30분에는 출근을 하였다. 퇴근은 직원 회식이 없으면 주로 지점장들이 지역 본부장님(이사급)과 저녁 회식을 하며 비공식 판촉회의 겸 담소도 나누면서 자연히 술자리를 가질 때가 많았다.

일주일에 정상 퇴근은 하루 이틀 정도밖에 되지 않았다. 낮 근무시간에는 아침에 출근하여 간단히 신문을 보며 본사에서 하달된 각종 판매촉진 지침이나 직원교육 자료를 검토하고 아침 미팅을 위해 자료 준비를 주로 하여왔고 전 직원 조회나 팀장급 회의가 끝나면 10시경부터는 비교적 한가한 시간을 가질 수 있었다. 맡은 바 책임감도 남달랐기 때문에 오로지 직원들과 대화하고 판촉전략이나 직원 교육자료 등 오로지 업무에만 열중하는 편이었다. 문제는 장기적으로 본인의 발전을 위해서 자기계발에는 극히 소홀했다는 것이다.

그저 주어진 업무에만 충실하였으나 더욱더 원대한 꿈과 목표는 없이 B급으로 만족하는 수준에 머무르고 말았다고 할 수 있었다. 다시 말해 꿈이나 목표의식이 희박하다는 이야기이다. 아무리 바쁘더라도 마음만 먹으면 하루에 한두 시간 정도는 얼마든지 시간을 별도로 만들 수 있는 위치에 있었으나 일종에 맡은 바 업무에 충실해야 한다는 핑계로 그냥 황금 같은 자기만의 시간을 나도 모르게 낭비하고 있었던 것이었다. 하다못해 일주일에 적어도 1권의 책은 독파할 수 있는 시간을 낭비했던 것으로 생각할 수 있다.

아니 하루에 단 1시간만 자기계발을 위한 시간을 자신에게 투자하면 한 달이면 30시간이고 일 년이면 365시간이다. 365시간은 약 15일이나 된다. 결코, 적은 시간은 아닐 것이다. 그것도 5년만 모아놓으면 무려 75일, 두 달 보름이라는 놀라운 시간이 된다. 하루 한 시간 10년이면 3천 6백50시간, 어떤 분야에 하루 3시간씩 10년이면 약 1만 시간이 된다.

1만 시간만 노력하면 세계적인 대가가 될 수 있다고 하였다. 소위 말콤 글래드웰의 '1만 시간의 법칙' 혹은 '10년의 법칙'이라고 한다. 하루 1시간은 대가는 못 되더라도 엄청난 수준까지는 충분히 이룰 수 있는 시간임을 알 수 있을 것이다.

자! 여러분 어떻게 느꼈습니까? 우리가 마음만 먹으면 무엇이든지 자기가 하고자 하는 이루고 하는 것을 이룰 수 있다는 사실을! 성공한 사람들은 바로 이처럼 꿈과 목표를 가슴에 분명히 품고 꾸준히 일정 시간을 인내하며 노력한 결과라는 사실을 기억해야 할 것이다.

필자도 아마 영업 관리직에 적합한 고객관리나 인적자원, 마케팅, 리더십 등 전문 분야에 대한 연구를 비롯하여 영어회화 공부도 틈틈이 하여왔더라면 아마 당시로써 5년이나 10년 후의 나의 모습은 크게 달라져 있을지도 모를 일이다. 그러나 그렇지 못하고 무사안일 그 자체이고 그야말로 매너리즘에 빠져있었던 것이었다. 많은 세월이 흐르고 난 후에야 비로소 아쉬워하며 후회하고 있다. 지금 아는 것을 그때도 알았더라면 하면서 말이다.

당신은 지금 이 순간 무슨 생각을 하고, 또 무엇을 하고 있습니까?

사내교육에 앞장서다

2002년 1월 1일부로 나는 꿈에도 그리던 부산 중부지역 본부장으로 영전되었다. 지금까지는 경상북도 동부지역본부장으로 3년을 근무하였다. 집이 부산에 있었으니까 주말 부부이었던 셈이었다. 부산은 나의 집이 있는 곳일 뿐만 아니라 우리나라 제2의 도시이고, 그중에서도 부산 중부지역본부가 대외적으로는 동부지역본부와 통합하여 대표 본부로서 역할을 하고 있었으며, 특히 부산지역의 노동조합은 중, 동부를 통합하여 운영되고 있었다.

노동조합 지부가 중부본부에 있어 자연스럽게 중부본부에서 조합을 상대해야 할 뿐 아니라, 창사 이래 부산 본부는 부산 경남지역을 총괄하여 과거부터 모태지점이 있던 곳이었고, 통상적으로 선임 고위급 임원이 부임하였기 때문에 영전이라 자타가 공인하는 아주 중요한 자리였다. 전임 지였던 경북 동부 지역본부는 당시만 하더라도 경상북도는 워낙 지역이 광대하여 동·서부지역으로 분리하여 관리가 되고 있었다. 동부지역에는 본부가 포항에 있었기 때문에 월요일 새벽 부산에 있는 집에서 승용차로 출발하면 경주를 거쳐 불과 1시간 30분 이내에 포항에 도착할 수 있었다. 토요일이면 집으로 내려오는 주말 부부였다. 그리고 당시에도 H자동차는 노동조합의 힘이 세기로 유명하였다. 민주노총 산하의 금속노조 소속이었기 때문에 주로 사내문제보다 민주노총의 지침에 따라 수시로 부분파업과 동조파업을 하면서 언론과 여론의 손가락질을 받곤 하였다.

그러나 한편 노동조합이 있기 때문에 사원들의 복지문제를 비롯하여 근무환경이나 근무조건 등을 개선하여 종업원들의 사기를 앙양함으로써 생산성 향상에도 크게 기여하는 긍정적인 측면이 있음은 결코 부인할 수는 없다. 그러나 한편 고객서비스가 기본인 영업 측면만 보면 파업으로 인한 후유증이 고스란히 영업부서에 전가되는 경우가 많아 고객 접점의 최 일선인 영업부서원의 한 사람으로서 언제나 고객관리에 애로사항이 매우 많았다.

2015년 새해에 덜어서 미국 GM 해외사업부문 스테폰 저코비 사장이 한국 GM이 경쟁력을 강화해야 하는데 강성노조 때문에 그러지 못하는 현실을 안타까워하는 기사가 2015년 1월 15일 동아일보에 보도되어 자동차업종에 몸담아왔던 한 사람으로서 매우 안타깝다는 생각이 들었다.
그는 "높은 인건비와 노사문제가 한국 자동차 경쟁력을 저하한다며, 한국은 노조가 지속 가능한 성장에는 관심 없고 회사를 싸워서 이길 대상으로만 여긴다."고 비판하고, 임협은 매년, 단체협상은 2년에 한 번 함으로써 너무 소모적이고 노조위원장이 2년마다 바뀌기 때문에 일관성 있는 교섭이 어렵다고 주장하였다.

2014년 한국 GM 총생산 대수 63만 532대, 수출 47만 6,151대(2013년 대비 15만 3,327대(24%) 감소)이었으며, 내수물량은 15만 4,381대로 유럽 쉐보레 브랜드 철수로 줄어든 물량을 만회하기 위해서는 한국 GM이 경쟁력을 강화해야 하는데 강성노조 때문에 그러지 못하는 현실을 비판하였다. 그동안에도 기업의 존재가치는 고객에게 무한 서비스를 제공함으로써 고객 만족이 최우선이라는 기본 신념과 철학으로 영업부서원들의 역할과 사명감을 항상 강조했다.

이런 측면에서 최 일선에서 직접 발로 뛰는 영업사원들에게 영업 필드에서 필요한 강인한 정신교육을 비롯하여 CS(고객 만족) 교육을 철저히 하고, 본부장으로 승진하고 부터는 지점을 관리하는 지점장들에게 기회만 있으면 리더십이나 마케팅 등에 관하여 교육하는 것이 본부장으로서 가장 중요한 업무 중에 하나라는 신념을 지니고 실천했다.

그리고 지금 우리나라는 OECD 국가 중 가장 독서를 하지 않는 불명예를 가지고 있다고 있다. 2010년 UN과 국제 도서관 협회의 자료를 보면 우리나라의 독서순위는 세계 192개국 중 166위로 최하위 그룹에 머물며, 일 년에 평균 독서량이 불과 9.1~12권으로 월평균 0.8권밖에 안되고, 미국 6.6권, 일본 6.1권, 프랑스 5.9권보다 크게 못 미치며 심지어 중국 2.3권보다 반도 되지 않는다. 더구나 성인 1/4은 1년에 단 한 권의 독서도 하지 않는다 하니 정말 한심하다 할 것이다. 물론 독서 하나만 보고 모든 것을 예단하기에는 다소 무리는 있을지 모르나, 그래도 일반적으로 국민들의 문화나 지적수준은 독서량으로 어느 정도 가름할 수가 있을 것이기 때문이다.

10여 년 전 당시에도 이런 수준에서 크게 벗어나지 않았으리라 생각되며, 저는 평소에도 직원들에게 독서의 필요성과 그 효과에 대하여 틈만 나면 강조했다. 저는 지점장으로 있을 때 꽤 오래전부터 직원들의 생일 선물로 꼭 우량 자기계발 도서를 선정하여 전 직원들 앞에서 다 함께 생일을 축하하며 선물로 주어 왔다. 생일 케이크나 다른 어떤 것들보다 값지고 유용하다고 생각이 되었기 때문이었다. 사람들은 보통 자기가 돈을 주고 사기는 어려워도 남으로부터 받은 선물은 무엇이든지 소중하고 매우 값지게 생각하는 심리가 있기 때문에 웬만하면 생일선물로 받은 책을 다 읽어보게 된다는 것을 알게 되었다. 실제 그들 중 많은 직원이 뒤에 우연히 만나보면 그때 생일선물 받은 책으로 매우 감명 받았다는 이야기를 들을 때가 가장 기분이 좋았다는 기억이 아직도 생생하다.

그러던 중 부산 지역 본부장으로 부임한 2002년부터는 리더십이나 영업 관련 마케팅에 관한 책을 필자가 먼저 읽어보고 혼자만 알고 있기에는 너무 아까운 내용을 요약하여 같이 공유하는 차원에서 컴퓨터에 통신으로 띄우며 지점장은 물론 일반직원에게도 읽어보기를 권유하게 되었다.

일상 업무로 다들 여유가 없어 처음에는 별로 관심이 없었으나 생일 선물로 도서를 증증하고, 또 이 러닝(e-learning)으로 컴퓨터통신에 좋은 글을 띄우면서 일선 지점 방문 시, 전 직원 조회 시간이나 간부 사원들 미팅 때도 설명을 하면서 독서 분위기를 고조시키니 점차 본부 전체로 확산하여가는 것을 체감할 수가 있었다.

독서 교육을 통하여 사람을 변화시키겠다는 필자의 작은 꿈이 드디어 나비효과로 한 마리의 나비가 되어 더 넓은 광야로 힘찬 희망의 날갯짓을 하게 되는 계기가 되었다. 마침내 독서 교육이 전국으로 확대되게 되었다. 왜냐하면, 이런 사실이 저희 부산 중부지역을 넘어 차차 다른 지역부로 소문이 나고 어느덧 본사까지 알게 되어 본사 차원에서 전국 지점장들에게 교육 자료로 활용하도록 지침이 하달되기 때문이었다.
당시에 선정한 도서들은 주로 '리더십'이나 '자기변화', '마케팅' 분야와 동종 선진 메이커인 일본의 '도요타 자동차를 벤치마킹'하기 위한 부분으로 크게 네 분야로 나누어 볼 수가 있었다.

독서를 통하여 자기 자신을 돌이켜볼 수 있는 계기를 마련함으로써 평소에 일상생활이나 매달 부여되는 목표달성에 함몰되어 생각해보지도 못하는 자기 인생의 꿈이나 목표를 다시 찾게 되고, 자칫 빠지기 쉬운 매너리즘이나 권태로부터 탈피하여 자신의 변화를 도모하고 관리자로서 솔선수범하고 배려하는 겸양의 리더십을 체득하여 모범을 보임으로써 자기가 맡은 바의 책임과 나아가서 조직이나 사회에서 꼭 필요하고 기여하여 존경받는 리더로서 즐겁고 보람찬 직장생활을 영위하도록 유도하는 것이 필자의 최대 목표라고 할 수가 있었다.

특히 일부 일선 영업사원들이 최소한 자기에게 부여된 판매목표는 어떠한 경우라도 달성하겠다는 책임감과 정신력의 부족으로 우선 손쉽게 노동조합이라는 단체의 보호에 기대려는 기대 심리가 있을 수도 있다고 생각한다. 한편 영업이라는 것이 언제나 지나치게 경쟁사 간이나 직원 상호 간에 한 고객을 놓고 과열경쟁이 있을 수밖에 없는 현실적인 한계상황도 인정하지만, 힘들게 도전하지 않고 쉽게 안주하려는 나약한 태도나 부정적인 마음의 자세가 문제가 되기 때문이라고 생각한다.

지점장으로서는 어떻게 하든지 판매부진자들에게 동기를 부여하여 스스로 성취 욕구를 불러일으키게 하는 것이 영업사원 개인은 물론 나아가 지점 전체의 목표 달성의 관건임을 잘 알고 있기 때문에 다른 어떤 부서보다도 영업사원의 정신 교육이 중요하다고 생각하고 사내 교육에 총력 매진하게 되었다. 그리고 그 후 2005년 4월 25일부로 상무이사로 승진이 되어 본사의 인사, 예산, 노무, 대리점 등을 관리하여 전국 판매부서를 총괄 지원하는 영업지원 사업부장으로 영전되었다.

교육의 중요성을 다시 한 번 실감하면서 산하의 교육팀을 통하여 그동안 3~4년간 틈틈이 교육자료로 활용한 54권의 도서 요약 분을 정리하여 본사 차원에서 사내 교육용 도서로 한 권의 'Book Review'라는 책 (2005년, 9, 현대자동차 판매교육 팀 발간)으로 편찬하여 전국 지점장과 대리점장 1,000여 명에게 한 권씩 배부하게 된 것이다.

돌이켜 보면 자동차 영업부서에 30여 년간 근무를 한 후 직장을 은퇴하고 2012년 3월 극동대학에 교수로 재 발탁이 되어 지금 교단에 설 수 있었던 것도 평소 본인이 교육의 중요성을 남보다 먼저 실감하고 몸소 실천한 인과응보가 있지 않았느냐 하고 스스로 생각 하게 된다.

"하늘은 스스로 돕는 자를 돕는다."고 하였다. 항상 필자에게 주어진 어떠한 기회도 감사하게 생각하며 맡은 바 책무를 다함으로써 조직과 사회에 기여한다는 생존부등식의 진리를 몸소 실천하겠다는 각오로 오늘도 책을 읽고 컴퓨터 자판기를 두드리며 한 줄의 글을 쓰고 있는 저 자신이 너무 감사하게 생각이 되었다.

6

꿈은 무엇을 먹고 성장하는가?

꿈은 어디에서 어떻게 찾을 수 있을까?

그렇다면 그 꿈은 도대체 어디에서 찾을 수 있을까?

꿈은 밖에서 찾는 것이 아니라 자기 스스로 자신 내부에서 지금 하는 일과 지금 있는 곳에서 만들고 찾아내어야 한다. 그러기 위해서 무엇보다 중요한 것은 이 순간 있는 그대로의 자기 성찰이 있어야 한다. 벌거벗은 자신의 모습, 솔직한 자신의 모습 그대로를 바라보자. 지금 하는 일과 장소에 대하여 자신의 능력과 흥미도, 가치와 방향성을 재점검하고, 자신의 재능, 취미, 성격, 가치관, 성품 등을 조망해 보아야 한다. 자신을 바라보는 관점, 남들이 보지 못하는 것을 보고, 생각지도 못하는 것을 생각하고, 당연하다고 생각되는 것도 다르게 보면 미래의 꿈과 희망을 찾을 수 있을 것이다. 그리고 지금 하고 있는 일과 그 일을 하는 당신 자신을 고정관념에서 과감히 탈피하여 '재정의'해볼 필요가 있다. 그러면 자신만의 전혀 새로운 신선하고 가슴 설레는 가치와 방향과 비전을 찾게 될 것이고, 어떤 일을 하고 싶고 어떤 사람이 되고 싶은지 알아차리게 될 것이다. 그 꿈은 마침내 누구와도 비교되고 경쟁할 수 없는 나만의 스토리, 나만 할 수 있는 콘텐츠로써 오로지 자신과만 경쟁하는 그런 장점을 키워나갈 수가 있을 것이다. 마침내 남과의 비교가 아닌 자신만의 자기다운 고유한 빅픽처가 완성될 수 있는 것이다.

WISE, 지혜가 답이다

21세기는 인류의 지혜와 한마음을 통한 정신적 진보가 이루어짐에 따라 '서구적 사고'에서 '동양적 사고'로 전환되고 있다. 서양의 물질적이고 합리주의, 개인주의, 지식중심의 가치관은 동양의 정신적이고 감성주의, 공동체 정신, 지혜 중심으로 바뀌고 있기 때문이다.

동양정신의 그 뿌리는 불교와 유교에서 찾아볼 수가 있을 것이다. 바로 불교의 무아(無我)에서 자기중심을 벗어나고, 유교의 핵심 사상인 인(仁)과 홍익인간의 단군 이념에서 공동체 정신을 지향하고 있으며, 또한 모든 것은 끊임없이 변한다는 무상(無常)과 모든 것은 서로 의존하는 관계를 맺고 있다는 연기(緣起)와 양 극단의 치우침 없는 삶을 살아야 한다는 중도(中道)의 실천을 강조하는 '불교의 깨달음 정신'이 있기 때문이다. 이러한 동양사상으로부터 '나'는 물론, '나와 세상과의 관계'를 바로 알고, 또한 있는 그대로를 바라봄으로써 초심으로 돌아갈 수 있다고 하였다. 그리고 무상에서 고정관념을 버리고 지속해서 '변화'를 모색할 수가 있다고 하였다[1]

1) W(Will Power), 의지력

W(Will Power), 의지력은 있는 그대로의 나와 초심으로 돌아간 나와의 간극을 자각하고 사회와 공존하기 위하여 새로운 변화를 모색할 수 있는 원동력은 바로 고통을 감내하고 유혹을 뿌리치는 수련을 통하여 점진적으로 길러지는 본인의 '의지력'(Will Power) 즉, 정신력인 강한 '멘탈력(Mental power)'이다. 뜻한 바를 중도에 포기하지 않고 끝까지 실천하려는 집념으로 위기를 기회로 바꾸고, 고난과 역경을 극복할 수 있게 만들고, 절망을 희망으로 승화시키는 그 원동력이 바로 의지력이다.

2) I(Initiative), 자기 주도력

I(Initiative), 자기 주도력은 자발적이며 독창적인 진취성이다. 사람은 무슨 일을 할 때 남이 시켜서 마지못해 하는 것보다 자기가 선택하고 자기가 하고 싶어서 할 때와는 하늘과 땅만큼이나 다르다. 자기가 주도하는 일은 자긍심을 높여 주고 그 일을 통해서 보람되며 성취감을 맛볼 수가 있어 일 자체가 즐겁고 재미있어서 하는 내재적 '자기 동기력'으로 내 삶의 주인은 바로 자신이라는 주인의식으로 자존감과 행복감을 느낄 수 있게 한다. 또한, 일에 대한 책임감도 강해져 성과가 뛰어나며, 더욱더 높은 자기 효능감으로 새로운 방법을 모색하게 되어 창의적인 아이디어가 나올 수가 있다.

3) S(Strategy) 전략

S(Strategy) 전략은 기존의 판을 깨는 것이다. 늘 하던 대로 해서는 결코 이길 수가 없다. 경쟁에서 이길 수 있는 새로운 규칙(Rule)으로 바꾸는 것이다. 우화에서 나오는 거북이와 토끼경주를 아실 것이다. 토끼가 자기의 달리기 실력을 믿고 자만하여 거북이가 결국 승리하게 된다는 교훈적인 이야기다. 사실 경주에서야 당연히 토끼가 100번 달려도 이길 것이다.

만일 장소를 바꾸어 바다에서 한다면 어떻게 될까요? 그거야 당연히 거북이가 이기게 되겠죠? 쉽게 말해서 바로 이것이 판을 바꾸는 것이며, 자기가 주도하고 이길 수 있는 게임으로 바꾸는 것이다. 패러다임을 바꾸어서 자기에게 유리한 블루오션을 만드는 것이 바로 전략이다.

다윗과 골리앗의 이야기를 아실 것이다. 구약성서 시절 엘라(Elah)계곡에서 맞선 이스라엘 왕국과 블레셋(Philistine) 군대와의 운명적인 싸움에서 블레셋의 중무장한 거인 골리앗은 한낱 15세에 불과한 양치기 소년 투석 병 다윗에게 돌팔매 하나로 힘없이 쓰러지고 말았다. 다윗은 절대 불리한 싸움에서 어떻게 이길 수 있었을까? 거인에 대해 힘으로 맞서지 않고 돌팔매라는 신기술뿐만 아니라 하나님이 자신과 함께 하신다는 믿음과 자신감으로 맞섰기 때문이었다. 바로 생각을 뒤집어 게임의 판을 바꾼 전략과 용기와 믿음이 있었기 때문에 가능하였다.

링컨 미국 전 대통령은 "나무를 베어 쓰러뜨리는데 한 시간의 시간이 주어진다면 나는 도끼를 가는데 45분을 쓰겠다."고 하였다. 도끼를 가는 것은 나무를 보다 효율적으로 베기 위한 전략이라 할 수 있을 것입니다. 강자를 이기는 약자의 기술은 바로 생각을 뒤집는 '전략적인 사고'이다.

4) E(Enthusiasm) 열정

열정은 일을 추진하는 원동력이다. 마치 자동차가 엔진의 힘으로 움직일 수 있는 것과도 같다. 열정은 힘이며 에너지이기 때문이다. 일을 되게 하고 위기를 기회로 만들어 내는 마력이다. 열정은 뜨거운 정신이며, '무언가 간절히 원하는 마음'이다. 열정이 있는 사람은 적극적이고 진취적이다. 일이 즐겁고 행복과 젊음이 넘쳐난다. 열정적으로 사는 사람은 언제나 젊고 활기차다. 열정은 파동이다. 열정적인 사람 옆에 있으면 덩달아 신바람이 나고 기분이 좋아진다.

불광불급(不狂不及)이다. 미쳐야 미칠 수 있다. 자기가 하는 일에 미쳐야 즐거움에 미칠 수 있고, 미쳐야 고객의 만족에 미칠 수 있으며, 나아가 성공에도 미칠 수 있을 것이다. 선택한 일에 집중하고 몰두하여만 이룰 수 있기 때문이다. 힘의 원천인 열정이 바로 성공의 제1 법칙이라 할 수 있을 것이다.

1995년 77세에 히말라야 메라피크 봉(해발 6,654m)을 무산소로 등정함으로써 기네스북에 최고령 등정기록을 보유하고 있으며, 2003년 5월 19일 히말라야 고산준령의 42,195km '세계 고산 마라톤대회'에서 무려 85세의 고령으로 완주하여 세계를 놀라게 했던 박희선 박사의 성공 비결은 무엇보다도 반드시 이루고야 말겠다는 '강한 정신력'과 '열정'이라고 할 수 있을 것이다. 결코, 마라톤 선수이거나 전문산악인도 아닌 그가 불과 2주간의 짧은 시간 동안 죽음을 각오하지 않고는 이룰 수 없는 고산 적응훈련에서 200여 명의 참여자 중에 140여 명이 탈락하고 출전 당일 날 겨우 60명만의 선수가 참여하였으나 최종 32명만이 완주하였고 박희선 박사는 그들을 대표하여 대회장인 세계 최초의 에베레스트 등반자인 힐러리 경으로부터 주어지는 특별 기념패를 받게 되었다.[38]

또한, 세계 최초로 히말라야 8천 미터 16좌 봉 등정을 성공한 전문산악인 엄홍길 씨는 그동안 이 목표를 달성하기까지 그는 22년 동안 무려 38번의 도전을 감행했고, 그 과정에서 후배 6명과 세르파 4명을 잃는 아픔이 있었다. 그는 이제 오늘의 자신이 있기까지 희생을 해주며 도와준 산악인과 세르파 유족들을 돕고, 그를 받아준 산(山)에 빚을 갚기 위해 16좌를 상징하는 16개의 현지 어린이들의 공부를 위하여 '엄 홍길 휴먼재단'을 설립하고 2014년 8개를 준공함으로써 그의 또 다른 꿈을 향해 힘차게 나아가고 있어 많은 사람에게 훈훈한 감동을 주고 있다. 이처럼 끝없는 도전이 가능한 원동력이야말로 어떠한 어려움에도 맞서는 꿈에 대한 '열정'이라고 말할 수 있을 것이다.

7

인생은 그 사람의 생각이 만들어가는 그 무엇

천 년 로마 제국의 최대 전성기라 일컬어지는 80년(서기 96~180년) 동안 5현세 시대의 마지막 제16대 황제로 철인이며 〈명상록〉의 저자로 잘 알려진 마르쿠스 아우렐리우스 황제는 "인생이란 그 사람의 생각이 만들어가는 그 무엇이다."라고 갈파를 하였다.

또한 "시작이 반이다."라고도 하였다. "지금 성공의 씨앗을 가슴에 품어라 그러면 당신은 이미 절반은 성공한 것이다."

상상만 하는 사람, 상상을 현실화하는 사람의 차이는 바로 당신 마음속에 있다. 바로 이 마음은 무궁무진한 비밀의 창고다. 그 창고에서 무엇을 끄집어낼 것인가는 오로지 당신의 선택에 달려있다. 흔히들 생각이 행동을 만들고 행동은 습관이 되며 그 습관은 나아가 그 사람의 인생과 운명을 결정한다고 한다. 그러니까 모든 행동이나 습관은 먼저 그 사람이 어떤 생각을 하느냐에 달려있다는 뜻이다.

또한, 생각만 하는 바보가 되어서는 더더욱 안 된다. 바로 그 꿈을 실현하기 위해서 열정을 가지고 부당히 노력하는 실천 에너지가 필요하다.

젊음이 이 세상에서 가장 큰 자산인 이유는 그 젊음으로 당신의 미래를 바꿀 수 있고, 설사 실패하더라도 다시 일어설 수 있는 용기와 기회가 있기 때문이다. 하지만 앞을 내다보지 못하고 하루하루 소비하고 만다면 그것처럼 어리석은 일도 없을 것이다.

현재의 삶이나 상태는 과거 당신의 선택, 결정, 행동의 총체적 결과물이다. 따라서 모든 것은 당신 자신에 달려있다. 이 순간의 행동을 바꿈으로써 미래를 바꿀 수 있을 뿐이다. 그래서 스펜서 존슨(Spencer Johnson)은 그의 저서 〈The Present〉에서 "지금 이 순간(The Present)이야말로 하느님이 당신에게 주는 가장 소중한 "선물(The Present)"이라고 말하였다.

"세상에서 가장 소중한 선물은 과거도 아니고, 미래도 아니다. 세상에서 가장 소중한 선물은 바로 지금이다." 스피노자는 "내일 지구가 멸망한다 해도 오늘 한 그루의 사과나무를 심겠다."고 하였다.

결국, 성공과 실패를 가름하는 것은 그들의 능력이나 학식, 배경, 인맥, 경험 등이 아니라 바로 그들의 '현재 행동과 태도에 달린 것이다. 그래서 라틴어로 까르페 디엠 (Carpe Diem)! 이라고 하였다. 즉 지금 살고 있는 현재, 이 순간에 충실하여라! 라는 뜻이다. 결국, 모든 것은 현재 이 순간에 당신이 무엇을 생각하고 무엇을 어떻게 하느냐에 달려있다. 모든 것은 당신의 행동과 실천에 달려있다. 지금부터라도 늦지 않았다. 가슴에 큰 꿈과 목표를 가지고 새로 시작해 보자.

8

SMA(Self-Mental Attitude) 점검 체크리스트

당신의 꿈과 목표 지수(Dream Quotient)는 얼마인가요?

《 꿈 지수(DQ) 》

꿈을 가지는 정도	보유 방법	목표 SMART정도	계획 (단/중/장)	실행 강도	점수
가슴 뛰는 꿈이 있다	종이에 적어 항상 휴대	철저하다	철저히 세움	적극 실행	5
늘 생각은 하고 있다	목표는 정해놓고 생각만 한다.	비교적 그렇다.	비교적 세움	노력 중	4
희미하게나마 있긴 하다	단기목표는 있으나 꿈이 없다	그저 그렇다.	되는대로	비교적 실행	3
어쩌다 생각이 나면	되는대로 살아간다.	어쩌다 그렇다.	어쩌다	어쩌다	2
전혀 생각해본 적 없다	아예 생각조차도 해 보지 않음	전혀 아니다.	전혀 없다.	전혀 아니다.	1
					합계

[평가]

- 21~25점 : 꿈과 목표가 분명하고 항상 염원하거나 휴대하고 있으며, 구체적이고 단계적인 실현 가능한 계획을 세워 그 꿈을 이루기 위해 자기 주도적이고 창의력을 발휘하여 열정적으로 실천하고 있다.

- 15~20점 : 꿈과 목표를 생각은 하고 있으나 구체적인 계획이나 기한이 정해진 단계적인 실천 계획이 없어 밑그림이 잘 그려지지 않고, 뜻대로 실행이 잘 안 되어 구체적인 성과가 없다.

- 10~14점 : 꿈과 목표가 가끔 생각이 날 때도 있으나 막연하고 체계적이거나 실현 가능성이 희박하여 작심삼일에 그치기가 일쑤다.

- 9 이하 : 꿈과 목표가 없으므로 하고 싶거나 해야 할 일도 잘 모르겠고, 아무런 계획이나 생각도 없이 그냥 일상생활에 치여 하루하루 무기력하게 허송세월만 하고 있다. 우선 좋아하고 하고 싶은 것으로부터 꿈과 목표부터 세워 한 발짝씩 실천해 보는 것이 좋을 듯하다.

지금, 당신에게 필요한 것은?

SMA 점검 체크리스트

자가 점검 항목 (점수)	항상 그렇다(1)	가끔 그렇다(2)	보통이다(3)	가끔은 아니다(4)	결코 아니다(5)	점수
꿈과 목표가 없다						
시간개념이 없고 낭비한다.						
의욕이 없고 무기력하다						
게으르다						
늦잠자고, 약속을 어긴다.						
일을 미룬다.						
자존감, 자신감이 없다.						
회복 탄력성이 떨어진다.						
독서 등 자기계발 을 않음						
나쁜 습관에 빠짐(인터넷)						
점수 합계						

[평가]

- 13점 이하 : 꿈과 목표가 없으므로 허송세월을 하고 있으며, 매사에 의욕과 자신 감이 없고, 게으르고 나쁜 습관에 물들어 늦잠을 자기 일쑤 이고, 어려움을 당하면 쉽게 좌절하고 실패가 두려워 새로운 일에 도전하기가 두렵다. 그리고 자기계발을 위한 독서는 일 년에 겨우 한두 권도 하지 않고 인터넷은 하루에 3시간 이상 빠져 그의 중독 상태이다. 또한, 약속시간까지 어길 때가 많아 정상적인 사회생활하기가 힘든 상태이다. 당신은 하루빨리 전문가와 상담을 받아보든지 주위의 도움이 필요 할 것이다. 그러나 실망할 필요는 없다. 지금부터라도 다시 생각을 바꾸고 마음을 굳게 결심해 보자. 당신의 선택에 달려있다.

- 14 ~ 20점 이하 : 우선 자신에 대해 깊은 성찰로 꿈과 목표부터 찾기 바라며 성공 하는 자신의 모습을 상상해 보시기 바란다.

- 21 ~ 30점 : 당신의 꿈과 목표의 중간 점검이 필요하며, 잘못된 습관부터 단계적으 로 작은 성공의 경험을 토대로 자신감을 회복하고 매사에 적극적으로 도전해보려는 마음가짐을 가져본다.

- 31 ~ 40점 : 당신은 조금만 생각을 긍정적으로 바꿔 먹으면 앞으로 무한히 잠재 된 능력을 이끌어 낼 가능성이 있다는 자신감과 자신에 대해 믿음으로 새로운 도 전을 해 본다.

- 41점 이상 : 꿈과 목표가 분명히 있고 그것을 달성하기 위하여 열정적으로 실천하 고 있군요. 언제나 일의 우선순위에 따라 철저히 시간을 효율적으로 사용하고 있으 며, 끊임없는 자기계발과 자기 통제로 자기 주도적인 삶을 살고 있으며, 매사에 자신 감과 자존감이 높고 어떠한 난관도 발전의 기회로 삼으려는 긍정 심리로 반드시 그 꿈을 이룰 수 있다는 신념에 불타고 있으므로 당신은 하는 일 자체가 즐겁고 행복감 을 느끼고 있을 것이다.

4부

사고방식은 행복의 열쇠다

1

사고방식이 왜 중요할까?

사고의 방향

사람이 어떤 일을 할 때 그 성과나 결과는 일을 추진하는 그 사람의 능력이나 열정보다 사고방식이 더욱 중요하다. 왜냐하면, 일의 성과는 그 사람의 사고방식과 능력 그리고 열의에 달려있기 때문이다. 즉, 일의 성과(결과) = 사고방식 × 능력 × 열의라는 공식이 설립하기 때문에 그렇다고 할 수 있다.

아무리 능력이 뛰어나고 열정이 크다 하더라도 덧셈이 아니라 곱하기이기 때문에 사고방식이 긍정의 플러스 값이면 그 결과는 당연히 좋은 양의 값이 되지만, 만일 부정의 마이너스라면 그 결과는 또한 당연히 음의 부정적인 결과가 되기 때문이다. 마치 뛰어난 두뇌로 해킹하거나 남을 속이면 법의 심판을 받게 되는 것과 같은 이치이다.

1) 긍정적인 사고방식과 부정적인 사고방식

사람은 똑같은 일을 하면서도 그것을 바라보는 마음의 태도가 적극적이고 낙천적이면서 좋은 방향으로 생각하느냐? 아니면 소극적이고 비관적이며 나쁜 방향으로 생각하느냐? 에 따라 그 결과는 크게 달라질 수 있다.

−100 ∼	0	∼ +100
부정적 사고방식		긍정적 사고방식
이기적, 배타적, 비생산적, 퇴영적, 독선적, 아집, 저주, 원망, 시기, 증오, 질투, 삼독, 악한 마음, 절망, 회의.		이타적, 생산적, 건설적, 진취적, 감사, 배려, 협력, 상생, 봉사, 선한 마음, 겸손, 사랑, 평화, 안정, 용서, 사과.
Force		Power

상기 표에서 보는 바와 같이 부정적인 사고와 긍정적인 사고는 같은 일을 하면서도 그 결과의 차는 사고하는 방식과 정도에 따라 좌우 200만큼이나 크다. 제아무리 능력이 뛰어나고 열정적으로 일하지만, 그 결과는 곱하기이기 때문에 사고방식에 따라 극과 극이다. 마이너스 값은 곱할 때 그 값은 마이너스이기 때문이다. 만일 플러스인 경우라면 그 양쪽의 정도에 따라 더 큰 쪽일 수도 있다.

대체로 긍정적인 사고방식은 삶에 대한 태도가 무엇보다도 낙천적이다. 언제나 희망과 가능성을 먼저 생각하고 그렇게 될 것이라고 믿는 경향이 있다. 또한, 적극적으로 나아가 일을 이룩하는 진취적인 사고와 어떤 문제를 해결하거나 새로운 내용의 결론을 이끌어 내거나 보탬이 되는 생산적 사고를 비롯하여 덕분이나 고마워하는 감사하는 마음, 자신보다도 상대편 입장에서 낮은 자세로 존경하는 배려심과 나누고 협력하는 협동심, 남을 위하는 이타심으로 봉사하는 마음, 밝고 선하고 상대를 존중하고 자신을 낮추는 겸손, 서로 도움이 되는 상생, 그리고 사랑, 평화, 안정, 용서, 사과 등이라 볼 수 있다.

반면에 부정적인 사고방식은 긍정적 사고방식의 반대 개념으로 비관적, 절망, 불가능, 회의나 의심, 퇴영적, 비생산적, 저주, 이기적, 경멸, 독선, 악한 마음, 탐욕, 비난, 질투, 원망, 증오, 시기, 혼돈, 공멸, 남의 탓 등 소멸적인 것 등이라 말할 수 있다.

영어로도 힘이라고 할 때도 Power는 재능, 영향력, 능력, 세력 등 주로 긍정적인 개념으로 사용하며, force는 강제나, 강요, 폭력, 군사력, 공략, 탈취, 등의 부정적인 개념을 의미한다. 그래서 공군을 Air Force이라고 말한다.

북미에 사는 체로키족 인디언 추장이 어린 손자에게 전해주고 싶은 '늑대 밥 주기' 이야기를 들어 본 적이 있을 것이다. "애야 우리 마을에는 두 마리의 늑대가 산단다. 한 마리는 미움, 질투, 욕심, 고집, 거짓말, 게으름을 먹고 살고, 또 한 마리는 사랑과 양보, 웃음, 진실, 용기, 성실을 먹고 산단다." 할아버지 그럼 어느 쪽이 힘이 더 센가요? 음, 그거야 네가 밥을 주는 쪽이 힘이 더 세게 될 테지, 바로 당신이 선택하는 쪽이 더 힘이 세게 된다는 이야기로 어린 손자에게 아무쪼록 현명한 선택을 할 수 있도록 바라는 할아버지의 애틋한 손주 사랑의 말씀일 것이다.

탈무드에도 비슷한 이야기가 있다. "사람의 마음속에는 긍정과 부정이라는 두 마리의 늑대가 있다, 네가 먹이를 주는 쪽이 이긴다."

《 마음속의 두 가지 마음 》

긍정	부정
이 정도면 해낼 수 있을 거야!	이것은 내 능력 밖이야.
그래, 이건 좋은 기회야!	왜 하필 나야?
발전의 계기가 될 거야!	또 힘들겠군!
일시적일 거야	산 넘어 산이야.
바로 내가 해야지	누군가가 대신하겠지
바로 지금, 여기서	언젠가는, 어디에선가는
아니야! 나는 할 수가 있어!	나는 그를 능력이 없나 봐!
애 나도 하니까 되네!	난 해도 안 돼!

우리는 언제나 마음속에 긍정과 부정으로 갈등하며 경쟁하고 있다. 자기가 어느 쪽으로 선택하느냐는 당신의 권리다. 당신은 어느 쪽을 선택할 것인가? 당신의 선택에 달려 있다.

2) 사고방식은 일의 성과를 가름하는 방향이다

* 생각은 에너지의 이동이다

① 신비한 우주의 비밀, 미립자. 심기혈정(心氣血精)이라는 말이 있다. 마음(心)이 가는 대로 에너지(氣) 파동이 전달되고, 에너지가 가는 대로 피(血)가 돌며, 피가 모여서 힘(精)이 발생하고 그 현상이 일어난다는 뜻이다.

아인슈타인은 이를 양자 역학으로 설명하였다. 우주의 모든 물질은 쪼개고 쪼개다 모면 더 이상 쪼갤 수 없는 '미립자'라는 작은 알갱이로 변한다. 이 미립자(物)들은 특이하게도 관찰자의 의지나 기대하는 방향 즉, 마음(心)쓰는 대로 움직인다는 사실이 밝혀졌다.

이는 결국 모든 물질과 현상은 우리의 마음과 의식에 따라 통제되고 창조될 수 있다는 '마음의 법칙'이다. 그래서 세상은 마음먹기에 달려있다고 한다. 이 미립자는 사람들이 어떤 마음으로 자기를 바라보는지 언제나 정확하게 반응하여 변화하는 것이다. 이 미립자들은 눈에 안 보이는 물결로 우주에 존재하다가 내가 어떤 의도를 품고 바라보는 대로 눈에 보이는 현실로 모습을 드러내는 것이다. 이를 양자물리 학자 울프 박사는 '신이 부르는 요술'(God trick)이라고 말하였다.

독일의 노벨물리학상 수상자인 플랑크(Max Planck) 박사는 "이 요술의 배후에는 의식적이며 고도로 지능적인 마음이 존재하며, 이 마음이 모든 것을 창조한다."라고 했으며, 아인슈타인도 "우주에는 인간의 상상을 초월하는 거대한 마음이 있다"고 밝힌 바가 있다. 그러므로 우리의 마음이나 생각이 모든 물질을 변화시키고 운명을 창조할 수 있다고 할 수 있으며 모든 것은 자기가 기대하고, 바라보고, 생각하는 대로 될 수가 있다.[11]

② 모든 결과에는 원인(생각)이 있다. 생각의 뇌는 마치 밭과 같다. 콩심은 데 콩 나고 팥 심는데 팥 난다. 뇌의 밭에 꿈의 씨앗을 뿌리고 잘 가꾸자.

위약효과(僞藥效果)라고 있다. 환자를 안심시키기 위해 가짜 약을 투약했는데도 심리효과에 의해 호전되는 현상을 의학에서 플라시보 효과라고 한다. 생각하고 믿고 기대하면 그렇게 된다는 마음의 법칙들이다. 인간은 본성적으로 생각하는 습관에 따라 생각하는 방향대로 그대로 되는 경향이 있다. 긍정적이며 적극적인 생각은 자신 주변에 원하는 방향으로 되기 적합한 요건을 조성하는 경향이 있다. 따라서 성공하려면 자기가 믿고 바라는 방향대로 되기 때문에 모든 것은 당신의 선택에 달

려있음을 결코 잊어서는 안 될 것이다. 따라서 어차피 피치 못하게 해야
만 하는 일이라면 기왕에 긍정적인 자세로, 그것도 기쁜 마음으로 즐겁
게 하다 보면 자기도 모르게 신비하게도 바람직한 방향으로 되게 될 것
이다. 신비하게도 바로 우주의 보이지 않는 위대한 힘(something great)
이 작용하기 때문이다.

3) 일의 성과

일의 성과에는 일정한 법칙이 적용된다.

바로 $1 : 1.6 : 1.6^2 (2.56)$ 의 법칙이다

1은 일의 내용이나 필요성을 모르고 그저 남이 시켜서 하는 경우의
성과이고 1.6은 남이 시켜서 하지만 왜 하는지를 아는 경우의 성과이고

$1.6^2 (2.56)$은 왜 그 일을 해야 하는지도 알고 적극적으로 스스로 계획
을 세워 자발적으로 일할 경우의 성과를 말한다.

* 일의 효율, 또 다른 예

판매과장이 신입사원에게 자동차 계약을 하겠다는 고객에게 계약하
러 보냈다. (효율성)

- 고객과 상담이 잘 못되어 계약이 결렬되었다 — 파괴형 — (1)
- 고객과 상담이 잘 되어 계약이 성사되었다 — 현상 유지형 — (1.6)
- 고객과 계약은 물론 새로운 고객까지 소개받아 왔다 — 창조형
  (1.6^2)

✽ 긍정적인 태도

• 〈제2차 세계대전 때 적군에게 완전히 포위된 상황이 발생하였다〉 "우리는 모든 방향에서 공격할 수 있는 절호의 기회가 왔다!" (태평양 전쟁을 승리로 이끈 미국 해군 원수 전쟁영웅 체스터 니미츠(Chester Nimitz) 장군의 실화)

• 2차 대전 중 영국의 크레이턴 메이브램 장군과 그의 부대원들은 적 군에 포위되고 말았다. "제군들! 우리는 전쟁이 시작된 이래 처음으로 전 방위에서 공격할 수 있는 절호의 기회를 맞았다." 위 두 경우 모두 절 망에 빠진 군사들을 일깨워 위기를 기회로 바꾸어 승리할 수 있었다.

• 덴마크의 동화작가 한스 크리티안 안데르센은 매우 가난한 구두 수 선공의 아들로 태어나서 못생기고 초등학교에도 다니지 못하여 매번 따 돌림을 받아왔으며, 더구나 알코올 중독자인 아버지로부터 학대까지 받 아왔다. 그런 역경 속에서도 좌절하지 않고 한 번도 자신의 재능을 의심 하지 않으며 행복한 상상을 즐기곤 하여 왔었다. 그럼에도 불구하고 오 히려 아버지는 좋은 사람이며 집이 가난한 것을 축복이라고 생각하였다.

그는 자기 자서전에서 "생각해보니 나의 그러한 역경과 고난은 오히려 신의 축복이었습니다. 가난했기 때문에 추위와 배고픔에 떨던 '성냥팔이 소녀'를 쓸 수 있었으며, 못생겼다고 따돌림을 받아왔기 때문에 '미운 오 리 새끼'를 쓸 수 있었다."라고 회고하였다.

✽ 나의 새로운 도전

1983년 8월 나는 입사 8년 8개월 만에 과장 2년차로써 입사 동기생 중에서는 가장 먼저 지점장으로 발탁되었다. 당시 진주지점은 서부 경남 2개 시 8개 군을 관장하는 전국에서 가장 넓은 지역이고 자가용은 물론 택시, 버스, 화물 등 전 차종을 판매하는 지점이었다. 당시로써는 자동차 수요가 많지 않아 삼천포시와 거창군을 비롯한 8개 군은 지점개설이 되지 않고 담당 영업사원이 진주에서 출장하여 판매할 때였다.

그 후 1980년대부터 전국적으로 자동차 수요가 폭발적으로 증가하자 군 단위마다 지점을 개설하게 되고 급기야 1997년 9월부터는 과거 진주지점이 관할하던 예하 14개 지점을 관리하는 '경남 서부지역본부'로 승격이 되어 필자가 초대 지역 본부장으로 부임하게 된 지점이기도 하다.

나는 대리 때 31세로 가장 어린 나이임에도 불구하고 누구보다도 먼저 부산 중부지점의 판매과장을 거쳐 부산 대형지점(버스와 화물만 판매하는 지점)에서 버스와 화물차 판매과장을 거쳤기 때문에 신입사원 때 택시판매를 포함하여 전 차종에 걸쳐 판매 경험이 풍부한 엄연한 중견 관리자로 자리매김하고 있었기 때문에 고참 차·부장급이 맡아야 할 지점을 과장 2년 차로써 전격적으로 발탁이 될 수 있었다고 생각되었다.

진주를 중심으로 하는 서부 경남은 지역이 워낙 넓어 시민들의 발이 되는 시외버스와 섬진강 하구 갈사지역의 건자재용 모래의 품질이 뛰어나서 15톤 덤프트럭의 수요가 전국에서도 가장 많은 지역 중의 한 지역이었다. 당시는 건설경기 붐을 타고 현대자동차사에서 15톤 덤프트럭을 개발하여 수요자의 인기가 너무 좋을 때였고, 아울러 믹서 트럭이나 각종 특장차도 수요가 계속 늘어날 때였다. 트럭 종류는 영업사원들이 프리트를 나누어 관리하고 있었으나, 특히 버스만큼은 지점장이 버스 과장을 별도로 두고 직접 업체를 관리하는 체제였다.

당시에 시외버스 업체는 대한교통과 영화여객을 포함한 3개사를 보유한 부산교통이 500여 대로 가장 큰 회사였고 그 외 경전여객과 진주 시내버스 업체 등 군소 업체들이 있었다.

부산교통 계열사는 일 년에 평균 50여 대씩 노후 차를 신차로 교체하기 때문에 부산교통을 잡지 않고는 절대로 판매 목표달성은 물론 목표 시장점유율을 지키기가 불가능하였기 때문에 지점장으로써는 부산교통에 사활을 걸 수밖에 없었다.

사장님은 조O환 씨로 과거에 경남 버스사업조합장을 역임하셨고, 기술면에서 자동차에 대하여 해박한 지식을 가지신 분이었다. 제씨인 조O환 씨가 전무로 계시며 신차 대체 시 구매 차종결정 및 경리를 포함한 업무총괄을 하셨다. 그리고 조 전무님 밑에 친척분인 관리부장님이 업무를 지원하는 체제였다.

사장님은 워낙 검소하신 분이라서 술과 담배는 물론 골프도 하지 않는 분이었으나, 대외적인 상담은 주로 전무님께서 하시기 때문에 전무님은 대인 관계상 약주나 골프도 가끔 즐기시는 편이었다. 보통 자동차 대체 상담 시 관리부장님에게 현대, 대우, 기아 등 각 사별로 먼저 견적을 제출하면 기술부장과 상의하여 전무님을 거쳐 최종 사장님께서 결정하였다. 회사로서는 신차구매 조건이나 향후 운행 시 부품대와 연료소모 등에서 가장 경제적인 측면과 애프터서비스 면에서 가장 원활한 차종을 선택하게 되지만 조건이 비슷할 때는 각 사별로 영업력이 크게 좌우하게 된다.

보통 판매 상담할 때 버스 과장은 관리부장님에게 주로 판촉활동을 하고 지점장은 부장님을 비롯하여 전무님과 상담을 많이 하여 왔다. 어쩌다가 전무님의 양해를 구하여 사장님을 직접 뵙고 신차에 대한 소구점을 말씀드릴 기회가 있긴 하나 계통을 밟지 않고 사장님을 직접 만나는 것 자체를 기본적으로 좋아하지 않는 경향이 있었다.

한꺼번에 10여 대 이상 교체할 때는 각 사별로 판촉전이 전쟁을 방불케 할 정도로 치열하였다. A/S 판촉요원은 차량정비담당자와 정비나 A/S 부분에 대해서 심도 있게 상담을 하고, 버스 과장과 지점장까지 총동원되어 몇 일씩 판촉활동을 하곤 하였다. 가끔 업체 사무실에서 경쟁사와 마주칠 때면 서로 얼굴 붉혀가며 사생결단으로 한 발자국도 물러서지 않는 진풍경이 벌어지곤 하였다.

당시는 시외버스업체 간에도 고객 확보 차원에서 장비 고급화가 대세였으므로 시외버스에도 고속버스 사양에 버금갈 정도로 통유리가 한창 유행일 때였다. 통유리는 외관상 고급스럽게 보이나 창문에 환풍이 잘 안 되기 때문에 실내가 답답하여 강제순환환풍기를 작동해야 하고 또 여름이나 날씨가 조금이라도 더우면 에어컨을 작동해야 하므로 연료소모가 많은 단점이 있었다. 어느 날이었다. 전무님께서 안 계시는 날 사장실에서 조사장님을 독대할 기회가 있었다.

그날도 통유리로 인한 연비증가로 경영에 어려움을 이야기하던 중에 조사장님께서 통유리의 아랫부분에 작은 공기통을 내면 탑승자의 시선에도 크게 방해가 되지 않으면서도 공기가 탁하거나 더울 때 굳이 에어컨을 켜지 않아도 되지 않겠느냐? 하는 아이디어를 내놓으셨다.

현대자동차사에서 제작이 가능한지 알아봐 달라고 주문하시며 만일 개발이 되면 전량 현대자동차사 제품을 구입하겠다고 말씀하셨다.

나는 즉각 본사에 보고를 드리고 울산 공장 버스 사양 제작팀에 정식으로 개발 요청을 하여 신중하게 검토를 의뢰하였다. 그 후 여러 차례 공장에 출장도 가면서 어렵게 정식 사양으로 개발키로 하여 몇 개월의 개발절차를 거친 후 당국의 차량구조변경 승인을 받아 정식으로 RB635라는 준 고속버스 급에 'BSD(Bottom Sliding Door)'라는 사양을 개발하여 경쟁사보다 먼저 시장을 선점할 수가 있었다. 또한, 다른 지역에서도 주문이 늘어 전사적으로 판매가 크게 확대되는 계기가 되었다.

아마 평소에 연비문제로 골똘히 고민하시고 계시다가 저와 독대로 새로운 사양을 개발키로 의기투합한 결과라 하겠다. 무엇보다도 다소 중간 경영자들의 빈축을 사면서까지 최고 경영자인 사장님과 자주 독대를 하는 적극성과 아무리 어렵더라도 생산 공장을 설득하여 새로운 사양으로 개발토록 하는 투지와 열정이 없었다면 결코 현실화될 수 없는 일이었을 것이다.

4) 긍정과 부정의 힘

긍정의 플러스발상을 하면 뇌에 베타−엔돌핀(β−endorphin)이라는 뇌내 모르핀과 SOD(Superoxide dismutase) 효소가 생성되어 산소 독을 중화하여 면역작용을 한다. 반면에 부정의 발상인 화를 내거나 스트레스를 받으면 노르−아드레날린(nor−adrenalin)이나 활성산소가 생성되어 혈압이 상승하고 노화가 촉진된다고 하였다.[39] 긍정의 힘은 독감도 거뜬히 이겨낸다는 사실을 미국의 유명대학교 심리학과 교수 연구팀은 지원자 193명을 대상으로 '긍정적인 사람은 덜 아프다'는 가설을 실험한 결과가 이를 증명하였다. 연구팀은 실험자의 코에 코감기를 일으키는 리노바이러스를 주입하고 6일 동안 격리 관찰하자 놀라운 일이 벌어졌다. 가장 긍정적인 사람이 몸에 염증을 유발하거나 심장질환, 뇌졸중, 암 등의 원인이 되는 '인터류킨−6 수치가 낮아 면역력 향상으로 인하여 감기에 덜 걸린다는 사실을 밝혔다. 부정적인 생각은 죽음에도 이를 수 있다는 사실도 증명하였다.

1950년 포르투갈산 포도주를 운반하는 한 화물선에 타고 있던 한 선원이 스코틀랜드 항구에서 짐을 내린 후 냉동 창고에 갇혀버렸다. 얼마 후 다른 선원이 냉동 창고 문을 열었을 때 이 선원은 이미 죽은 상태였다. 냉동 창고 냉동실 벽에는 그가 쇳조각으로 새겨 넣은 글이 발견되었다. "냉동실에 갇혔으니 이제 난 오래 버티지 못할 거야"라는 내용이었다, 그러나 놀랍게도 그 냉동 창고는 가동되지 않은 상태였고 온도계는 19도를 가리키고 있었다. 또한, 장기보존용 식량도 충분했었다. 결과적으로 이 선원을 죽음에 이르게 한 것은 죽을 만큼의 추위나 배고픔이 아니라 '죽게 될 것이라는 불길한 예감과 그로 인한 두려움이었다.

　　머피(Josep Murphy)와 샐리(Sally)의 법칙에서도 이를 증명하고 있다. 머피의 법칙은 부정적인 개념으로, 잘 못 될 가능성이 있는 일은 반드시 잘못되고야 만다는 것으로, 실제로 사회생활이나 일상생활에서는 맞지 않는 경우가 더 많지만, 부정적인 생각에 사로잡혀 일이 꼬일 때 자주 사용하는 심리상태를 말한다. 우산을 가지고 가면 날씨가 개고, 우산을 두고 가면 비가 온다. 바쁠 때는 사고나 교통체증 등으로 더 밀려 늦어지고, 한가할 때는 교통이 원활하여 너무 일찍 도착한다. 반면에 샐리의 법칙은 반대로 긍정적인 개념으로 주위에서 일어나는 일들이 우연히도 자기가 바라는 대로 잘 풀릴 때 주로 사용한다.

　　인원수가 모자란다고 대타로 나간 미팅에서 뜻밖에 이상형을 만났다. 어쩌다가 결석하면 그날따라 휴강이다. 이처럼 머피와 샐리의 법칙은 '생각하면 생각한 대로 된다.'는 마음의 법칙으로 '말이 씨가 되며' 오랫동안 품고 있는 현재 의식은 점차 무의식의 세계로 이동하게 되어 잠재의식이 되고 각인된 잠재의식은 무엇이든지 마음먹는 대로 이룰 수 있는 엄청난 힘을 발휘하게 된다는 것이다. 프로이드와 같은 이론으로 자기 암시 효과인 일종의 '피그말리온 효과'와 같다고 할 수 있다. 우리의 마음속에는 이중적 성격인 머피와 샐리가 언제나 동거하고 있다. 불안, 초조, 회의, 회피 등은 머피의 또 다른 이름이다. 미래를 두려워하며 회피하는 소심한 자세로는 어떠한 일도 이룰 수가 없다. 우리는 살아가면서 수없이 많은 머피가 밀려오더라도 굳은 자기 확신과 신념으로 얼마든지 샐리로 바꾸어 극복할 수가 있다. 바로 긍정적이고 적극적인 마음의 자세만 가지면 된다. 미국의 긍정 심리학의 베스트셀러인 조엘 오스틴의 '긍정의 힘'에서도 사람은 믿는 데로 된다고 하였다. 긍정의 생각으로 세상을 보면 모든 것이 긍정적이고 행복하게 보이고, 부정적인 생각으로 세상을 보면 모든 것이 부정적이고 불행해 보이게 되는 것이다.

5) 감사의 긍정 효과

당신은 평소에 감사한 마음을 가져본 적이 있습니까?

도대체 감사할 일이 있어야 감사하게 생각하지요.'라고 대답할지도 모르겠다. 일반적으로 그렇게 대답하는 것이 당연하다. 그러나 한편 생각을 바꿔 일상생활 속에서도 감사한 일을 찾아보면 뜻밖에 많다는 사실을 알게 되어 자기도 모르게 깜짝 놀라게 될 것이다.

이렇게 매일 편안히 식사할 수 있는 것도 가만히 생각해보면 수많은 사람의 정성 어린 노력이 있었기 때문에 가능할 수 있다는 것을 알 수 있다. 봄에 농부들이 땀 흘려가며 논밭을 갈고 씨를 뿌려 김도 매고 거름도 주고 정성들이 가꾸어서 가을에 추수하고 시장에 내다 팔면, 또 유통 과정에서 수많은 사람의 손을 거친 후 마지막으로 어머님께서 정성껏 식사를 준비해줘야 비로소 맛있게 식사를 하게 되는 것이다. 어디 그것뿐일까? 입는 옷이며, 지하철, 버스, 휴대전화기 등 일상생활 속에서도 어느 것 하나 나 혼자 힘으로 할 수 있는 것은 단 한 가지도 없다는 사실을 알게 될 것이다.

어찌 보면 살아있다는 것 자체가 감사한 일이라고 생각할 수 있다. 왜냐하면, 부모님이 계시지 않으면 본인이 이 세상에 태어날 수가 없었다. 20대만 위로 조상을 거슬러 올라가면 무려 104만 8,576명의 조상이 있었고, 30대까지 올라가면 무려 10억 7,374만 1,843명이나 된다고 하니(된다, 된다, 나는 된다, 나시타 후미오, 하연수 옮김, 흐름 출판) 이 얼마나 놀라운 일인가? 생각해보면 이분 중에서 단 한 명이라도 계시지 않았더라면 나라는 사람은 이 세상에 존재할 수가 없으니까요. 나라는 존재는 이 얼마나 소중하고 귀한 사람이라고 감사하지 않을 수가 있겠습니까?

미국의 캘리포니아 주립대 로버트 에몬스(Robert A. Emmons)교수는 평생을 감사하는 마음을 주제로 연구하여 자신의 저서 〈Thanks, 로버트 A. 이먼스, 이창희 옮김, 위즈덤 하우스〉에서 감사야말로 행복의 첫 번째 요소라고 말하였다.

"12세에서 80세의 사람을 두 그룹으로 나누고 매일 5가지 감사하는 일을 글로 적게 하는 그룹이 그렇지 않은 그룹에 비해 25% 더 행복하고, 25% 더 이타적이며, 9년 더 장수한다고 밝혀냈다." 왜냐하면, 30명을 한 달간의 실험에서 15분 동안 감사하는 마음에 초점을 맞추면 '면역 글로빈 A'의 수준이 현저히 상승하고, 스트레스 호르몬인 코르티솔이 23%나 감소하고, 육체적 정신적 안정과 관련되는 활력 호르몬인 DHEA가 100%가량 증가함을 밝혀내었다. 또한, 어떤 위기에도 심리적으로 보호를 받을 수 있는 보호 장벽으로 회복 탄력성이 증가하는 효과도 있으며, 또한 카네기 맬론대학교 셀던 코헨교수는 20년 연구 결과 긍정적 감정은 뇌에서 모르핀과 유사한 물질을 분비토록 촉진하여 '진통 효과'도 있음을 밝혀내어 모두 의학적으로 입증되었다.[40]

따라서 감사한 마음을 갖는 순간 우리 몸속에는 '도파민과 세로토닌'과 같은 마음을 평온하고 기쁘게 해주는 일종의 '행복 호르몬'을 분비하게 되는 것을 알 수 있다.

여기서 유의할 것은 행복하므로 감사하는 마음을 갖는 것이 아니라 '감사하기 때문에 행복하다'는 것이다. 따라서 범사에 대해서 조건 없이 먼저 감사한 마음을 가지는 자세가 무엇보다 중요한 덕목이다. 그리고 감사하는 마음을 가질수록 '심장박동률'에 탄력이 붙고, 인지적, 정서적, 사회적 회복 탄력성을 키워주기 때문에 인성교육의 핵심은 바로 '감사'라고 미국의 하트매스 연구소(Institute of Heart Math)는 밝히고 있다.[13]

감사는 단지 고맙다는 '생각'만이 아니라 마음 깊이 심장으로 '느끼는 것'을 의미한다. 감사하는 마음을 느끼면 심신의 에너지가 증가하고, 회복 탄력성이 높아지고, 인지적 유연성, 기억력, 면역력, 업무수행능력, 문제해결능력, 통찰력, 창의력, 행복 등이 증가한다. 1988년 하버드대학에서 실험결과 남을 돕는 활동을 통해서도 인체에는 면역기능향상 호르몬인 엔도르핀의 분출로 행복 도취감을 느끼는 '헬프스 하이(Helper's High)'와 같은 신체적 정신적 사회적 경험을 하는 일종의 '테레사 수녀효과'를 느낀다고 하였다.

감사에도 차원이 있다. 1차원 감사는 'if 감사'라고 한다. 조건감사라고 한다. 만일 내가 부자이면, 성공하면, 목표를 달성하면 등과 같이 어떤 조건이 충족되면 느끼는 감사다. 2차원 감사는 because 감사로 '결과 감사'다. 부자이기 때문에, 성공하였기 때문에, 목표를 달성하였기 때문에 결과적으로 느끼는 감사다. 그러나 가장 고차원의 3차원 감사는 in spite of, 그럼에도 불구하고 감사다. 헬렌 켈러는 3중 중증 장애인이지만 이 세상에서 가장 행복하다고 스스로 생각하였다.[31]

평생을 장애인을 위해 봉사하며 희망의 메시지를 전하고 여성 인권운동가로 봉사하는 삶을 살았다. 고난과 역경 속에서도 삶의 의미를 찾는 숭고한 지고의 감사다. 그녀는 "눈이 있으나 비전이 없는 사람보다 앞을 못 보는 장애인이지만 가슴에 타오르는 비전이 있는 사람이 훨씬 더 행복하다."라고 말하였다. 살아있는 것 자체에 감사하는 마음, 범사에 감사하라는 하느님의 복음과도 같은 숭고한 감사를 말한다. 우리는 어떤 조건이 충족되면 느끼는 저차원의 감사보다 무조건적인 고차원의 감사를 느끼는 것이 훨씬 가치 있는 삶이 될 것이다.

결론적으로 말해서 감사하는 마음은 매사를 긍정의 눈으로 보게 되어 내 마음이 긍정으로 바뀌는 것이다. 남을 원망하거나 책망하지 않고 문제 해결을 언제나 자신에게서 찾게 되는 것이다. 상대를 존중하고 배려하며, 인정하여 서로 소통하며 공감하는 것이다. 감사하는 마음은 파동효과로 주위에 더 큰 감사를 불러오게 하는 에너지가 있다. 따라서 감사는 삶에 대해 고마움으로 살아있다는 것 자체에 감사하여야 하겠다. 감사는 결국 스스로의 자신감과 자존심을 회복하는 내 마음의 '자가 치유'이다

남과 비교하지 말고 있는 그대로의 자신에게 감사해 보자. 자신이 얼마나 소중하고 가치 있는 존재임을 깨닫게 될 것이다. 키케로는 감사는 가장 큰 미덕이자, 모든 미덕의 어머니라 하였다. 탈무드에도 감사는 행복의 문이며, 가장 행복한 사람은 감사할 줄 아는 사람이라 하였다. 지금 당신은 어떤 생각을 하고 있습니까? 항상 긍정의 눈으로 세상을 보는 습관과 긍정의 말만 하고, 행동하며 남을 배려하고 공존 공생하며 상생하는 등 승자의 삶을 살면 당신은 언제나 행복하고 보람찰 것이다. 선택은 당신의 몫이다.

사고방식

1) 현대 정신

어떤 시대에서나 어느 기업이나 공통으로 창업하는데 으뜸가는 기업가 정신은 적극적이고 진취적인 '긍정마인드'임을 누구도 부인 하지는 못할 것이다. 그중에서도 강원도 통천 두메산골 가난이 싫어 소를 몰고 가출하여 갖은 고난과 시련을 극복하고 마침내 오늘날의 현대 신화를 이룩한 고 정주영 회장의 역동적인 삶은 우리 모두의 가슴에 지금도 생생히 살아 숨 쉬고 있다.

그의 '돼지몰이 이론'과 '빈대론' '유조선 공법' 등은 오늘날 대학 강의실이나 연구단체에서 기업가 정신과 리더십연구 사례로도 자주 등장하는 덕목이다. 돼지몰이 이론은 '역발상'으로 돼지를 우리에서 밖으로 내몰 때는 앞에서 귀를 잡아당기는 것이 아니라 뒤에서 꼬리를 역으로 잡아당겨야 한다는 이론이다. 농촌 돼지 사육현장에서 순전히 경험에서 체득한 이론이다. 그리고 '빈대론'도 현장에서 '적당주의'를 배척하기 위해 평소 강조한 것으로 어떤 어려운 난관에 봉착했을 때 이를 해결하려는 방법을 찾지 않으니까 길이 없는 것이지, 궁즉통(窮卽通)이다. 두드리면 열릴 것이고, 궁리하면 반드시 해결책이 있음을 강조한 것이다.

그가 젊었을 때 인천 부두에서 막노동할 때의 이야기이다. 잠자리에 하도 빈대가 극성이라서 잠을 잘 수가 없었다. 그래서 꾀를 내어 빈대가 몸에 붙지 못하도록 그릇에 물을 담아 밥상 네 다리에 받히고 잠을 잤다. 그러나 빈대들도 꾀를 내어 천장으로 기어 올라가 몸 위로 고공낙하하여 또 물기 시작하였다. 거기서 빈대 같은 미물도 어떤 장애를 만나면 지혜를 짜내어 필사적으로 도전하는데 하물며 만물의 영장이라는 인간이야 말할 것도 없다는 교훈을 얻었다는 이야기이다.

'유조선 공법'은 아산만 방조제 마지막 물막이 공사가 급류로 난항을 거듭할 때 누구도 생각하지 못했던 그의 아이디어가 빛을 보게 된 것이었다. 폐유조선을 끌어와 급한 물길을 막게 한 후 공사를 무사히 마칠 수 있게 된 것이었다.

"이봐 해보기나 했어! 빈대만큼이라도 못한 것들…. 이 한마디가 바로 '현대정신'을 대표하는 트레이드마크가 되었다고 할 수 있다. 창의력을 바탕으로 한 긍정적이고 도전적인 현장중심의 불도저 같은 '실행력'을 의미한다고 할 수 있을 것이다. 그에게는 도전과 시련이 없는 순탄한 길은 오히려 견디기 어려운 권태감일 뿐이었다. 긍정과 부정, 평안과 고통과 같이 어쩌면 모순에 가까운 동전의 양면성을 가지고 있다. 구두쇠 같은 절약정신과 통 큰 기질, 섬세하면서도 모험가 정신 등이 조화롭게 겸비된 기질은 그의 독특한 창의력과 불굴의 도전정신으로 무장되고, 패기와 끈기, 직관력과 통찰력, 실행력으로 기적같이 한국의 경제 발전에 커다란 발자취를 남겨 놓았다.

이러한 기질이 하나의 커다란 불변의 기업 문화로 자리 잡고 있으며, 현대맨 이라면 누구나 자신도 모르게 그 영향력을 받아 그렇게 동화되고 변화되어 가고 있음을 느낄 것이다. 필자도 만 30년이나 현대자동차사에 근무했으니 자신도 모르게 그른 기질이 몸에 배게 된 것은 당연한 일이라 할 수 있다. 주어진 월간 판매목표를 달성하기 위해서 리더십을 발휘하여 전 직원의 지혜를 짜내고 끊임없는 동기 부여를 통하여 직원들을 뛰게 하고, 모든 직원을 운명공동체 정신으로 한 방향으로 집결하여 팀워크를 강화하는 것들이 바로 그런 기질의 결과라고 생각되었다.

2) 중년의 추억여행

리더의 첫째가는 덕목은 '솔선수범'이라고 생각한다. 때로는 가정도 포기하고 출퇴근 시간부터 지점에서 가장 먼저 출근하고 퇴근도 가장 늦게 하여 직장생활에 있어 가장 기본적인 것부터 모범적으로 몸소 실천했던 것이었다. 물론 윗사람으로써 출근이 늦거나 부하 직원들보다 먼저 퇴근한다고 누구 하나 간섭하는 사람은 없지만, 스스로 자신의 행동이나 근무태도에서부터 모범을 보이는 것이 리더십을 발휘하여 직원들을 통솔하기에 편리하다는 지극히 전략적인 부분도 있음을 솔직히 인정도 하게 된다.

마산 지점장으로 근무하던 1994년 12월 크리스마스가 가까운 혹한의 어느 겨울 아침이었다. 그날에도 여느 날과 마찬가지로 새벽에 일어나 간단히 인근 헬스장에서 운동을 마치고 단골 식당에서 좋아하는 된장찌개로 아침 식사를 한 후 정확하게 7시 30분경에 자동차로 출근을 하는데 사옥주차장 카 리프트에서 연기가 새어나오고 있었음 목격하게 되었다. 너무 당황하여 자동차를 세우고 지하 주차장으로 내려가 보니 옆에 연결되는 보일러실에서 가벼운 불길과 함께 연기가 치솟고 있었다. 자세히 살펴보니 날씨가 추워 청소하는 아주머니가 보일러와 벽면 사이에 스치로폼로 간단히 쉼터를 만들어 놓았는데, 벽면에 스치로폼로 만든 쉼터와 보일러가 불과 1m도 안 되게 너무 가까워서 보일러 온도 과열로 막 불이 붙는 중이었음을 알 수 있었다.

더구나 이른 출근 시각에 아무도 없이 혼자였으니까 도무지 무엇부터 해야 할지 몰라 너무나 당황 되었다. 순간적으로 119에 신고부터 해야 한다고 거의 본능에 따라 움직이기 시작하여 신고부터 하였다. 그리고 소방차가 도착하려면 시간이 걸릴 테니 우선 급한 불길이라도 잡아

볼 생각으로 소화기를 찾아보니 다행히 한 쪽 코너에 소화기가 있었다. 급히 가져와서 난생 처음으로 소화기를 작동해 보았다. 안전핀을 빼고 보일러를 향해 힘껏 손잡이를 잡아당겨 보니 회색의 분말이 순간적으로 뿜어져 나와 급한 불길을 일단 잡을 수는 있었다. 조금 후 소방차 두 대가 앵~앵~그리며 사옥 옆 주차장에 바짝 붙여 호스를 풀어 연기가 새어나오는 지하보일러실로 가져왔으나 이미 큰 불길은 필자가 소화기로 잡은 후였으므로 다행히 소방차 물은 작동하지 않아도 되었다. 일단 한숨은 돌렸으나 걱정이 태산 같았다. 때마침 직원들이 하나둘 출근을 하고 이 사실을 안 후 출근 시간에 우리 지점에 초비상사태가 벌어지고 말았던 것이다.

나중에 소방서에 출두하여 시말서와 함께 출동비를 납부하기로 하고 출동한 소방차를 돌려보냈다. 청소 아주머니를 관리하는 건물 관리 기사와 업무과장에게 사유서를 쓰게 하고 자체수습을 하고 본사에는 보고하지 않아도 되었다. 만일 그날 화재로 마산사옥이 훼손되었더라면 당시 지점장으로서 필자는 아마 그 책임을 물어 불명예 퇴직을 당하였을는지도 모를 것이다. 당시 나이 43세 부장 3년차로 직장을 잃을 뻔한 아찔한 순간이었다. 꿈 많고 패기 넘치는 장래가 촉망되는 중견 간부 사원으로써 그 꿈을 미처 펼쳐 보이지도 못하고 억울하게 중도 퇴진한다고 생각만 해도 있을 수 없는 일이었다.

사옥은 마산역 광장 대로변에 위치하며 현대식 5층 건물로 1~2층에 대형 자동차 전시장을 겸비한 마산에는 현대자동차사의 상징적인 건물이었기 때문이다.

생각해보면 이러한 절체절명의 위기에 직면하여 당황하지 않고 침착하게 그것도 혼자서 당당히 불길을 잡을 수 있는 것은 평소에 철저한 근무

태도와 책임감이 있었기 때문에 가능하리라 생각되었다. 우선 언제나 모범적으로 7시 30분경에 어느 누구보다도 가장 먼저 출근하는 습관이 있었기 때문에 그 화재순간에 현장에 있었고 또한 불길도 잡을 수가 있었다고 생각한다. 열심히 살아가는 자에게 베푸는 일종의 보이지 않는 조물주의 보상이나 보살핌이라고나 할까?

　이를 계기로 모든 직원에게 올바른 근무기강과 근무태도에 대해서 다시 한 번 다지는 기회로 삼을 수가 있었다. 언제나 모든 것에 대하여 감사한 마음으로 최선을 다하며 살아가야 하겠다고 스스로 다시 한 번 다짐하는 계기가 될 수 있었다. 평생 잊을 수 없는 아름다운 추억으로 간직하며…

2

자기절제와 통제

유혹하는 욕망의 바다

현대는 수많은 유혹이 곳곳에 숨어 있는 사이렌의 바다와도 같다.

그리스 로마 신화에 이탈리아 시칠리아 근처 연안에 상반신은 여자이고 하반신은 새의 모습인 바다의 요정 사이렌에 대한 이야기가 전해져 내려오고 있다. 그 요정의 아름답고 감미로운 노랫소리로 이곳을 지나는 선원들은 그 음악에 홀려 배가 바위에 충돌하는지도 모르고 항해하다가 좌초하여 모두 목숨을 잃기가 일쑤였다.

트로이 전쟁에서 승리한 난세의 영웅 오디세우스는 본국으로 돌아가는 귀로에 그 소리를 듣지 못하도록 선원들의 귀를 밀랍으로 막았다. 그러나 정작 본인은 그 소리가 너무나 궁금하여 만일의 사태를 대비해 자신의 몸을 돛에 묶게 하고 어떤 일이 있어도 풀지 못하게 하고 사이렌의 감미로운 노래를 들으며 무사히 빠져나갈 수가 있었다.

자기의 유혹에도 넘어가지 않아 실망한 사이렌은 그만 바다에 몸을 던져 죽어버렸다는 그리스 신화에 나오는 사이렌의 이야기이다. 이러한 유혹들은 현대 물질문명의 발달로 새로운 모습으로 그 위력을 경쟁이라도 하듯이 무섭게 다가오고 있다. 특히 감수성이 예민하고 자기 마음을 절제할 줄 모르는 청소년들에게는 돌이킬 수 없는 커다란 위험으로 다가오고 있다. 특히 현재 정보화 사회의 총아인 스마트폰 사용량이 국민 평균으로 2012년 만해도 하루에 1시간 반 정도에 불과했으나 2014년에 들어서는 그의 3시간 반 정도로 두 배 이상 늘어나는 추세로 그의 중독수준까지 이르게 되었다고 볼 수가 있다.

지하철을 타 보면 이젠 나이와 관계없이 핸드폰만 쳐다보는 신 풍속도를 어김없이 볼 수가 있다. 초등학생들도 거의 핸드폰을 사용하니 머지 않아 가히 '전 국민의 스마트폰 시대'가 오리라 쉽게 예측해 볼 수가 있을 것이다. 물론 빠른 소통이나 정보검색 등 편리한 부분은 너무 많은 점은 부인할 수는 없으나 문제는 지나친 사용으로 중독 사태까지 이르도록 자기 절제가 안 되는 데에 있다.

인간은 태생적이고 본능에 따라 쾌락을 탐하며 편안하고 안락한 것을 좋아한다. 기본적으로 인간의 뇌는 하위 욕구가 충족되고 나면 그 수준으로는 더 이상 만족을 느낄 수가 없다. 그리고 미국의 심리학자인 아브라함 매슬로(Abrahm Masslow)는 욕구충족에는 5단계의 서열이 있으며 하위 욕구가 충족되고 난 후에라야 비로소 차 상위 단계의 욕구가 충족된다는 '욕구충족 5단계론'을 주장하였다. 먼저 의식주와 같이 생명과 생존에 직접 관련이 있는 '생리적 욕구'가 충족되고 나면, 그다음에 차 상위 욕구인 짐승이나 외부침입으로부터 자신을 보호하고 지키려는 '안전의 욕구'가 생겨나고, 그 후 차 상위 욕구인 어떤 단체나 공동체의 일원으로 소속되고 싶은 '사회적 욕구'가 발현되고, 그 다음에 차 상위 욕구인 남과 다르게 인정받고 존경받고 싶은 '존경의 욕구'가 나타나고, 그런 이후에 마지막으로 새가 알을 깨고, 뱀이 허물을 벗고 나오듯이 자신도 할 수 있다는 자기 효능 감인 '자아실현의 욕구'가 생겨난다는 욕구충족 5단계론이다.

부처님 설화로 전해 내려오는 이야기에 "인간의 탐욕은 마치 언제 끊어질지도 모르는 생명줄을 붙잡고 있으며, 그 줄 위에 매달려있는 벌집에서 떨어지는 달콤한 꿀을 먹기 위해 벌집에서 꿀이 더 떨어지도록 붙잡고 있는 생명줄을 마구 흔드는 형국이다."라고 비유하고 있다.

욕망의 바다 탈출을 위한 자기절제

이처럼 인간은 쾌락을 추구하는 본능이 있기 때문에 이 욕구를 억제하기가 매우 어렵다. 지나치게 쾌락을 탐하면 쾌락의 바다에 빠져 헤어나올 수가 없어 결국 익사하여 자기 파멸의 비극적인 결과가 있을 뿐이기 때문에 경계하는 것이다. 목표의식이 뚜렷한 사람도 때로는 그 욕망의 바다에 빠지곤 하는데 그만큼 꿈은 멀고 쾌락은 가까우며, 쉽게 빠질 수 있도록 유혹이 강하기 때문이다. 쾌락 호르몬은 흔히 행복 호르몬이라고도 하듯이 어느 정도 행복감을 느끼기 위해서는 반드시 필요하다. 문제는 억제가 잘 안 된다는 것이다. 따라서 심신의 건강을 유지하려면 절제를 통하여 적절한 균형과 조화가 필요하다.

따라서 성공하려면 반드시 그 욕망의 바다에서 탈출하여야 하며 이를 위해서 엄청난 절제의 에너지가 필요하게 된다. 다시 말해 자기 통제와 절제력을 발휘하여 힘들더라도 자신의 내면을 이겨내야만 한다. 탈무드에도 "이 세상에서 가장 강한 사람은 바로 자신을 이기는 극기할 줄 아는 사람이라"고 하였다. 그만큼 절제와 자기 통제가 어렵다는 뜻이다.

1) 자기 절제력은 성공의 열쇠다

미국 스탠퍼드대학 월트 미첼(Walter Michel) 박사는 5살짜리 어린이들에게 과자를 나누어 주며 15분간만 먹지 않고 참아주면 하나 더 주기로 약속을 하고 이 결과를 15년 동안 추적 조사한 결과 인생의 성패를 결정하는 결정적인 요인 중에 하나는 '즉각적인 만족을 지연시킬 수 있는 절제력'(만족 지연능력)임을 입증하였다. 지금 당장 달콤하고 편안하겠지만 이를 참고 보다 나은 내일을 위해 그 에너지를 비축하고 인내함으로 후일에 성공할 수 있다고 하였다. 다시 말해 즉각적인 만족에 함몰되면 더 이상 성공적인 미래는 없다는 이야기이다. 자기절제력은 그 대가가 확실히 있을 것이라는 예상 신뢰나 가정환경, 유전적 요소, 교육 등 다양한 요인에 따라 영향을 받게 된다.

따라서 만족 지연능력은 무작정 참고 견디는 것이 아니라 자기가 설정한 목표를 달성하기 위한 과정 자체를 즐기는 능력이다. 사람은 자기가 추구하는 목표가 달성되었을 때 뇌의 보상 회로에서 신경전달 물질의 일종인 '도파민'이라는 '쾌감 호르몬'이 나와 쾌감과 희열을 느낀다. 따라서 인생은 즉각적인 만족을 한 후 미래의 고통을 감수할 것인지 아니면 미래의 더 큰 보상을 위해 지금 현재의 안락과 쾌락을 유보하고 참고 기다릴 것인지에 대한 일종의 선택에 의한 거래관계라고 볼 수 있다.

목표를 달성하려면 반드시 그에 상응하는 포기와 희생이 필요하게 된다. 어느 쪽(Which)을 선택하겠다는 의지가 필요하게 되는 것이다. 현재의 달콤한 유혹을 뿌리치고 미래의 희망과 동기부여로 성공의 원동력을 선택해 나가자. 그래서 인생에는 '절제 없이는 성공도 없다.'라는 공식이 성립하는 확실한 게임의 장인 것이다.

당신은 어느 쪽을 선택하실 것입니까? 지금의 선택에 당신의 미래가 달려있을 것이다. 자기절제와 통제는 마치 자동차로 운전할 때 자기가 원하는 방향으로 나아갈 수 있는 핸들과 위험한 상황에 대처하기 위하여 속도를 조절할 수 있는 브레이크와 같다고 할 수 있다.

자신에 대한 통제력이 인생에 있어서 성공으로 가는 지름길이라고 〈마시멜로 이야기〉에서 저자 '호아킴 데 포사다'도 말하였다.

뇌 과학자 샌드라 아모트(Sandra Aamodt)와 샘 왕(Sam Wang)은 공저 〈아이 두뇌 백과〉에서 아이의 '자기 조절 역량'은 학교 성적과 인생에 있어 성공을 결정하는데 IQ보다 두 배 이상 영향력이 크고 3~5세에서 그의 결정이 되므로 부모의 세심한 배려가 필요하다고 하였다.[12] 또한, 찰스 두히그(Charles Duhigg)도 "자제력은 개인의 성공을 결정짓는 가장 중요한 핵심습관"이라고 하였다.

따라서 자기조절 능력은 다른 어떤 능력보다 더 중요한 성공의 핵심 능력이며, 자기조절 능력이 클수록 공감력과 사회성, 도덕성이 좋으며, 반면에 분노나 두려움, 증오 등의 부정적 감정이 드물게 일어나므로 균형감각이 뛰어나게 된다. 이러한 자기조절능력을 관장하는 뇌는 전두엽이다. 시시각각으로 끓어오르는 뇌의 변연계에서 활성화된 감정을 전두엽에서 이성적으로 조정하고 통제하게 되는 것이다. 전두엽은 남자는 30세, 여자는 24세로 평균 27세 정도에 성장이 완성된다. 그 이전의 청소년들은 아직 전두엽이 미완성 상태로 감정조절이 잘 안 되고 충동적이며 감정 기복이 심한 특징을 보이게 되는 것이다.

자기 조절력의 가장 큰 적은 스트레스이며, 스트레스를 받으면 긴장, 두려움, 공포, 짜증, 분노 좌절 등의 부정적인 감정은 변연계의 편도체를 활성화해 활성 산소와 노르아드레날린이라는 독성물질이 분출되어 신경세포를 파괴하고 혈압상승, 노화촉진 등 몸에 좋지 않은 영향을 미치게 된다. 스트레스는 업무와 인간관계에서 올 수 있으며 특히 외로움이나 갈등과 같은 인간관계로부터 오는 스트레스는 코르디솔과 같은 스트레스 호르몬을 50% 증가시키고, 고혈압 발병률이 37%나 높고, 심장마비를 일으킬 확률이 41%나 더 높다는 연구발표도 있었다.[3] 따라서 인간관계를 원만히 가짐으로써 스트레스를 적게 받아 전두엽을 건강하게 할 수 있으며 면역력도 증강시켜 결국 건강한 삶을 영위하게 되는 것이다.

따라서 이러한 스트레스를 최소화 할 수 있는 차원에서 진정한 자기통제란 자기를 조절하는 것보다 주어진 상황을 있는 그대로 겸허히 받아들이는 수용적인 순응자세가 더 중요하다.

오늘날 청소년들이 지나치게 입시에 몰두하여 공부만 하고 또래들과 놀지 못하기 때문에 받는 스트레스로 우울증, 불안장애 등으로 자기 조절력과 정신 근력이 떨어지고 왕따나 학교폭력 자살 등의 원인이 되고 있다. 또래들에게 폭력을 행사하고 왕따를 시키는 심리상태가 바로 자신에게 쌓인 스트레스를 이러한 형태로 대부분 전이(displacement)시키는 결과로 볼 수 있다.

2) 충동조절장애

모든 물질에는 관성이 있으며 관성 운동을 하는 물체를 멈추게 하는 데에는 반드시 일정한 에너지가 필요하다. 사람도 마찬가지다. 원래 상태를 변화시키려면 외부로부터 일정한 힘이 가해져야 한다. 특히 '충동'은 매우 강력한 관성을 가지고 있다. 감정의 충동상태나 감정의 홍수(flow)에 빠진 사람을 안정시키기가 절대 쉽지 않다. 이를 심리학에서는 '충동조절 장애' 또는 '충동조절장애 증후군'이라고 말한다. 분노를 표출하거나 충동을 발산함으로 심리적 만족을 얻고 순간적인 쾌감을 얻으려는 일종의 정신 조절 장애 질환이라 할 수 있으며, 본인은 물론 주위의 사람에게 심각한 위해를 가할 수 있다.

✳ 이러한 충동의 원인은

① 지나친 자기중심적인 사고로 자기와 다르거나 차이를 인정하지 못하고 적대시하거나 수용하지 못하며,
② 다른 사람이 자신의 약점에 대하여 이야기하는 것을 용납하지 못하는 강박증과,
③ 극단적인 이기주의이며, 자신만이 옳다는 환상에 젖어있기 때문이다.

✳ 충돌탈출방법

위험한 순간을 피하자

① 자극적인 언사나 역린 (핵심 약점, 콤플렉스)을 건드리지 않는다.
② 문제의 상황을 신속히 벗어나자. 대화에서 충돌하기 직전에 화제를 바꾸거나 상황을 잠시 벗어난다.
③ 일정한 휴식시간을 가지고 마음의 여유로 긴장감을 덜고, 피로와 부정적인 감정을 차단하여 감정의 전환을 적절히 함으로써 다른 일이나 분위기까지 감정이입을 차단한다.
④ 심호흡으로 부교감신경을 활성화하고, 편안한 명상의 알파파 분출로 긴장감을 이완시킴으로써 만성피로감에서 벗어나자.

⑤ 쌓인 스트레스를 삭히지 말고 친구나 전문가에게 솔직히 털어놓아 심리적 해방감을 모색하자. 침묵은 미덕이 아니다. 때로는 수다를 떨어서 묵은 감정을 날려버리자.

⑥ 현실에 있는 그대로 용감하게 당당히 받아들이고 직시하며, 도망가거나 회피하려고 하지 말자. 비록 현실에 문제가 있더라도 미래를 바꿀 기회는 여전히 남아있다.

⑦ 외부와 소통하여 감정의 돌파구를 마련하자. 새로운 친구나 멘토와 소통함으로써 감정적인 위안을 얻고 실의에서 벗어날 수 있는 용기와 격려를 받을 수 있다. 심리적 든든한 버팀목과 자신의 심리적 보호 장벽을 얻을 수 있다.

3) 회복 탄력성

회복탄력성은 자기절제의 덕목이다. 자기 조절 능력은 회복 탄력성을 높인다는 사실을 당신도 깨달았을 것이다. 회복 탄력성은 자신에게 닥치는 온갖 역경과 고난을 긍정적으로 수용하고 오히려 도약의 기회로 삼는 적극적인 마음의 자세를 말한다. 회복 탄력성(resilience)의 개념을 처음으로 확립한 미국의 애미 워너(Emmy Werner) 교수팀 연구에 따르면, 어려운 환경에도 불구하고 꿋꿋하게 성장한 아이들은 그 밑바닥에는 자기의 입장을 무조건 이해해주고 받아주는 어른이 적어도 한 명 이상이 있었다는 것이다.

그 연구팀은 1955년 하와이 군도에서 태어난 833명의 신생아 중 201명을 추려 무려 40년을 추적 조사해본 결과 그들 중 1/3은 처음 예상과는 달리 성적이 뛰어나고 리더십도 훌륭한 청년으로 성장하는 것을 확인하였다. 그들의 공통점은 조건 없는 사랑을 베푸는 누군가가 최소 1명

이상 있었다는 것이다. 긍정 뇌로 변화시키는 것은 '자기 조절력'인 감정 조절력과 충동통제력, 원인 분석력과, '대인 관계 능력'인 소통능력, 공감능력 자아확장 능력을 확장함으로써 회복 탄력성을 키우는 것이며, 첫째로 감정조절력은 스스로 부정적인 감정을 통제하고 긍정마인드로 도전의식을 불러일으키며, 둘째로 충동통제력은 기분에 휩쓸리는 충동적 반응을 억제하고, 마지막으로 자신이 처한 현재 상황을 객관적이고 정확하게 파악해서 대처방안을 찾아내는 원인분석이라고 김주환 씨는 〈회복 탄력성, 김주환, 위즈덤하우스〉에서 밝히고 있다.

대인관계능력은 사회성을 말하며, 하버드대학 하워드 가드너(Howard Gardner) 박사가 1983년 〈마음의 틀 Frame of Mind〉에서 밝힌 다중이론에서 8개의 지능 중 '대인 지능'으로 다른 사람의 마음 상태나 의도를 파악하고 대인관계를 맺고 유지하는 능력을 말하며, 상대의 호감을 이끌어 내는 커뮤니케이션 능력과 뇌의 거울 신경계로부터 상대의 감정까지 공감하여 상대의 처지에서 생각하는 공감능력과 그리고 깊고 넓은 인간관계를 형성시켜주는 자아 확장력을 말한다. 그리고 회복 탄력성은 일반적으로 스트레스나 도전적 상황에서 역경을 딛고 일어서는 것을 말하나 미국 하트매스 연구소의 롤린 맥크레이티(Rollin McCraty)박사는 복원력뿐 아니라 최첨단 과학과 연구에 기반을 둔 더 넓은 뜻으로 대처능력, 유연성, 적응력, 에너지 비축력과 수용력으로 정의하고 있다.

따라서 미국 심리학회의 회복 탄력성 특성으로 첫째, 현실적인 계획성을 세워 한 걸음씩 수행해 나가는 힘 (목적성과 인내심) 둘째, 자신의 감정과 능력에 대한 긍정적이고 낙관적인 태도와 확신 (경험) 셋째, 의사소통과 문제 해결의 기술(관계의 기술) 넷째, 감정에 대한 이해와 조절 능력 (평정심)을 내세우고 있다. 그리고 회복 탄력성은 훈련으로 키울 수가 있다는 것이다.

최성애 박사는 〈나와 우리 아이를 살리는 회복 탄력성, 최성애, 해냄〉에서 심리학자 조앤 보리센코(Joan Borysenko)는 그 방법으로 10가지를 제시하고 있다고 했다.

① 과거를 바꾸려고 애쓰지 마라.

② 회복 탄력적 사고를 하라(회복탄력의 3가지 비밀)

- 현실을 직시하고 수용하라.
- 현재 상황에서 긍정적인 의미를 발견하라.
- 가능한 한 수단을 생각해 해결책을 찾아라.

③ 다음과 같은 피해의식은 즉시 버려라.(용서의 힘)

- 사건을 개인적인 문제로 받아들이는 것.
- 문제를 확대 일반화 하는 것.
- 문제가 영구적이라고 믿는 것.

④ 규칙적으로 운동하라.

⑤ 앉아만 있지 말고 무언가 하라.

⑥ 무작정 하지만 말고 앉아서 명상하라.

⑦ 인생에 적극적으로 뛰어들어라.

⑧ 흐름을 전환하라.

⑨ 하루를 마무리할 때 고마워해야 할 일을 생각해보라.

⑩ 친구와 소통하라.[13]

필자의 자기 절제

　나는 체질적으로 술이 약하다. 약간의 고혈압에다 성질이 다소 급해서 술잔을 받으면 그냥 한두 번에 다 마셔 버리기 때문에 직원들과 회식 자리에서 가장 빨리 술이 체하고 얼굴도 혼자 다 마신 것처럼 새빨갛게 되곤 했다.

　술은 태생적으로 간에서 알코올을 분해하는 효소가 부족하여 많이 마시지는 못한다고 생각해 영업부서에 근무하면 어쩔 수 없이 직원들과 고충처리도 하고 사기 진작 차 술자리를 자주 가질 수밖에 없으므로 순전히 정신력으로 버텼다고 볼 수 있었다.

　솔직히 나는 가장 즐거워야 할 술자리가 괴로운 고통의 자리가 될 때도 잦았다. 특히 고객 관리상 업체 대표나 지역 본부장이나 상사님들과 어쩔 수 없이 마련된 자리에서는 특히 그러하였다. 술잔은 서로 주거니 받거니 하는 가운데 서로 가까워질 수 있으며 정도 통하고 평소 업무적으로 잘 하지 못하던 이야기도 술김에 하게 되는 경우도 많기 때문이다. 그러다 보면 상대편과 어느 정도는 대등하게 마셔주어야 서로 신뢰하고 마음이 통하는 법이다.

　또한, 영업부서라는 것이 현장에서 발로 뛰는 직업이고 까다롭고 다양한 부류의 고객들을 상대하다 보면 본의 아니게 스트레스를 받을 때가 많다. 그래서 다른 직종에 비해 비교적 술자리를 자주 가지는 편이고, 또 마시다 보면 과음하는 경우도 많은 편이었다. 그날 분위기에 따라서는 2~3차례 자리를 옮겨가며 자정을 넘기기도 하고 가끔은 다음날 정상업무에 지장이 있을 정도로 과음할 때가 가장 괴로웠다. 제아무리 늦게까지 술을 마시고 어떠한 경우라도 아침 출근만큼은 계절과 관계없이 언제나 7시 30분 이전에는 출근하는 것을 원칙으로 하고 또 철칙으로 지키려 노력하였다. 오후가 되면 위장이 쓰리고 아플 때도 있었고 견딜 수가 없으면 가끔 사우나에 가서 한 시간 정도 땀을 내고 나면 회복이 될 때도 있었다. 사실 여름철에는 해가 일찍 떠니 7시 30분 이전 출근이 쉬웠으나 겨울에는 해가 늦게 뜨기 때문에 적어도 출근 한 시간 이전인 6시 반에 일어나기가 결코 쉬운 일은 아니었다.

그것도 늦게까지 술자리가 있었던 날이면 무척 괴로운 고역으로 느껴지는 것은 극히 당연한 일이었다. 나는 어릴 때도 몸이 병약하여 병치레를 자주 하여왔고 체격도 또래들에 비해 다소 약한 편이었다. 약간 마른 체질이라 몸무게도 키에 비해 정상보다 다소 떨어진 편이었다.

그래서 술과 담배를 동시에 하기 가 부담이 많이 되어 영업상 술은 끊을 수가 없어 그 전에 몇 차례 담배는 끊어본 경험이 있었다. 담배는 철 없던 중학교 시절에 시골 사랑방에서 호기심으로 신문지 말아서 몇 차례 흉내만 내어본 경험은 있었고, 보통의 학생들과 같이 고등학교 시절에 화장실에서 호기심으로 친구들 과같이 한 개비를 돌아가며 한두 차례 피워본 경험이 전부였다.

그러나 본격적으로 피운 것은 회사에 입사한 26세경부터라고 기억이 난다. 대학 시절에는 돈이 없어서라도 담배를 피울 형편이 못되었다고 생각한다. 젊을 때야 건강하니까 술 담배를 같이하는 것에 별 무리를 못 느꼈으나 직장생활 10년 차 정도가 되는 30대중반경부터는 배도 좀 나오고 몸무게도 다소 늘어 매일 다람쥐 쳇바퀴 돌 듯한 일상 직장생활로부터 받는 스트레스 등으로 건강에 자신이 없음을 느낄 수가 있었고 담배를 끊기로 하여 몇 년간 성공 하였다

1987년 부산에 있는 서면 지점장으로 근무할 때에 택시 증차가 나왔었다. 당시에 부산은 우리나라 제2의 도시라서 인구도 약 400여만 명에 가까워서 6개 지점으로 나누어 관리하고 있을 때였다.

일 년 중에 가장 중요한 판촉행사이었으며 시에서 집행하는 택시 증차를 자기가 맡은 지점에서 몇%의 시장점유율을 확보하느냐? 하는 것이 가장 큰 관심사항이었다. 그 결과로 지점장들은 별도의 평가를 받는 시스템이었기 때문에 지점의 명예를 걸고 경쟁사와 판촉전을 벌이게 되었다. 한마디로 표현하면 그야말로 경쟁사와 한바탕 전쟁을 치르는 대행사였다고 할 수 있었다. 보통 큰 지점인 경우는 100여 대 정도 할당이 되므로 25명 정도의 영업직원인 서면 지점으로서는 1인당 4대 정도씩 개인 할당이 되었다. 보통 시에서 증차 발표가 나기 6개월 전부터 사전 판촉 활동을 하며, 한두 달 전부터는 밀착관리를 해야 증차가 확정발표가 나면 본격적으로 판매활동을 효율적으로 할 수 있고 목표 점유율을 확보할 수가 있었다. 당시로써는 경쟁사인 D사, K사로 3파전이었다. H사가 제품의 성능이나 가격, 서비스 면에서 제일 유리한 위치에 있었으나 주로 고객은 서민들이기 때문에 성능이나 제품의 성능, 서비스도 중요하였지만, 판매조건 면에서 가격이나 지불조건 등이 더 중요한 차량선택의 판단 기준이 되었다.

사전에 특별 활동을 하지 않으면 결코 시장을 지키기가 쉽지가 않았으며 직원들은 일반 자가용을 판매하면서 덤으로 해야 하는 의무 사항이니까 모두 힘들어하고 본사에서 별도의 판촉비용 지원도 충분하지 못하여, 판매 수당의 상당 부분을 개인적으로 써가며 판촉을 해야 하는 처지였다. 오로지 연례행사로써 일종의 사명감으로 치르는 판촉행사였다. 개인택시 증차제도는 주로 일반 택시업체에 무사고로 일정기한 종사를 해야 보상 차원에서 시에서 개인택시 면허를 내어주는 정부의 교통 정책의 일환이었다. 그래서 대상자들은 아파트에 사는 분은 별로 없고 주로 빈촌의 일반 주택에 거주하는 사람이 대다수였다. 우선 집 찾기가 쉽지가 않았다. 당시에는 핸드폰도 없으니까 직접 찾아가서 만나야 상담을 할 수 있었다. 비번 날에 맞추어 주소를 들고 물어물어 겨우 찾아가도 집에 없는 경우도 많았다.

주로 대낮이라도 소주와 안주를 사들고 어렵게 만나게 되면 고객과 술잔을 기울이면서 이야기를 해야 쉽게 가까워질 수가 있었다. 그 자리에서 바로 계약하는 경우는 거의 없었고 경쟁사와 번갈아가며 만나기 때문에 고객이 오히려 양쪽에 서로 경쟁을 부추겨 역정보를 흘리거나 조건을 좋게 하려고 이용할 경우도 많았다.

이렇게 한 차례 증차를 겪고 나면 자기도 모르게 영업력이 크게 향상됨을 느낄 때도 많았다. 그래서 신입사원들이 입사하여 현장에 배치되면 증차 때 주로 영업현장(OJT)에 대한 훈련의 기회로 삼아왔다. 그런데 지점장은 가끔 직원들이 상담이 어려워 지원요청을 하면 동행방문을 하거나, 또는 직원들이 허위보고를 하지 못하도록 현장 감시차원에서 불시에 현장 방문을 할 때도 있었다.

팀장 중에 한 고참 사원이 맡은 증차고객에게 방문도 하지 않고 허위보고를 하고 결국 나중에 그 사실이 밝혀져 모두 경쟁사로 패전한 이후에 도저히 되치기해볼 수도 없는 상황이 벌어지고 말았다. 너무나 어처구니없는 배신감으로 그것도 모범을 보여야 할 팀장급 고참 사원으로부터 허위보고를 받아왔다는 자괴감으로 너무나 고통스러웠다. 나는 그동안 몇 년 동안 끊어왔던 담배를 자기도 모르게 다시 피우기 시작하였다. 완전히 이성을 잃는 순간이었다. 투명유리로 된 지점장실에서 책상을 치며 직원에게 호통을 치고 있었던 것이었다. 밖에서는 몇몇 직원들이 그 광경을 지켜보고 있을 뿐이었다.

그동안 애써 쌓아왔던 금연을 통한 자존감의 공든 탑이 일순간에 무너지고 말았던 것이었다. 자기통제가 얼마나 어려운지를 알 수 있는 사례다. 그 후 나는 담배를 하루에 한 갑 반 정도로 그전 보다 더 많이 피우게 되었다. 흔히들 끊었다가 다시 피우면 더 피우게 된다는 말이 바로 필자의 경우에도 예외 없이 적용되고 있었던 것이었다.

그러나 그로부터 담배를 피우는지 5년경 뒤인 1992년 12월 18일 제14대 대통령 선거 개표 일을 계기로 금연을 결심하게 되었다. 국민당을 창당하고 대통령에 출마한 정주영 회장은 겨우 16.3%인 188만 표만 획득하여 민자당 김영삼 후보에게 참패했던 것이었다. 그로부터 2015년 4월 현재까지 만 23년째 담배를 끊고 있다. 이제는 어떤 상황에서도 금연키로 결심하면서….

사람은 언제나 욕망의 바다가 손짓하는데 노출되어 있다.

술의 알코올과 담배의 니코틴은 마약과 같이 일단 중독이 되면 끊기가 매우 어렵다. 엄청난 반작용의 에너지가 필요하기 때문이다. 이 두 가지를 자기의 의지대로 조절할 수 있으면 그 밖의 어떤 경우라도 능히 통제할 수 있는 능력을 갖출 수 있다. 그래서 자신을 평가하는 기준이 되고 있다. 어떤 잘못된 습관을 바꾼다는 것은 일종의 뇌 혁명이라 할 수 있다.

뇌는 지극히 보수적이라서 익숙한 것을 선호하며 그렇게 굳어진 익숙함이 바로 '습관'이기 때문이다. 기존의 것은 기득권이 있어 좀처럼 바꾸기가 쉽지가 않게 되는 것이다. 절박한 필요성이 없으면 쉽게 바꿀 수가 없다. 뇌에도 일종의 관성의 법칙이 적용하기 때문이다. 움직이는 것은 계속 움직이려 하고 정지하는 것은 계속 정지하려는 성질이 있기 때문이다. 상태를 변화시키려면 외부로부터 충격이나 어떤 반작용의 힘이 작용해야만 한다. 사람은 유한한 존재이다. 수명도 유한하고 신체를 구성하는 세포도 유한하다. 그리고 수많은 요구를 다 들어주면 유한한 그 에너지를 나누어야만 한다. 그만큼 특정한 곳에 할애되는 분할이 적게 된다. 에너지 불변의 법칙은 에너지의 총합은 일정하다는 것이다.

어떤 일을 이루려면 저절로 되지 않고 반드시 다른 부분을 희생하여 거기에 합당한 에너지를 전환 배치하여야 한다. 하고 싶은 것을 다 하고 살 수는 없다. 마치 하루 24시간 동안 할 수 있는 일에는 한계가 있는 것과 같다. 그래서 선택과 집중이 필요하게 된다.

따라서 유한한 시간과 에너지를 사용하여 능률적으로 일을 처리하기 위해서는 일의 우선순위가 필요하다. 가장 먼저 급하고 중요한 일부터 처리하고 그다음으로 급하지는 않지만 중요한 일, 다음으로 중요하지 않지만 급한 일, 그리고 마지막으로 중요하지도 않고 급하지도 않은 일순으로 처리하는 것이다. 건강을 위해서는 먹고 싶은 것도 건강에 해로운 것은 삼가 해야 하고, 또한 배불리 먹고 싶지만, 소식해야 하며, 몸에 해로운 담배도 끊어야 하고, 편히 쉬고 싶지만, 몸을 부지런히 움직이고 운동을 열심히 해서 땀을 내야하고, 늦잠 자고 싶지만, 일찍 일어나야만 하는 등 어느 정도의 고통이 따를 수밖에 없지만 감수해야만 한다.

3

....

감정 다스리기

감정이란 무엇인가?

감정(感情)이란 어떤 현상이나 일에 대하여 생각으로 일어나는 마음이나 느끼는 기분을 말한다. 좋음, 싫음, 기쁨, 슬픔, 화, 따위의 심리상태로 흔히들 사람은 감정의 동물이라고 말한다. 마음이란 것은 크게 생각과 감정을 말한다. 결국, 마음은 사람의 내면에서 성품, 감정, 의사, 의지를 포함하는 주체로서 지각하고 사유하고 느끼며 추론하고 판단하며 자신을 통제하는 역할을 하는 생각과 어떤 현상이나 일에 대하여 그 생각으로 인하여 발생하는 마음이나 느끼는 기분을 감정이라 할 수 있다.

감정에는 두 얼굴이 공존한다.

하나는 내적 에너지를 고갈시키는 부정의 감정인 분노, 짜증, 공포, 초조, 우울 등의 스트레스이고, 다른 하나는 내적 에너지를 재충전하는 긍정의 감정인 감사, 즐거움, 배려, 사랑, 용서 등의 활력이다. 〈회복 탄력성, 최성애, 해냄출판사〉에서 스트레스가 부화와 탈진 상태에 빠지면 쉽게 화를 내고 코르티솔 호르몬이 분출되어 신체 각성상태가 높아져 수면장애와 신경이 날카로워 공격적이 되고, 남을 비판하고 탓하며 내적 에너지가 급속히 고갈된다고 하였다.

스트레스 반응으로는 첫째, 사우거나 회피하거나 둘째, 얼어붙고 심신이 경직되고, 셋째, 이성적인 노력으로 나의 감정을 알아차리고 평상심을 되찾게 된다. 스트레스를 낮추고 공정심을 높이면 '활력 호르몬'인 (DHEA(Dehydroepiandrosterone)이 증가한다. 활력 호르몬과 스트레스 호르몬은 마치 시소같이 서로 길항작용을 한다.

나의 감정을 알아차리고 중화하자

일단 사람은 부정적인 감정이나 정서를 가지게 되면 이것을 긍정의 것으로 바꾸려고 하면 최소한 5배 이상의 긍정노력이 필요하다고 한다. 그래서 최대한 처음부터 긍정의 감정이 들도록 노력을 하는 것이 매우 중요하다. 먼저 자신의 감정 상태를 알아차리고 부정을 긍정으로 중화하는 노력이 필요하다.

1) 감정날씨 파악하기

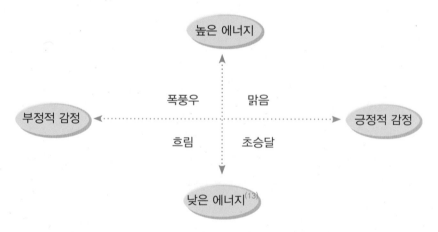

2) 감정 중화

① 숨을 5초 정도 들여 마시고 5초 정도 내쉬는 심장 호흡을 한다. 배꼽이나 단전에 집중하고 천천히 10초 정도 심호흡하면서 진정시킨다.

② 배꼽(출장식) 호흡한다.(먼저 길게 내 쉬고, 짧게 들이마신다. 호장흡단(呼長吸短) 단전이 아닌 배꼽에 코가 있다고 상상하고 배에 힘을 빼고, 피라미드식, 감수인(오른 손바닥을 단전에 그 위에 왼손 얹음), 뇌파를 알파파(8~12hz)로 우뇌를 활성화하여 면역력 증가.

③ 명상이나 최면요법으로 심신을 이완시킨다.

④ 과거에 좋은 기억이나 광활한 풍경을 머릿속으로 떠올리면서 긴장을 해소한다.

⑤ 음악을 감상하면서 리듬을 느껴 보거나, 가벼운 운동이나 산책으로 분위기를 바꾼다.

⑥ 숫자를 천천히 하나에서 10까지 몇 차례 세면서 흥분을 가라앉힌다.

감정의 연결고리

생각과 감정은 서로 영향을 주고받으며, 또한 신체 상태와 행동에도 영향을 주며 상호작용을 하게 된다. 따라서 생각에서 비롯되는 감정, 신체상태, 행동의 상관관계를 조절하고 통제함으로써 감정을 다스릴 수가 있게 되는 것이다.

상기 그림에서 현재의 생각, 감정, 신체상태, 행동이라는 네 요소는 언제나 실시간으로 서로 상호 영향을 주고받고 있음을 보여주고 있다. 왜냐하면, 이 네 가지는 자율적이고 무의식적으로 조절되어 동일한 상태로 유지하려고 하기 때문이다. 마음과 몸은 하나이며, 심체불이(心體不二)라고 할 수 있으며, 마음을 다스리려면 이 네 가지 요소를 잘 조절하고 통제를 하여야만 한다.[14]

감성(정서)은 어떤 대상에 대하여 지속적이고 가슴속으로 느끼는 주관적인 인식성향을 말하고 세련됐다, 멋있다, 예쁘다 등의 느낌으로 판단에 영향을 미친다. 반면에 지성은 머리를 통해서 객관적이고 추상적으로 사고하는 성향을 말한다. 감성(정서)능력은 감정조절능력과 직결되어 있으며 또한 공감 능력과도 상호 연계되어 있다. 감성을 키우는 것은 공감능력을 키우기 위한 목적으로 자신의 감정을 알아차리며 조절할 줄 알아야 가능하다. 따라서 생각과 감정, 정서, 공감은 서로 상호 유기적인 관계로 연결되어 있을 뿐 아니라 행동과 신체 상태에도 상호 작용을 한다고 할 수 있다.

또한, 마음이 편안한 상태의 수용영역과 마음이 불편한 거부 영역으로 나누며 마음이 불편한 상태를 문제라고 인식한다. 마음이 불편한 상태에 있는 사람을 문제를 소유한 사람이라 하고 문제의 소유가 상대인지 자신의 문제인지를 잘 파악해야 스트레스에서 벗어날 수 있다.

마음의 법칙

몸은 반드시 생각에 맞춰 반응하고 움직이게 된다. 생각하는 대로 된다.

생각 ↔ 감정 ↔ 말 ↔ 신체변화 ↔ 행동 ↔ 습관
→ 가치관 → 운명

마음은 생각과 감정의 복합체이고 생각이 말로 표현되고, 신체의 변화와 감정으로 표출되어 행동으로 나타나며, 행동은 신체에서 습관으로 굳어지고, 결국 그 사람의 가치관이나 나아가서 운명까지도 결정하게 되는 것이다.

* 마음의 법칙은

- 마음에 그린 것이 형체로 나타난다.
- 인정한 것만이 존재에 든다.
- 모든 것은 제 생각에 의한다.
- 감사는 감사를, 행복은 행복을 끌어당긴다.
- 일체유심조(一切唯心造)로 모든 것은 마음이 만들어 내며, 자기의 마음먹기에 달려있다는 뜻이다. 천지자연은 물론이고, 인간을 비롯한 온갖 생물, 무생물의 사물도 모두 마음이 만들어 낸다는 뜻이며, 이러한 마음의 구조를 철학적으로 밝힌 것이 대승불교의 양대 산맥 중의 하나인 유식학파 (唯識學派)로 '오직 마음만이 실재'라는 화엄경에 나오는 원효사상(大乘起信論-唯識思想)으로 이 세상의 모든 것은 의식(意識)에 뿌리를 두고 있으며, 그 의식이 변화되어 나타났을 뿐이며, 그 의식이 마음이고 그 마음이 어떤 상태에 있고 어떻게 작용하느냐에 따라 세상은 달라 보이게 되는 것이다.

마음을 비운다는 말은 무심(無心)해지라는 말이다. 공허하고 멍청한 상태가 아니라, 그 마음을 어디에도 가두거나 고착하지 않은 상태로 마치 허공 속에 가득 채운 상태를 말한다. 우리는 날마다 그 무엇인가에 마음을 두고 살고 있다. 돈과 명예나 권력, 직위를 탐하고 있어도 걱정, 없어도 걱정 이런 쓸데없는 걱정 속에서 살아간다. 그러한 걱정을 그만두고 마음을 비우는 것이 무심이다.

부정적인 마음 다스리기

지금까지 마음에는 생각과 감정으로 구성되며 생각과 감정은 신체 상
태와 행동으로 연결되어 상호작용하는 유기체라는 것을 알았다. 모든
요소의 근원은 생각이며 생각을 어떻게 하며 마음을 어떻게 먹느냐에
따라 모든 것이 결정됨을 알았다. 바로 부정의 연결고리를 끊고 '긍정의
연결고리로 선순환' 시키는 것이다. 부정의 마음을 긍정의 마음으로 순
환하도록 '생각의 방향'을 바꾸는 것이다.

① 긍정적인 생각을 먼저 하여야 한다. 어떤 상황에 대하여 신념과 의지
   (에너지) 때문에 일단 어떤 계기(촉발자극이나 모멘텀 Momentum)
   를 만들어 생각의 스위치를 켜고 시동을 걸어 행동변화를 유도하는
   것이다. (행동 모멘텀 기법)
② 우리의 몸과 마음은 일단 발동이 걸리면 자동으로 작동되는 기계처
   럼 자기 추진력(Self-Propelling Power)인 일종의 관성에 의하여 의
   도하는 방향으로 움직이게 된다. 미국의 정신의학자 에밀 크레펠린
   (Emil Kraepelin)의 '작동 흥분이론'에 의하여 대뇌에서 자동 연동
   (連動)작용이 작동되기 때문이다. [16]
③ 작은 행동부터 일단 시작하는 것이며, 때로는 긍정적인 행동을 하는
   자신의 모습을 상상해보는 것이다.
④ 부정적인 마음을 먼저 자각(awareness) 또는 마음 챙김(mind-ful
   ness)으로 "분노가 오네" 하고 분노를 객관적으로 바라보는 것만으
   로도 스트레스가 완화된다.

인지치료{MBCT(Mindfulness-based Cognitive Therapy)}는 알아차
림으로써 치료하는 마음 챙김 명상치료를 말한다. 분노유발 상황에서

감정의 홀수상태를 자기와 동일시하지 않고, 하나의 정신적 사건으로 객관적으로 떨어져서 바라볼 수 있는 감정을 알아차릴 수 있는 메타 인지적 자각으로 치료 또는 스트레스를 경감한다.

• 메타-씽킹(meta-thinking)은 생각을 잠시 멈추고, '자기 생각을 다시 생각해보는 것'을 말하며, 생각 위의 생각을 말한다. 분노가 치밀어 오르면 '그분이 왔네.' 하고 알아차림으로 스트레스 완화 효과가 있다. 따라서 이러한 마음의 작용을 알면 마음의 주인이 되어 감정을 잘 조절하고 통제할 수 있으나, 마음의 작용을 모르면 마음의 노예가 되는 것이다.

1) 생각을 바꿈으로써 감정을 조절한다
① 문제는 생각의 방향과 자극이다.

　마음에 작은 '생각'이라는 '긍정적인 변화의 씨앗'을 심는 것부터 시작하여야 한다. 여기에 생각이 감정에 영향을 주는 아론 벡(Aalon T. Beck)이라는 정신 의학자가 발견하고 체계화시킨 인지치료인 생각을 통해 간접적으로 감정조절을 하는 것이다.

　어떤 상황으로 자신도 모르게 순간적인 생각이라는 자동 사고에 의해서 어떤 감정이 생겨나는 것이다. 우리는 상황이나 감정을 직접적으로는 조절할 수가 없으므로 결국 생각을 통제함으로써 감정을 조절할 수가 있게 되는 것이다. 따라서 인지치료의 목적은 상황에 맞지 않는 비합리적인 생각들(인지 오류)이나 생각하지 않으려고 의식적으로 노력함에도 자꾸 떠오르는 '침투적 사고' 등을 통제함으로써 감정을 좋게 조절하는 것이다.[14]

　또한, 감사한 마음을 가짐으로써 스트레스 호르몬인 코티졸이 23%나 크게 감소하고 반면에 도파민이나 세로토닌과 같은 행복 호르몬이 분비

되며, 활력 호르몬인 DHEA가 활성화됨으로 면역력과 회복 탄력성이 증가하고, 뇌 내 모르핀으로 진통 효과도 커지게 된다. 흔히 저지르기 쉬운 인지 오류에는 흑백논리, 일반화의 오류, 감정적 추론, 과민반응, 넘겨짚기(독심술), 자기 합리화, 탓하기, 당위적 기대, 평면적 사고, 만병통치 주의, 거울이미지 등이 있다.

2) 부정적인 생각의 스위치를 꺼버리기

자각(마음 챙김과 같은 개념)하여 부정적인 감정의 딱지나 이름을 붙여 바라보기만 하여도 진정효과가 있다. 미국의 UCLA의 심리학자 리버만(Matthew Lieberman)은 부정적인 감정이 일어날 때 "이건 분노야", "이건 불안이야", "이건 스트레스야" 등으로 딱지나 이름을 붙여 제삼자의 눈으로 객관적으로 바라보게 했더니 신기하게도 부정의 감정은 뇌의 편도체에서 사라졌음을 발견하였다.[11]

• 편도체(아미그달라 amygdala)는 뉴욕대학의 르두(Joseph Le Doux) 박사가 발견하였으며, 생존 본능 뇌라고도 하며 대뇌 변연계 속에 엄지 손가락 크기(아몬드 모양)의 원시 뇌라고 하고, 원시시대부터 지금까지 변함없이 생존에 위험이 닥치면 '불쾌'로는 분노, 증오, 공포, 슬픔 등 부정적인 감정을 일어나도록 하여 신체를 공격모드로 변환시키며, 위험이 없다고 판단되면 '유쾌'로 감정을 일으켜 긍정모드로 바꾸어 준다.

이 아미그달라는 5세 유아가 되면 성장이 끝나며 5세 이전에는 이곳을 통해 부정적인 감정을 배우고, 5세부터는 대뇌피질을 통해 배운다. 성인이 되어도 이 아미그달라의 5세 유아 뇌는 본능적인 생존 뇌로 다 가지고 있기 마련이며, 위험이 닥치면 반사적으로 감정에 빨간불이 켜지며 위험이 사라졌다는 신호를 보내줘야 사라진다.[11]

3) 신체 상태에 변화를 주어 감정을 조절한다

신체 증상과 감정은 유기적으로 연결되어있다. 위급한 상황이 발생하면 불안, 공포, 분노 등의 부정적 감정으로 근육이 긴장하며, 심장이 뛰고 맥박이 빨라지며, 뇌의 편도체가 활성화되어 곧바로 공격모드로 바뀐다. 반면에 안전하고 평화로울 때는 안도감이나 평안한 감정이 든다. 또한, 자율신경계에도 활동하는 낮 동안에는 교감신경이 우위에 있으며 불안, 공포, 공격, 화 등으로 근육이 긴장하고, 스트레스 호르몬인 코르티솔과 아드레날린이 분비되고 과립구가 증가한다. 반면에 밤이나 휴식 동안에는 부교감신경이 우위에 있으며 감사나 봉사, 사랑 등의 좋은 감정으로 활력 호르몬인 DHEA가 활성화되고, 근육이 이완되며, 면역세포인 림프구가 증가하여 스트레스가 풀리고 마음의 평화를 느낄 수 있는 것이다. 복식호흡이나 심장 호흡과 같이 단전이나 심장에 집중하고 숨을 크게 5초 동안 내쉬고 5초 동안 들이쉬는 것을 반복하며 마음속으로 안정된 상태나 경험에 대한 기억을 떠올리며 상상하고, 근육 이완도 병행하면 신체가 부교감신경 우위의 편안한 안정모드로 바뀌게 됨을 느낄 수 있다.

4) 행동을 변화시켜 감정을 조절한다

우리는 짜증이 나고 가슴이 답답할 때 넓은 공원이나 바닷가에서 기지개를 켜고 가볍게 운동이나 산책을 하면 금방 마음과 몸이 상쾌해지고 기분이 좋아지는 경험을 누구나 하게 된다.

그리고 일부로라도 크고 길게 박장대소하듯이 웃으면 자기도 모르게 감사한 마음을 가질 때와 마찬가지로 행복감을 느끼며 스트레스가 완화되고 면역력이 향상하게 된다.

또한, 고도의 정신 활동인 종교의 믿음이나 명상 등도 이와 같은 마음의 원리로 과학적인 설명이 가능하게 되었다. 그런데 우리의 뇌는 실제 상태와 상상을 정확히 구별하는 능력이 없어 착각하는 경향이 있기 때문에 상상으로도 실제상황과 같은 효과를 볼 수가 있다. 따라서 자신이 원하는 행동을 실제처럼 계속 머릿속에 떠올려 보면 감정도 원하는 방향으로 느낄 수 있으며 행동도 원하는 방향으로 움직일 수가 있다. 긍정적인 생각과 거짓 웃음으로도 실제 행동했을 때와 같은 효과를 볼 수 있다는 이야기이다. 그리고 마음과 생각, 신체변화, 행동은 일관된 방향으로 통일하려고 상호작용을 하지만 어느 하나라도 균형이 무너져 괴리가 생기면 그것을 견디지 못하고 이미 발생한 행동에 내 생각과 감정을 맞추게 되며 이를 심리학에서는 인지 부조화라고 한다.

5) 인지 부조화 이론(認知 不調和 理論)

미국의 사회심리학자 리언 페스팅어(Leon Festinger)가 1957년 발표한 저서 〈인지적 부조화 이론(Theory of Cognitive Dissonance)〉에서 제기한 이론으로 '인지 부조화'란 사람이 두 가지 모순되는 인지요소를 가질 때 자신의 말과 행동, 감정이 일치하지 않는 불균형상태를 뜻한다. 이러한 인지적 불균형상태는 심리적 긴장을 유발하므로, 사람들은 이를 해소하여 행동에 맞춤으로써 심리적 안정을 찾고자 한다.

페스팅어는 종말론을 주장하는 사이비 종교단체를 관찰하였는데, 교주가 예고한 종말 일에 지구가 멸망하지 않았으나 신도들은 자신들이 속은 것으로 받아들이지 않고 오히려 믿음이 더욱 깊어졌다. 인지적 부조화 이론에 의하면, 신도들은 지구의 종말에 대비하여 자신들이 가진 모든 것을 다 버리고 사이비 종교에만 매달렸으므로, 자신들이 잘못을 인정하여 그 심리적 고통을 감당하기 힘들 바에야 차라리 신도들은 자신의 믿음이 옳았다는 쪽으로 자기 합리화를 함으로써 심리적 안정을 찾게 되고 그것이 더욱 광신(狂信)하는 행동으로 나타나는 것이다.

　이처럼 인지부조화를 해소하기 위하여 사람들은 자신의 잘못을 인정하기보다는 자신의 결정을 극단적으로 합리화하는 형태로 나아가며, 자신이 알고 싶지 않은 정보를 스스로 차단하고 알고 싶은 것만 받아들이게 된다. 사람들의 인지와 부조화 상태 그리고 그에 따른 태도변화의 동기를 밝힌 이 이론은 이후 사회심리학 연구에 많은 영향을 끼쳤다.[42]

5부

지금 내가 어떻게 하면
나중에 ( )가 될 수 있을까?

1

■ ■ ■ ■ ■ ■ ■ ■ ■ ■ ■ ■ ■

미래의 자신을 상상하자

5년, 10년 후 자기 모습은 무엇일까?

사람은 5년 또는 10년 후 내가 어떤 모습으로 살고 있을까? 하고 생각하는 사람과 그렇지 못한 사람 사이에는 엄청난 차이가 있다. 다시 말해 아무런 생각 없이 하루하루를 그냥 되는 대로 사는 사람과 중·장기적으로 어떤 목표를 세워놓고 차근차근 계획적으로 사는 사람과는 엄청나게 차이가 난다는 이야기이다.

성공하는 사람은 자기가 설정한 목표를 향해 우직하게 한 가지 우물만 파서 결국 그 꿈을 이루게 되고 실패하는 사람은 이것저것 기웃거리다가 아무것도 이루지 못하고 허송세월만 하게 되는 것이다.

꿈을 이루고 싶으면 당신이 미래에 이루고 싶은 분명하고 실현 가능한 꿈과 목표를 세워 그 밑그림을 마음껏 그려보고 이루려는 목표를 상상하며 설레는 가슴을 느껴야 한다.

당신의 5년과 10년 프로젝트는 무엇인가? 먼저 꿈과 목표부터 세워야 한다. 무조건 열심히 사는 것으로는 결코 성공할 수가 없다. 좀 더 전략적으로 좀 더 나은 미래를 위하여 내가 가진 모든 에너지를 집결하여 내 인생을 완전히 바꿀 수 있는 '터닝 포인트'를 만들어내야 꿈과 목표를 이룰 수가 있다.[6]

지금, 당신에게 필요한 것은?

그렇다면 지금부터 5년과 10년 전의 자기 모습과 지금의 모습을 한번 비교해 보고 얼마나 성장하였으며 얼마나 자신의 가치나 몸값의 상승이 있었는지 스스로 돌이켜 보자. 다행히 계획했던 대로 발전한 자신을 발견하면 더없이 좋은 일이나 그렇지 못하였더라도 결코 실망할 필요는 없다. 처음 계획에 조금 못 미치더라도 상관없다. 그래도 전혀 없는 것보다는 나으니까 말이다. 다만 반성의 기회로 삼아보기만 해도 충분히 가치가 있는 일이다.

지금 내가 어떻게 하면 5년 후 또는 10년 후 내가 원하는 ( )가 될 수 있을까? 또한 '어떠한 사람으로 기억되길 바라는가?'하고 미리 자신에게 질문을 던져보자. 미래에 원하는 자신이 되기 위해서는 지금 현재 무엇을 해야 하는가에 대한 구체적이고 단계적인 실천 계획이 있어야만 스스로 알게 될 것이다. 이렇게 되면 첫째, 자신의 삶을 주체적이고 자기 주도적으로 이끌어 갈 수가 있게 되며 둘째, 든든한 심리적 보호 장벽이 생겨 어떠한 역경과 고난에도 좌절하지 않고, 또한, 주위의 유혹이나 비난에도 쉽게 휘둘리지 않을 수 있고, 셋째, 상상력과 창의력의 발휘는 물론 집중과 몰임으로 성공적인 삶이 가능하게 된다. 목표에 도달하고 싶으면 이미 도달한 자신의 모습을 상상해야 한다. 새로 시작하기에 늦은 때란 없기 때문이다. 지금부터라도 5년, 10년 후 자신이 이루고 싶거나 되고 싶은 꿈과 목표를 앞당겨 설정해보자.

자기 리모델링이 왜 필요할까?

앞에서 사람은 동일 업무를 어느 정도 하면 매너리즘이나 권태에 빠지기가 쉽다는 것을 알았을 것이다. 자동차도 일정한 기간이나 거리를 운행하면 기계적인 마모로 엔진오일도 교환해야 하고 엔진보링(Boring)도 해야 한다. 자동차 엔진오일은 기계적 마찰에 윤활유 역할을 하여 효율을 높이고 열을 분산하는 역할을 한다. 그리고 자동차 엔진 보링이란 엔진 내부의 충격과 열에 의하여 실린더 내벽 및 피스톤, 피스톤링 마모나 파손 등으로 실린더 내에 압축이 새어나가 출력이 저하되었을 때 실린더 내벽을 손상된 만큼 깎아 내고 피스톤과 피스톤 링을 그 내벽에 맞게 만들어서 신차와 같은 느낌으로 회복하는 것을 말한다.

또한, 주택이나 건축물들도 일정 기간 사용하면 건축자재가 마모나 소실되어 이제는 사용을 못 하게 되거나 노후로 그 가치가 하락하는 경우에 새로운 용도를 위하여 증개축하거나 내부를 뜯어고치는 리모델링 공사를 하게 된다. 마찬가지로 사람도 일정 기간이 지나면 마치 자동차 엔진 오일 교환이나 엔진을 보링 하듯이 사고방식이나 고정관념, 나쁜 습관 등을 과감히 개혁하고 혁신함으로써 자기 리모델링이 필요하게 된다. 21세기는 자기계발과 자기 경영시대이다. 이제는 제4차원의 산업인 IT, 정보통신산업을 지나 제5차원의 '마음 산업'(Mind Industry)인 인간의 무한 잠재능력이나 감성능력을 개발하는 산업으로 내 닫고 있다.

자기 개조를 통하여 새롭게 태어나자

건강한 육체에 건강한 정신이 깃든다. 인체와 정신과 감정은 서로 밀접하게 상호작용을 한다. 건강한 육체를 만들어 건강한 정신 상태를 가지도록 과감하게 자신을 개조해야 한다. 먼저 규칙적인 운동을 통하여 근력을 키워야 한다. 따라서 충분한 영양을 흡수하고 신체의 각 부위를 단련하여 근육의 발달을 도모하여 몸의 탄력과 활력을 키우자.

솔개는 수명이 매우 길어 보통 7~80년을 살아간다. 하지만 솔개가 그렇게 오래 살기 위해서는 반드시 거쳐야 할 힘든 과정이 있다. 솔개는 40년쯤 살게 되면 부리는 다 닳고 구부러지며, 발톱도 닳아 무뎌지고 날개는 깃털이 빠지고 또 무거워져 잘 날 수도 없는 초라한 모습으로 변한다. 이렇게 되면 솔개는 중요한 선택을 해야만 한다. 그냥 그렇게 초라하게 살다가 죽느냐? 아니면 고통스러운 과정을 통하여 새로 태어나느냐? 하는 것이다.

변화와 자기 혁신을 선택한 솔개는 바위산에 둥지를 튼다. 솔개는 먼저 자신의 부리를 바위에 마구 쪼아서 부리가 다 닳아 없어지게 한다. 그런 과정에서 피가 나고 고통스러운 과정을 참고 견뎌야만 한다. 그리고 나면 어느덧 새로운 부리가 매끈하고 튼튼하게 자라나게 된다. 그리고 새로 나온 부리로 자신의 발톱을 하나씩 뽑아버린다. 그렇게 뽑아버린 자리에 새로운 발톱이 하나씩 자라나 오게 된다. 그리고 마지막으로 무거운 날개를 뽑아버리고 마침내 날개도 새로 자라게 되어 무려 130여 일 동안 죽음을 무릅쓴 사투가 끝나고 나면 솔개는 또다시 하늘의 왕좌로 군림하며 40여 년을 더 살 수가 있다. 이처럼 솔개는 우리에게 많은 교훈을 주고 있다. 현실에 안주하지 않고 새로운 삶을 위하여 도전하며, 아무리 힘들고 고통스러워도 참고 견디며 환골탈퇴하는 적극적인 자세를 배워야 한다.

무엇을 어떻게 개조할까?

과식이나 육식 위주, 흡연, 3W인 설탕과 소금, 백미 등을 많이 먹고, 늦잠을 자거나, 약속시간에 늦고, 어떤 일을 미루거나 남의 탓으로 돌리는 등 일상생활로부터 자기도 잘 인식하지 못하는 나쁜 생활습관들을 과감하게 고쳐 보자. 부정적인 사고와 고정관념, 확증 편향, 각종 증후군, 쾌감의존증, 인성결여, 사회성이나 이기주의 등과 무기력증, 권태, 나태, 우울증, 불안감 만성피로, 수동적 자세 등 나쁜 사고습관들도 척결해야 할 대상들이다. 이러한 나쁜 습관들을 바꾸려면 먼저 이름을 붙여주며 있는 그대로 인정하고 알아차리는 것이 무엇보다 중요하다. 그리고 점진적으로 고치기 쉬운 것부터 하나씩 개선해나가며 그 진행 사항을 점검해 보고 성취감을 맛보자. 습관의 21법칙이나 68일, 100일 법칙에 따라 좋은 습관으로 단계적인 절차를 거쳐 체득해 나가는 것이다.

* 마부작침(磨斧作針)

도끼를 갈아 바늘을 만들기나, 우공이산(愚公移山)처럼 태산도 자자손손 내려가며 옮기면 결국 옮길 수 있다는 뜻으로, 무슨 일이든지 꾸준히 노력하면 반드시 달성할 수 있다는 것을 일깨워주는 고사다.

* 우공이산의 고사

옛날 중국의 익주(翼州) 남쪽 하양(河陽) 북쪽에 태행산(太行山)과 왕옥산(王屋山)이라는 두 개의 큰 산이 있었다. 어느 정도의 크기냐 하면 각각 둘레가 700리나 되고 높이도 수만 척(尺)이었다. 산 북쪽에 우공(愚公)이라는 조금 모자라는 노인이 살고 있었는데, 나이가 90살에 가까웠다. 노인은 어디를 가야 할 때마다 이들 두 산을 빙 둘러야 했기 때문에 그 불편이 이만저만이 아니었다. 그래서 어느 날 가족들을 모아 놓고 말했다. "우리 가족이 전부 힘을 합쳐 저 두 산을 옮기고자 한다. 너희들은 어떻게 생각하느냐?

모두 그렇게 하는 것이 좋겠다고 이구동성으로 찬성이었다. 그런데 단 한 사람 그의 아내만은 이의를 제기했다. "옮긴다 하더라도 저 많은 토석을 어디다 처분한다는 거지요?"그러자 우공이 대답하기도 전에 아들과 손자들이 먼저 말했다. "그건 별 것 아닙니다. 발해(渤海)에다 갖다 버리면 되지 않습니까."그래서 산을 옮기는 의논은 일단락을 보았다. 다음 날 아침부터 우공 네 가족들은 산을 옮기는 작업에 착수했고, 파낸 흙이나 돌은 삼태기에 담아 멀리 발해까지 운반해서 바다에 버렸다. 가족들만 하는 일이고 보니 작업의 진전이야 보잘 것 없었지만, 그래도 전혀 낙망하지 않고 모두 땀을 흘리며 열심히 일했다. 그 광경을 본 어떤 부인이 감동한 나머지 일곱이나 되는 자기 자식들을 몽땅 데려와서 말했다. "제 자식 놈들이랍니다. 여러분을 돕도록 해 주십시오."우공은 두 말 없이 허락했고, 부인의 자식들도 당장 달려들어 일을 시작했다. 한번은 지수(智叟)라고 하는 사람이 찾아왔는데, 그는 자기가 세상 누구보다 현명하다고 뻐기는 사람이었다. "아니, 이 큰 산을 어느 세월에 다 퍼다 옮긴다고 이 고생들입니까?" 지수가 이렇게 빈정거리자 우공이 대답했다. "그래서 어떻다는 거요. 내가 죽더라도 아들과 손자들이 있고 또 그 아들과 손자들이 태어나서 일하는 손이 끊이지 않는 반면에 산이야 지금보다 조금도 커지지 않을 것 아니오. 그러니 언젠가는 두 산을 다 옮길 수 있을 것이오."

지수는 더 이상 아무 말도 못하고 얼굴을 붉히며 물러가 버렸다. 하느님은 우공의 그와 같은 기개에 감탄하지 않을 수 없었다. 그래서 신에게 명하여 하룻밤 사이에 두 산을 딴 데로 옮기라고 명했다. 덕분에 우공의 집 앞에서 한수(漢水)까지 일직선 도로가 생기게 되었다.

선택과 집중이 답이다

인생에 있어 성공한 사람들의 공통점은 어느 한 분야에 특정적으로 모든 에너지를 집중하여, 될 때까지 인내하며 몰두하였다는 점이다. 사람의 능력은 오십 보 백 보에 불과하나, 평생을 두고 긴 세월 동안 어느 한 분야에 집중하였기 때문에 이룰 수 있다. 따라서 성공 요인은 능력의 차이가 아니라 '인내와 몰두'의 차이이다. 햇빛을 모아 불을 집힐 수 있는 돋보기의 원리다.

오늘날과 같이 글로벌 무한 경쟁시대에서는 기업이 생존하기 위해서는 기업을 구조 조정하여 비교우위에 있는 사업을 선택하여 어느 사람도 따라올 수 없는 유일무이한 불루오션(Blue ocean, 제품 차별화로 경쟁이 없는 독점적 상태) 전략만이 살아남을 수가 있다. 이는 개인이나 기업을 불문하고 모든 경쟁의 주체에 해당하는 생존전략이 되고 있다. 삼성그룹은 효율성이 떨어지는 사업부문을 축소하거나 정리하고 과감한 투자로 미래 신 성장엔진이 될 사업을 적극적으로 육성하기 위한 전략으로 2014년에 제일모직에서 직물, 패션, 사업을 떼어내 삼성에버랜드에 넘기고 제일모직을 첨단소재기업으로 변신키 위하여 삼성 SNS를 삼성SDS와 합병하고 독일의 유기발광다이오드(OLED) 소재 업체인 노발레드를 인수하는 등 제일모직을 중심으로 사업구조조정을 단행하였다. 이어 2단계로 2차 전지, 디스플레이 업체인 삼성SDI와 합병하는 대규모 사업 재편을 하였다.

또한, 지주사인 삼성에버랜드는 건물 관리 기업을 삼성에스원에 양도하고 급식 업을 삼성웰스토리로 분리했다. 이에 따라 에버랜드는 건설, 급식, 레저업에서 패션, 건설, 레저업으로 사업구조를 조정하였다.

파랑새는 지금 여기에 있다

여기서 승부를 걸어 보려면 닻을 내려라. 당신은 지금 하고 있는 일이나 직장에 만족하고 있습니까?

2013년 1월 10일~15일 사이 '잡코리아 좋은 일 연구소'에서 남녀직장인 556명을 대상으로 자기 일 만족도 조사에서 '자기 일에 만족하며 일하는 직장인은 공기업 직장인이 가장 높게 나타났다. 설문조사 결과, 공기업은 5점 만점에 평균 3.5점으로 가장 높았고, 이어서 외국계 기업(3.4점), 대기업(3.2점), 중소기업(3.1점) 순이었다.

가장 만족하는 부분에서는 기업형태별로 다소 차이를 보였으나 공기업의 경우 주변 환경, 복리후생(42.6%), 정년보장(36.1%), 편한 업무(34.4%) 등의 순이었고, 대기업은 주변 환경, 복리후생(48.3%), 연봉수준(32.2%), 일에 대한 성취도(24.15%) 등이 높았다.

그리고 한 설문 조사에서

첫째, '직장인 이직을 결정하는 가장 큰 요인'에서 업무환경을 생각하는 것으로 나타났다.

1위 업무환경(32.8%) 2위 높은 연봉(26.2%)

3위 비전과 전망(19.3%) 4위 회사의 안정성(16.3%)

5위 인간관계(4.3%)

둘째, 직장 만족도가 가장 떨어지는 순간은?

1위, 일이 적성에 안 맞거나 재미가 없을 때(28.5%)

2위, 일에 쫓겨 개인적인 생활을 신경 쓰기 힘들 때(24.7%)

3위, 일하는 것에 비해 연봉이 너무 적을 때(20.0%)

4위, 아무리 열심히 일해도 상사가 나를 인정하지 않을 때(17.8%)

그리고 지금 직장에서 만족도가 가장 떨어지는 이유로는 일이 적성에 맞지 않거나 재미가 없을 때라고 답하였다. 결론적으로 자기가 현재 하는 일과 직장만족도는 연봉이나 장래 비전, 상사로부터의 인정 등보다도 현재 이 순간의 업무 환경이나 그 일로부터 스스로 느끼는 주관적 '재미나 즐거움'을 가장 중요하게 생각한다는 것임을 알 수가 있다. 또한, 취업포털 사이트인 잡코리아에서 직장인을 대상으로 실시한 '삶의 만족도' 조사결과에서 84.1%가 자신의 '삶에 만족하지 못한다.'고 답하였다. 그 이유로는 낮은 연봉, 무능한 스스로의 모습, 원하지 않는 일을 하고 있어서 등의 순서로 나타났다. 따라서 대부분 자신의 꿈과 하고 싶은 일과는 동떨어지고 그냥 가족의 생계를 위하여 어쩔 수 없이 마지못해 일하고 있으며 스스로 불만족스럽고 불행하게 생각하고 있다.

취업포털 사이트인 인크루트 조사에서도 직장인의 74.1%가 생활비, 자녀교육비 등 경제적 이유와 낮은 성공률 등으로 자신의 꿈을 포기하고 있다고 하며, 91.5%가 기회가 주어지면 다시 꿈에 재도전해볼 생각이라고 답변하였다. 따라서 취업포털 사이트의 직장인 952명을 대상으로 한 직업만족도 조사에서 나타났듯이 직장인의 60.7%가 '파랑새 증후군'을 겪고 있다고 한다. 자기가 하고 있는 일에 재미나 즐거움을 느끼지 못하고 막연히 이상형을 동경하며 메뚜기같이 여기저기 떠나려는 것이다.

'파랑새 증후군'은 벨기에 시인이며 극작가인 모리스 마텔을 링크(1862. 8. 29~1949. 5. 6 노벨문학상 수상)의 작품 '파랑새'에서 동화 속에 나무꾼의 두 남매 '치를 차르와 미치르'가 '행복의 파랑새'를 찾아 길을 떠나 그토록 헤매지만 못 찾고 피곤한 몸으로 집에 돌아와 보니 처마 밑에 매달린 새장 안에서 발견한다는 이야기로 행복의 파랑새는 저 바깥에 있는 것이 아니라 각자의 곁이나 마음속에 있다는 교훈을 상징적으로 보여주고 있다.

현재의 일이나 직장에는 소홀하고 무관심한 채 장래의 행복만을 병적으로 추구하는 심리상태와 급변하는 시대에 적응하지 못하거나 현재의 직업이나 일에 만족하지 못하고 막연히 어디엔가 있을 이상적인 일을 찾는 직장인들의 심리상태를 잘 보여주고 있다. 그런데 사람은 태생적으로 남의 것이 자기 것보다 더 크고, 좋아 보이는 심리가 있다.

소위 말하는 남의 떡이 더 커 보이는 심리상태다. 남의 일은 쉬워 보이고 정작 자기 일은 힘들게 느껴지는 것, 남의 것은 더 좋아 보이고 자신의 것은 나빠 보이는 것. 이런 마음을 심리학에서는 '자기중심적 편파(Egocentric bias)'라고 부른다. 사실 사람들은 모든 일을 다 자기 관점에서 본다. 내가 어떤 일을 할 때는 결과를 얻을 때까지 얼마나 힘들었는지 잘 안다. 하지만 다른 사람의 일에 대해선 결과만 보고 비교적 손쉽게 얻어졌으리라 간주하게 된다. 외국 속담에도 "The grass is greener on the other side of the fence"(남의 뜰 잔디가 더 푸르다)라는 말이 있는 것처럼 남과 비교하여 배 아파하는 것은 동서고금의 진리다. 자기가 하고 있는 일은 이미 오래되었기 때문에 익숙한 면도 있지만, 한편 싫증을 느끼게 되어 권태롭다는 생각이 앞서며 지금 하고 있는 일을 계속 해야 한다고 생각하니 끔찍하지만 왠지 진정으로 내가 원하는 일은 어디엔가 있을 것이라는 막연한 기대심리가 있기 때문이다.

이러한 심리를 극복하기 위해서는

첫째, 현재 하는 일이나 직장에서 진정한 가치를 새롭게 발견하고 자각하는 것이 무엇보다 중요하다. 버지니아 아주엘라(Virginia Azuela)는 필리핀 출신으로 1974년 27살의 꽃다운 나이에 아메리칸 드림을 꿈꾸며 미국에 이민 왔다. 그녀는 호텔 청소부로 취직된 후, 1991년 4월 리츠칼튼 호텔로 자리를 옮긴 후 호텔에서 실시하는 고객 만족을 위한 사내 '총괄품질경영교육(TQM)을 받고 나서 최고급 품질의 호텔서비스를 제공하는 매뉴얼대로 몸소 실천하고 있었다. 그녀는 비록 호텔 청소부이지만 자신이 하는 일이 어느 사람도 결코 쉽게 할 수 있는 몸으로 때우는 단순 허드렛일로 여기지 않았다. 호텔의 만족 여부는 대부분 객실 서비스로 좌우된다는 사실을 자각한 그녀는 실내 청소와 정리 정돈은 물론 단골의 입장에서 개인별 취향과 선호에 따라 맞춤 서비스를 제공하여 1992년 정부로부터 최고의 품질상인 말콤 볼드리지 대상을 받는데 결정적인 역할을 한 것으로 자체 평가되고 있다.

그런 공로로 그녀는 호텔로부터 직원에게 주어지는 가장 영예로운 상인 파이브 스타(Five Star) 상을 받았다. 사람이 하는 일이 아무리 하찮고 힘든 일이라도 누군가는 반드시 해야만 한다면 기꺼이 내가 할 수 있는 용기와 희생정신이야말로 가장 아름답고 가치 있는 일이라고 생각이 된다.

직업에는 귀천이 없다는 옛말은 그냥 하는 얘기가 아니다. 그만큼 직업은 하느님이 부여하는 신성한 천직(天職)으로 단순한 생계수단을 넘어 사회 구성원으로서 자기의 본분을 다함으로써 조직과 사회와 나아가 국가와 인류 전체에 기여하고 봉사하며 마침내 자아실현을 통하여 궁극적으로 삶의 보람과 행복을 추구하는 데 그 의미가 있는 것이다.

둘째, 그러기 위해서는 자기가 하는 일을 사랑하고 자부심을 가지는 천직(소명)의식을 가져야 한다. 일을 대하는 태도가 매우 중요하다는 것은 어느 석공의 이야기에서 살펴보았다. 자기가 하는 일의 진정한 가치와 의미를 스스로 인지하고 자부심과 열정을 가지고 할 때만이 일하는 본인의 행복감은 물론 일의 성과가 뛰어나게 되는 것이다.

이 세상은 당신이 어떻게 바라보고 생각하느냐에 따라 달라진다. 세상은 그대로이나 바라보는 당신의 관점에 따라 세상은 엄청나게 다르게 보인다는 뜻이다.

셋째, 자기가 지금 하는 일에 대해서 열정과 정성을 다하여 최고의 성과를 내겠다는 신념을 가져야 한다. 아무리 하찮은 일이라도 여기서 최선을 다하지 못하면 다음에 어디에 어떤 일을 하게 되더라도 그곳에서 또한 최선을 다하기가 어렵게 될 가능성이 매우 높게 된다. 이것 또한 일종의 관성의 법칙이 적용된다고 할 수 있기 때문이다.

넷째, 남의 떡이 커 보이는 심리상태는 겸손한 자신의 모습보다는, 오히려 자신을 비하하고 상대를 존중하는 일종의 사대사상 발로로도 볼 수가 있으며, 자존감이 떨어지므로 나아가 자신감과 자기 확신이 떨어진다고 할 수가 있다. 따라서 자기 떡이 더 크다는 적극적인 자기 존중과 자신감을 회복해야 한다.

행복의 파랑새는 멀리 있는 것이 아니라 결국 지금 이곳에서 자신이 하는 일을 통하여 그 과정에서 얻을 수 있다. 일을 대하는 태도가 스스로 만족하며 재미있고 즐거우면 행복한 것이기 때문이다. 즐겁게 일하다 보면 없던 창의력과 새로운 비전과 희망이 보이게 될 수도 있게 된다. 새로운 것을 꿈꾸며 내일을 설계하는 것도 중요하지만 그것보다 더 중요한 것은 지금 이곳에서 승부를 걸고 닻을 내리는 것이 더욱 중요하다. 마치 배가 험한 파도를 피해 항구에 정박하려고 닻을 내리듯이 자기가 하는 일에 대하여 사랑과 애정을 가득 실은 방황의 닻을 내려놓고 한 우물을 파야 하는 것과 같다.

행복에서 중요한 기준은 현재 자신이 처한 절대적 상태가 호(好) 불호(不好)한 것이 아니라 과거보다 나아졌다는 긍정적인 변화인식에 있다. 행운의 네 잎 클로버를 찾기 위해 주변에 지천으로 깔려있는 행복의 세 잎 클로버를 마구 짓밟는 우를 범하며 방황하고 있지는 않은지 한 번쯤 자신을 되돌아보는 마음의 여유를 가져봄은 어떨는지 모르겠다.

주사위는 던져졌다. 선택의 여지는 없다고 생각하고 하는 곳에서 하는 일로 승부를 걸어보자. 여기서 성공 못 하면 어디에서 어떤 일에서도 성공할 수 없다는 각오로 집중해 보자. 사즉생(死卽生)의 각오로 도전하고 그다음은 운명에 맡기는 것이다. 여기에는 결코 남과 비교할 수 없고 또 비교할 필요도 없이 오로지 자기 자신의 내면 성숙에만 초점을 맞추면 되는 것이다. "당신에게 가장 중요한 때는 '지금'이고, 당신에게 가장 중요한 일은 지금 하고 있는 일이며, 당신에게 가장 중요한 사람은 지금 만나고 있는 사람이다."라는 톨스토이의 충고대로 지금 현재의 삶에 충실하라는 '카르페 디엠'(Carpe diem)이라 할 수 있다. 어제는 히스토리(History)요, 내일은 미스터리(Mistery)일 뿐이고, 오직 지금 이 순간만이 당신의 삶을 바꿀 수 있고, 세상은 언제나 오늘을 축으로 돌아가고 있기 때문이다.

신발 끈을 다시 동여매자

당신은 초등학교 시절에 체육대회 때 100m 달리기에서 신발 끈을 단단히 동여매 본 경험이 있을 것이다. 달리다가 중간에 신발이 벗겨지는 경우가 종종 있어 낭패를 보지 않기 위해서이다.

당신은 지금 신발 끈을 다시 조여 매고 100m 출발선에 비장한 각오로 출발신호를 기다리는 대표선수라고 상상해보라. 아마 아무 생각 없이 정신통일 상태로 오로지 목표를 향하는 일념뿐일 것이다. 긴장의 끈을 늦추지 않고 극도의 공격상태로 자신을 몰아붙이는 극한 상황을 만드는 것이다. 마치 출전하는 장수가 결연한 의지를 다지며 갑옷을 입고 칼을 갈고 점검하며 신발을 단단히 동여매는 것과 같다.

촉(蜀)의 군사(軍師) 제갈량(諸葛亮)이 후주(後主) 유선(劉禪)에게 바친 출전상주문(出戰上奏文)이나 왕에 바치는 출전선언문의 비장함과도 같은 다짐이다. 무슨 일을 새로 시작할 때 호흡을 가다듬고 오로지 목표하는 바를 응시하면서 모든 에너지를 총 집결하고 올인하는 자세를 가져야 그것을 이룰 수가 있는 것이다.

그동안 흐트러진 자세를 바로잡고 초심으로 돌아가 결의를 다시 다지는 심신의 의식과도 같은 것이다.

2

●●●●●●●●●●●●●●●●

무엇이 자기를 지켜주는가?

당신의 핵심역량지수는?

지금 우리는 불확실한 글로벌 무한 경쟁 시대에 살고 있다. 한 치 앞을 내다볼 수 없을 정도로 세상은 시시각각 빠르게 변하고 있다. 이런 변화의 시대에 자기중심을 잡지 못하면 그 혼란의 소용돌이 속으로 자신을 잃게 될 수도 있다.

이러한 변화의 소용돌이 속에서 자신을 지켜주는 것은 남들보다 한발 앞서 대응하고, 그 흐름을 주도할 수 있는 바로 '남과 다른' 차별화된 '자신만의 핵심 역량'이라 할 수 있다.

1) 남들과 다른 자신만의 키워드를 만들자

인간관계, 좋은 인성과 품성, 꿈과 목표, 비전, 감사와 배려, 이타심, 사회 공헌 등 수 많은 덕목은 자기계발 서적에서 그동안 많이 보아왔다. 이런 요소들은 인생에 있어 성공하고 행복하기 위하여 반드시 필요한 덕목들임을 누구나 알고 있다. 그러나 정작 '나'라는 자신만의 identity 를 나타내는 키워드가 없는 것이다. 소위 말해서 Nomber One, One of Them이 아니라 Only One, 즉 그들 중 뛰어난 한 명이 아니라 이 세상에서 유일한 자신을 찾아내야 하는 것이다.

그러기 위해서는 먼저 남들과 차별화되는 자신만의 '강점'이 무엇인가를 찾아내야 한다. 애초부터 창조주는 똑같은 사람을 만들지 않았다. 70억의 인구 중에 얼굴이나 성격, 생각이나 체형이 똑같은 사람은 단 한 사람도 없다. 하물며 한날한시에 태어난 쌍둥이들도 제각각이 다르게 태어난다. 그야말로 당신은 천상천하 유아독존(天上天下唯我獨存)으로 이 세상에서 당신보다 더 존귀한 사람은 없는 것이다.

"모든 불행의 시작은 남과 비교하는 것으로부터 시작된다."고 쇼펜하우어는 말하였다. 남과의 비교가 아닌 비교할 수 없는 유일한 존재임을 자각하는 것으로부터 시작하는 것이다.

＊ 강점혁명(the strengths revolution)

최근 갤럽(The Gallup Organization)이 64개국 101개 업체 170만 명의 조사에서 "당신은 매일 직장에서 가장 잘하는 일을 할 기회를 얻습니까?"라는 질문에 20%만이 그렇다고 답하였다고 한다. 이는 우리 대부분은 자신의 강점을 잘 활용하지 못하고 있으며, 앞으로 구성원들의 잠재력을 찾아 발휘하도록 도와주기만 하면 성장률에 많이 증가하게 할 가능성이 있다는 희망적인 메시지이기도 하다.

그러나 지금까지 우리는 첫째, 모든 사람은 교육만 받으면 어떤 분야에서든 유능해질 수 있다. 둘째, 모든 사람의 성장 가능성은 그들의 가장 큰 약점에 있다. 라는 잘못된 가정을 바탕으로 운영됐다고 할 수 있다.

이제는 이를 뒤집는 새로운 혁명적 가정을 세워야 할 시점에 온 것이다. 첫째, 모든 사람은 자신만의 독특한 재능을 갖고 있으며, 그것은 절대 변하지 않는다. 둘째, 모든 사람의 성장 가능성은 그들이 가진 강점에 있다는 것이다.

왜냐하면, 사람은 자신의 약점을 보완하기 위하여 노력하는 것보다 강점을 찾아 개발하는 것이 훨씬 성공할 가능성이 높기 때문이다. 모든 부문에서 뛰어난 사람이면 이상적이겠으나 현실적으로 사람의 능력 총합계는 일정하다고 가정했을 때, 그 에너지를 다방면으로 분산하는 것 보다 어느 한두 분야에 집중함으로써 그 결과는 훨씬 좋을 수 있기 때문이다.

이제 우리는 약점을 보완하는 데 집중되었던 모든 관심을 자신의 강점을 찾아내고 발전시키는 데 열중하여야 한다.

* 강점과 장점의 다른 점

우선 사전적 의미로 강점은 '남보다 우세하거나 더 뛰어난 점'이고 장점은 '좋거나 잘하거나 긍정적인 점'(국립 국어원 표준국어 대사전 참조)이라고 되어 있다. 강점은 남과 비교하여 더 나은 것을 말하므로 일단 상대적인 개념이고, 장점은 본인 스스로 좋아하고 잘할 수 있는 점으로 절대적인 개념이라 할 수 있다.

변화연구소 고 구본연 소장은 "벤자민 프랭클린(Benjamin Franklin)은 활용되지 않고 낭비된 재능을 그늘에 놓인 해시계에 비유하며, 인생의 비극은 우리가 천재적인 재능을 타고나지 못한 것이 아니라, 가지고 있는 강점을 충분히 활용하지 못한 데 있는 것이다."라고 하였다.

따라서 "자신의 강점을 발견한 사람은 성공에 접근한 사람이다."라고 하고, "더 나아가 자신의 강점을 강화하고 활용하는 사람은 이미 성공한 사람이다."라고 말하며 스스로 강점을 인지하는 것과 그 강점을 잘 활용하는 것이 성공의 지름길임을 강조하였다.

왜냐하면, 장점에 초점을 맞추면 단점은 사라지기 때문이다. 그 강점은 외면과 내면의 강점으로 나누어 생각해볼 수가 있는데 외면의 강점은 외모가 남보다 뛰어난다든지 체격이 남다르고 건강미가 넘치고 언제나 미소를 잃지 않는 얼굴, 친절하고 상냥한 태도, 그리고 겸손하면서 예의 바른 태도, 지성미 등 외모에서 풍기는 느낌을 말하며, 내면의 강점은 자기 동기능력, 자기조절능력, 끈기, 도전 의지, 회복 탄력성, 인내 등의 성취력을 좌우하는 정신 근력이 높은 것을 말한다.

* 마커스 버킹엄과 클리프턴의 강점 확인(Clifton Strengths Finder)

마커스 버킹엄과 클리프턴 강점 확인(Clifton Strenghts Finder) 프로그램은 인터넷을 기반으로 정상적인 인성을 측정하는 도구로 긍정 심리학을 기초로 하고 있으며, 갤럽(Gallup)에 의해 개발된 강점 확인 프로그램으로 온라인에서(www. StrengthsFinder.com) 이용할 수 있다. 모두 34가지 강점(개발자, 개인화, 경쟁, 공감, 공평, 관계자, 긍정성, 매력, 맥락, 미래 지향, 복구자, 분석가, 사고, 성취자, 신념, 신중함, 연결성, 의사소통, 자기 확신, 적응력, 전략, 조정자, 조화, 중요성, 질서, 착상, 책임, 초점, 최상주의자, 탐구심, 포괄성, 학습자, 행동주의자, 명령)을 측정하는데, 가장 높은 점수를 받은 '5가지 대표 테마'를 선정한다.

이 다섯 가지 테마는 사람으로 하여금 합리적인 판단을 내리게 하고, 자신만의 독특한 행동을 본능적이고, 반복적으로 행하게 하는 가치판단의 강력한 준거가 된다.

• 일상생활에서 좋은 결과를 내었던 일들을 살펴보면 자신의 강점을 발견할 수 있다.

숨겨진 재능을 발견하기 위해서는 어떤 상황에 맞닥뜨렸을 때 자신이 맨 처음에 나타난 무의식적인 반응과 관심, 어떤 행동에 자신도 모르게 끌리는 동경심과 애착, 쉽게 익숙하게 되는 빠른 학습속도나 그 일로 인하여 기분이 좋아진다는 느낌 등의 실마리로 쉽게 발견할 수가 있다.

예를 들어 누구에게 말을 걸어 호감을 사고 친근함을 주었기나 쉽게 공감하며, 많은 사람 앞에서 프리젠테이션을 할 때 요점을 잘 정리하여 정확히 청중에게 전달하고 유머를 적당히 썩어 청중의 시선과 주의를 집중시키고, 불우한 이웃이나 독거노인들을 위해 생활환경 개선과 연탄 배달과 장애인 보살핌 등 봉사활동과 때로는 공부할 때 몰두하여 학업성적이 크게 향상된 것 등에서 그동안 미처 몰랐던 자신의 침착성이나 집중력, 절제력, 발표력에서 뛰어난 능력을 찾을 수가 있게 된다.

　〈위대한 나의 발견, 강점혁명〉(마커스 버킹엄, 도널드 O, 클리프턴, 청림출판사, 2015. 1. 15)에서 5대 강점으로 ① 매력(낯선 사람과 쉽게 친해지는 능력), ② 의사소통(설명하기, 묘사하기, 사회 보기, 대중 앞에 연설하기, 그리고 글쓰기를 좋아하는 능력), ③ 중요성(자신의 열망을 중요하게 생각하고 실현하는 능력), ④ 초점(목표를 설정하고 목표달성에 집중하는 능력), ⑤ 관계자(사람과의 관계를 잘 유지하고 더 키워나가는 능력)를 제시하고 있다.

　사람들은 보통 자신의 약점과 실패, 진정한 자아에 대해 두려움 때문에 강점을 개발하기보다 약점을 고치기 위해 주로 애를 쓴다. 약점은 장점을 발휘하는데 장애가 되면 어느 정도 대책을 마련해야 하지만 약점을 강화 하여는 결코 탁월함으로까지 나아갈 수는 없다. 마틴 셀리그만 교수도 지적했듯이 오직 강점을 이해하고 개발해야만 뛰어난 성과를 거둘 수 있는 것이다. 어느 사람도 실패할 위험을 두려워하지 않을 수는 없다. 특히 자신의 강점을 발휘하여도 실패할 경우는 더욱 그렇다. 그러나 실패 역시 배움의 기회이고 과정으로 실패를 거울삼아 다음에 더 잘할 수 있으면 그만이다. 너무 실패에 함몰되어 앞으로 나아가는 데 걸림돌이 되어서는 안 된다는 것이다. 그리고 어쩌면 당신은 자신에게 특별히

내세울 만한 재능이 없다는 이유를 들어 강점을 발견하기를 주저할지도 모른다. 무능, 자기부정, 평범함에 대한 불만 등으로 스스로 잠재된 강점의 씨앗을 아예 잘라버리는 우를 범하는지도 모른다. 내 안에 있는 강점을 다만 알아차리지 못할 뿐이다.

관리자의 덕목은 조직 개개인의 특성을 파악하고 그들의 강점을 살려주는 '개인화'가 34개 테마 중 가장 강력한 테마라 할 수 있다. 따라서 관리자의 역할은 부하 직원들에게 첫째, 명확한 목표를 설정하게 하고 둘째, 잘못할 때 바로 잡아주고, 옳은 일을 하면 칭찬과 격려로 동기를 부여하며, 셋째, 직원의 재능을 생산적이고 강력한 강점(개인화에 대한 열정)으로 승화시키려고 리더십을 발휘하는 데 있다. 또한, 강점을 기반으로 한 조직의 실제적인 구축활용에는 채용 시스템, 성과관리 시스템, 경력 개발 시스템 등이 있다.

2) 당신만의 브랜드는 무엇인가?

브랜드의 사전적 의미는 특정한 매주(賣主)의 제품 및 서비스를 식별하는 데 사용되는 명칭,·기호, 디자인 등의 총칭을 말한다. 말로써 표현할 수 있는 것을 브랜드명(名), 말로써 표현할 수 없는 기호, 디자인, 레터링 등을 브랜드 마크라고 한다. 또, 브랜드명, 브랜드 마크 가운데에서 그 배타적 사용이 법적으로 보증된 것은 상표(商標 : 트레이드 마크)라고 한다.

기업이 자사 제품에 브랜드를 부여하는 것은, 그것을 경쟁 상대의 제품과 명확히 구별하기 위해서이지만 그것은 소비자의 상표 충성도(brand loyalty)의 존재와 무관하지 않다. 브랜드 로열티는 브랜드 선택에 있어 소비자가 어느 특정한 브랜드에 대해 갖는 호의적인 태도, 그에 따른 같은 브랜드의 반복적 구매 성향을 보여 구매빈도가 높고 그 품질을 사전에 확인할 수 없는 제품일수록 그러한 경향이 높다.[42]

이처럼 특정 제품이나 상표를 타사와 차별화하는 전략으로 자사만의 고유한 이미지나 고객 충성도를 인적자원에도 똑같이 적용할 수 있다. 그 사람만의 고유한 이미지나 능력, 재능 개성 등에 대하여 부여하는 가치를 말한다. 자신을 기업이 원하는 인재로 만드는 것이 아니라 기업이 나를 필요하도록 개인 브랜드 즉 '나' 브랜드를 만드는 데 초점을 두어야 한다.

김연아라고 하면 '피겨 스케이팅의 여왕'이라는 생각이 떠오르고, 박지성은 맨체스터 유나이티드에서 활약하는 축구선수라는 이미지가 먼저 떠오르게 된다. 바로 이렇게 누구라도 쉽게 그가 어떤 사람인지 이미지가 그려지는 것이 그 사람의 브랜드라고 할 수 있다. 다음에 또 만나면 '누구시더라?'하고 잘 모르면 개인 브랜드가 전혀 없는 경우이고, 아하 당신이었군요! 만나 뵈어 반갑습니다. 그렇지 않아도 한번 만나 뵙고 싶었습니다만, 하고 당신이 누구인지 금방 알아차리면 그것이 당신의 브랜드인 셈이다. 사람들은 그 사람의 콘텐츠보다도 브랜드에 더 열광하기 때문이다.

요즈음은 평생직장이라는 개념은 사라진 지가 오래되었다. 그러다 보니 직장에 대한 충성심이나 애착보다 삶의 방편으로 전락하고 언제라도 떠나야만 하는 을의 처지로 내몰리기 일쑤이다. 이러한 시대적 변화에도 불구하고 문제는 소속사의 브랜드에 편승하여 직장명함을 빼면 아무것도 내세울 것이 없이 자신만의 고유한 업무능력을 쌓지 못하고 있다는 데에 있다. 평생 직업인으로서의 자신만의 고유한 퍼스널 브랜드를 가지지 못하고 있기 때문이다. 따라서 직장에 있을 때 이직을 미리 예상하여 미리 틈틈이 준비할 필요성이 대두하고 있다. 마치 스포츠 선수들처럼 자신의 몸값이 스카우트되어 고속 엘리베이터처럼 천정부지로 뛰는 것과 같이 만들어야 한다는 이야기다. 현실에 안주하다 보면 생각처럼 쉽지 않다는 것이 문제다. 노벨 생리의학상을 수상한 오스트리아의 동물 심리학자인 콘래드 로렌츠(konrad Lorenz) 박사는 알에서 깨어난 새끼 오리들이 태어나서 처음 보는 대상을 엄마라고 인식하고 맹목적으로 따르는 현상으로 자연계의 서식지에서 동물들의 생존 가능성을 증진하는 행동패턴 중 하나로 생후 제한된 기간 내에서만 일어나고, 강한 애착 기제로 진화된 '각인이론(imprinting)'으로 설명하였다.

처음 보는 이미지 그대로 그 영향력이 유지되는 것으로 마케팅에 처음 5초 안에 비즈니스 승패가 좌우된다고 적용하고 있다. 첫인상은 5초 안에 결정되며 기업이나 개인에 있어서 전하고 싶은 이미지나 메시지가 바로 브랜드이며, 그것은 첫인상을 결정하는데 결정적인 요인이 된다. 지금은 브랜드 시대다. 한 분야에 전문가로 인정되고 나면 그동안 구축된 이미지 자체가 제품이나 사람 됨됨이의 가치로 평가받는 세상인 것이다.

당신은 어떤 사람으로 각인되어 있는가? 나만의 브랜드를 구축하는 것이 무한경쟁시대에 성공을 보장하는 필수전략임을 자각해야 할 것이다. 브랜드는 자기가 의도하는 데로 만들 수가 있다. 있느냐? 없느냐? 없으면 만들어야 하고 있으면 어떻게 만들 것인가가 관건이다.

3) 당신의 청룡언월도는 무엇인가?

삼국지에서 관우(關羽)는 9척 신장에 수염 길이 2척, 잘 익은 대춧빛 얼굴에 누에 눈썹과 봉황의 눈을 가진 장수, 한 손에 청룡언월도를 쥐고 적토마를 타고 무수한 전장을 누빈 삼국지 최고의 무장으로 알려져 있다.

그가 그토록 전쟁의 영웅이 될 수 있는 데는 그만의 비장의 무기 '청룡 언월도'가 있었기 때문이다. 청룡언월도(靑龍偃月刀)는 언월도(偃月刀)의 일종으로, 줄여서 청룡도(靑龍刀)라고 하기도 한다. 반현의 달과 같이 생긴 거대한 칼날에 청룡이 한 마리 새겨져 있어서 이러한 이름이 붙게 되었다. 중국 삼국 시대의 명장 관우(關羽)가 사용했다고 하는 무기인 냉염거(冷艷鋸)가 유명하며, 명칭은 설원에서 계속되는 전투로 붉은 피로 된 얼음 막이 생겼다는 것에서 유래한 것이다.

《삼국지연의》에 따르면, 장세평(張世平)이라는 상인에게 받은 강철을 이용해서, 유비(劉備), 장비(張飛)와 거병 시에 마을 대장간에서 만들었다고 한다. 무게는 82근(약 40 킬로그램)에 달했다고 한다. 이처럼 관우가 사용한 천하무적의 칼과 같이 어느 사람도 근접할 수 없는 자기만의 필살의 무기는 무한 경쟁사회에 살아남기 위한 생존전략의 비장 무기가 된다. 노래면 노래, 춤이면 춤, 골프, 야구, 축구, 스피치, IT기술 등 어느 한 분야에 있어 어느 사람도 감히 따라올 수 없는 자기만의 탁월함과 브랜드로써 비장의 무기인 관우 장의 청룡언월도와 같은 필살기를 가져야 한다는 것이다. 성공적인 개인 브랜드 구축은 당신의 몸값과 당신의 가치를 올릴 수 있는 확실한 보험과도 같은 것이다. 둘도 필요 없다. 오직 하나만이면 충분하다. 마치 날카로운 이빨과 발톱이 사자를 동물의 왕좌로 지켜주고, 미세한 움직임도 감지할 수 있는 천리안과 날카로운 부리, 억센 발톱이 독수리를 천상의 왕좌로 지키게 해주는 필살의 무기인 것과 같다. 한때 유튜브를 타고 세계를 강타한 가수 싸이(박 재상)의 '강남 스타일'은 그만의 독창적인 안무와 섹시스타일, 그리고 코믹한 뮤직비디오라는 필살기의 무기 때문이었다. 당신은 그 사람 하면 누구에게나 똑같이 순간 자동으로 떠오르는 이미지나 브랜드를 구축하고 있느냐? 다행히 있으면 그것을 더욱 키우면 되고 만일 없다면 지금부터라도 만들어 가자. 결코, 늦을 때란 없다. 시작이 반이다. 이것만이 확실히 자신을 지켜주는 일등 공신이 될 것이다.

4) 남보다 앞서고, 남이 보지 못하는 예지력

삼성전자는 1969. 1월 삼성전자 공업사를 설립한 후 호암 이병철 전 삼성그룹 회장은 특유의 통찰력과 선견력으로 1983년 반도체 산업에 진출하여 우리나라의 오늘날 세계 속의 첨단 산업의 기반을 마련하게 되었다. 당시로써는 반도체 산업에 진출하는 것은 감히 상상도 못 할 일대 모험이었다. 먼 미래를 꽤 뚫어 보는 혜안이 없이는 결코 있을 수 없는 리더의 뛰어난 통찰력이었다. 세계 3번째 64KD램 생산국가가 되었으며, 1991년 휴대전화를 개발하였고 드디어 1993년에는 메모리 반도체 부문에서 세계 1위에 등극하게 되었다.

그리고 2002년에는 낸드플레시 메모리 세계 1위였고, 1999년에 스마트폰을 개발하였고, 2007년에 와서 휴대폰 세계 2위에 등극하였고, 2013년에는 갤럭시 S4를 글로벌 출시하였고, 20나노급 4Gb 초고속 모바일 D램 양산을 시작하였다.

한때 세계의 가전업계를 호령하던 일본의 전자회사인 소니사와 파나소닉과 샤프사 등은 최근에 와서 후발주자인 삼성이나 LG 등에 밀려 수년에 걸친 누적적자로 심각한 존폐의 위기를 맞고 있다. 실적 악화 요인은 여러 가지가 있겠으나 가장 근본적인 이유는 역설적인 말이지만 일종의 '승자의 저주'에 있다고 할 수 있다. 혁신제품을 개발해 시장을 창출하고 선도하는 것은 그동안의 일본 전자업체의 전매특허였다. 소니의 워커맨뿐 아니라 D램, DVD, LCD 등등은 모두 일본에서 창조된 제품이었다.

기술력을 바탕으로 한 세계 1위의 지위가 영원할 것이라 믿었던 과도한 자부심에 매료되어 미래에 닥쳐올 새로운 트랜드를 예측하지 못한 문제였다. 1990년대부터 일본의 혁신제품은 사라졌고, 시장의 주도적 지위는 후발주자인 삼성 LG 등 한국 기업에 넘어갔다. 결국 "디지털 가전분야의 패배자로 전락했다"(쓰가 가즈히로 파나소닉 사장)고 자인하는 상황에 이르고 말았다.

지금 삼성이나 LG가 휴대폰, 가전 등에서 세계시장을 호령한다. 하지만 한국기업이 몇 개 분야에서 1등을 했다고 결코 마음을 놓을 때가 아니다. 페달을 지속적으로 밟지 않으면 쓰러지는 자전거처럼 조금만 느슨해져도 바로 절벽으로 떨어지는 것이 오늘날 무한경쟁의 글로벌 시장이다. 더구나 한국 전자산업은 그동안 일본을 따라 성장의 길을 밟아왔다. 소위 말하는 리더를 존중하며 긍정하고, 따르며, 함께하고 경청하는 을의 팔로워십(Follow)을 십분 발휘하였다는 것이다. 그러나 최근에는 그동안 기술 면에서 전혀 경쟁 상대도 되지 못했던 중국의 전자회사가 새로운 강자로 등극하여 무섭게 추적해 오고, 급기야 저가 휴대폰 공세로 한때 삼성을 능가하는 발전을 보여 세계를 깜짝 놀라게 하고 있다. 바로 샤오미와 화웨이와 같은 업체들이다.

일본을 반면교사(反面教師)로 삼아야 한다는 역사의 준엄한 교훈을 새롭게 다져야 할 계기로 삼아야 할 것이다. 추격자가 아닌 선도자가 되려면 그게 걸맞은 행동양식과 정신이 따라야 한다. 해외시장에서는 삼성과 애플 다음의 3위, 국내시장에서는 혜성처럼 떠오른 샤오미에 밀린 중국 화웨이(華爲)가 꾸준한 성장세로 전 세계 스마트폰 시장을 서서히 장악해나가겠다는 야심을 드러냈다. 특히 중국 국내 스마트폰 및 휴대폰 제조업체와의 저가 출혈경쟁에서 벗어나 압도적 우위를 장악하고 있는 삼성과 애플 같은 기업으로 성장을 바라고 있다며 '도광양회' 전략 구사를 시사해 주목됐다. 2014년 세계 휴대폰 시장은 삼성이 3억 1,720만대 판매로 1위를 지켰으며, 2위는 애플로 1억 9,270만대, 3위는 레노버로 9,270만대, 4위는 중국의 화웨이로 7,500만대, 5위는 LG로 5,910만대를 판매하였고 중국의 샤오미는 5,790만대로 5위권 밖으로 밀렸다.

여기에 애플과 샤오미에 치인 삼성전자가 반격을 준비하고 있다. 이미 보급형에서는 '갤럭시A'와 '갤럭시E' 시리즈를 내놓았고 최근에는 프리미엄 스마트폰 '갤럭시S6'를 선보였다. 삼성전자는 2015년 3월 1일 스페인 바르셀로나에서 열리는 MWC(모바일 월드 콩그레스)에서 삼성 갤럭시 언팩 2015를 개최하며 '갤럭시S6'와 S6 엣지(Edge)를 공개하고 4월 10일에 세계시장에 공식 출시하였다.

갤럭시S6는 애플과 샤오미의 협공으로 위기에 빠진 삼성전자 무선 사업부가 꺼낸 야심작이다. 갤럭시S6는 기존 '갤럭시S' 시리즈와 완전히 다르다. 갤럭시S 시리즈 중에서는 처음으로 금속프레임을 채택했다. 최고 다운로드 속도 450Mbps의 3밴드 LTE-A(롱텀에볼루션 어드밴스드)를 지원한다. 삼성전자 내부에서도 갤럭시 S6에 거는 기대가 크다. 경쟁사의 위협을 돌파하기 위해 '괴물'을 만들었다는 얘기가 나올 정도다. 삼성전자 관계자는 "갤럭시 신제품이 이전 제품보다 잘될 것이라고 말했다. 바로 남보다 앞서고, 남이 보지 못하는 누구에게도 자유로울 수 없는 예지력만이 시장을 선도할 수 있기 때문이다.

* 미래를 꽤 뚫는 예지력

1970년대 정주영 회장은 남산에 올랐다. 한강이 굽이쳐 흐르는 서울을 바라보며 먼 훗날 서울이 인구 폭증으로 확장될 미래를 예상하며 한강을 사이에 두고 훑어보기 시작했다. 지금은 한 강가의 버려진 늪지대이지만 강남이 가깝고 도심에서도 그리 멀지 않는 지금의 압구정 근방이 앞으로 개발되지 않을 수 없으리라 예측하고 직원에게 그곳 땅을 헐값에 매입하도록 지시하였다. 그 후 그의 예측대로 도심재개발로 압구정동은 고급 아파트 단지로 재탄생하게 되어 엄청난 이득을 볼 수가 있었다.

또한, 70년대 중동국가들의 고유가 정책으로 세계적인 오일 쇼크가 왔다. 정주영 회장은 엄청난 오일 머니로 중동국가들의 개발붐이 오리라 예측하고 남 먼저 중동으로 날아가 대규모 공사를 수주하여 막대한 수익을 올려 그 자금으로 그룹의 확장은 물론 조국 근대화 개발 자금으로 크게 기여하게 되었다.

어디 그뿐이 아니다. 중동국가들의 오일 머니로 원유수송선의 수요가 많이 늘어나리라 예측하고 현대중공업을 설립하여 화폐에 새겨진 거북선을 보여주며 이미 우리 선조들은 이런 전함도 만든 기술이 있는 나라임을 강조하며 설득하는 기지를 발휘하여 마침내 막대한 조선소 설립자금을 유치하여 오늘날 세계 제일의 조건소로 키워내었다.

주식 투자는 대표적으로 기업의 미래 가치에 대한 현재투자라고 볼 수 있다. 기업은 현재에 만족하지 않고 미래 신 성장 산업을 선정하여 끊임없이 투자하지 않으면 경쟁에서 도태될 수밖에 없다. 그래서 웬만한 규모의 기업은 사내에 연구개발소를 설치하여 새로운 제품이나 품질개선을 위하여 연구개발에 매진하는데 사운을 걸게 된다.

핸드폰 시장에서 6개월 단위로 신제품을 계속 출시하지 않으면 시장에서 도태된다는 위기의식이 팽배하다 보니 서로 소비자의 다양한 욕구에 부응하여 시장을 선점하고자 앞 다투어 신제품을 출시하고 있다. 주식시장에서는 이러한 기업의 발 빠른 미래 예측대응력을 보고 기업의 미래가치를 예측하여 투자하게 되고 주가는 여기에 따라 등락이 엇갈리게 되는 것이다.

누가 먼저 미래 기업의 가치를 정확히 예측하느냐 하는 문제가 증권사의 유능한 애널리스트들의 역량이 되고 있다.

비단 주식시장만 그런 것은 아니다. 어떤 분야라도 미래예측이 중요하지 않은 분야는 없다. 트랜드(Trend)라는 말은 주로 미래의 방향, 경향, 동향, 추세 유행 등의 뜻으로 사용되고 있다. 주로 패션용어로 다음에 오는 패션의 경향을 말하나 어느 분야에도 미래의 트랜드가 없는 분야는 없다. 예를 들어 출판 트랜드, 창업, 디자인, 뷰티, 워치, 가전 등 수없이 많은 트랜드가 있다. 누가 먼저 미래에 올 트랜드를 정확히 예측하고 미리 준비하느냐가 관건일 뿐이다.

이제는 미리 선점하고 예측하지 못하면 살아남기 어려운 무한 경쟁의 시대이다. 통찰력과 예지력이 경쟁력이며 핵심가치인 것이다.

한참 붐이 일어나고 유행할 때 뛰어드는 것은 막차를 타는 경우가 대부분이다. 특히 주식시장에서 개미들은 한참 상한가를 칠 때 너도나도 무작위로 뛰어들 때가 가장 위험하다. 물론 예외인 경우도 있을 수는 있지만, 이미 그때는 큰 손들은 충분한 시세 차익을 남기고 시장을 철수할 기회만 보고 있을 때로 보면 틀림없다. 부동산 시장도 크게 다를 바가 없다. 한참 개발 붐이 일어날 때 돈이 되니까 불나방이 불을 보고 본능에 따라 날아들듯이 너도나도 정신없이 뛰어들게 되는데 대부분이 막차를 타는 경우가 많았다. 시세차익은커녕 나중에 본전도 못 건지는 경우가 태반이 넘었다. 8~90년대 한참 개발붐을 탈 때야 자고 나면 오를 때이니까 늦게라도 붙잡으면 돈이 될 때도 있었으나 요즘같이 부동산경기가 없을 때야 무작위로 투자했다가는 쪽박 차기가 일쑤일 것이다. 개인이나 조직을 막론하고 현실의 안주는 미래의 패배를 의미한다. 청년들은 물론 중년들이여 자신도 모르는 '내 삶의 복병'에 사로잡혀 서서히 꺼져가는 자신을 이제는 내버려둘 수는 없다. 이제야말로 깊은 잠에서 자신을 깨워보자. 현대와 삼성이 그랬듯이 통찰력과 예지력으로 남과 다른 자신만의 키워드인 강점을 발견하고 키워 자신만의 필살기인 브랜드를 구축하여 진정한 삶의 의미와 가치를 찾아보자.

생각의 틀을 바꾸자 (비판적, 창의적, 융합적 사고력)

오늘날 우리나라 교육은 오직 입시 위주의 주입, 암기식 교육으로 전락하여 지성이나 인성을 균형 있게 하는 전인교육은 이제는 존재하지 못하게 되었다. 물질 만능주의와 과열경쟁, 과정을 무시하고 결과만 중시하는 사회문화적인 영향으로 교육은 오로지 일류 대학에 가서 돈을 많이 벌어 경제적으로 풍요롭게 사는 하나의 수단으로 전락하게 되고, 돈만 많이 벌면 행복할 수 있다는 잘못된 가치관으로 일종의 사회 병리 현상이라 할 수 있겠다.

과연 일류대학을 나와 일류회사에 취업하여 돈만 많이 벌면 행복할 수 있을까? 물론 자본주의 사회에서는 경제적으로 풍요로우면 그만큼 편리하고 행복할 수도 있을 것이다. 그러나 행복이라는 것은 개인의 '만족'이라는 주관적인 개념으로 결정되고 있다고 할 수 있다.

경제적인 측면만은 이제 결코 행복을 가름하는 척도가 더이상 되지 못하고 있다. 2010년 세계 국가별 행복지수 조사에 의하면 히말라야 변방에 위치한 부탄이라는 작은 나라는 국민 소득이 불과 2,000불에 불과하고 인구도 75만 명이며, 국토면적도 우리나라의 1/5에 불과한 가난한 나라이지만 국민 97%가 행복하다고 느끼며 국민 행복지수가 세계 최고로 조사되었다.

2008년 프랑스 사르코지 전 대통령과 노벨 경제학 수상자인 조지프 스티글리츠(Joseph Stiglitz) 컬럼비아대학 교수가 중심이 되어 국민 행복지수 HGP(Gross Happiness Product)를 새로 개발하여 경제부문 이외의 주거환경, 교육, 안전, 휴가일 수, 평균기대수명, 의료 서비스, 인간관계 등 행복한 삶을 영위하는 데 필요한 다양한 요소를 평가항목에 포함한 새로운 개념을 제시하였다. 따라서 2010년부터는 국가 경쟁력을 평가할 때 이제는 GDP로써 평가하지 않는다. GDP가 아닌 GHP를 기준으로 평가하면 국가 간 순위가 크게 달라진다. OECD국가 중 2012년 기준 GDP 1위가 미국, 2위는 중국, 3위는 일본 순인데 GHP기준은 GDP 기준 34위에 불과한 덴마크가 1위이고 2위는 오스트레일리아, 3위는 노르웨이 순이었다.

우리나라는 34개국 중 GDP가 15위이나 국민 행복지수는 26위로 하위그룹으로 추락하고 있다. 경제와 행복지수가 동시에 OECD 10위권 안에 드는 나라는 캐나다가 유일하다. 경제력은 이제는 행복을 가름하는 기준이 되지 못한다는 반증이기도 하다. 2015년 4월23일(현지시각) 유엔 산하 기구인 지속가능발전해법네트워크(SDSN)의 '2015세계행복보고서'에 의하면 158개국의 평점은 5,1점이며, 스위스가(7,587점)1위, 아이슬란드(7,561)2위이고 2013년 1위 덴마크는 3위로 밀려났다.

복지제도와 민주화 수준이 높은 북유럽국가들이 상위권이고, 최하위는 토고(2,839)이며 하위그룹은 브루나이, 시리아, 르완다 등 중동과 아프리카 국가들이다. 미국은 15위, 러시아 64위, 중국은 84위 다. 우리나라는 47위(5,984)이고 2013년 41위(6,267)에서 6위나 밀렸다. 아시아에서는 싱가포르(24위)가 1위, 태국(34), 대만(38), 일본(46)에 이어 5위에 머무르고 있다. 평가는 10점 만점척도로 사회보장 정도(30%), 1인당 국민소득(26), 건강기대수명(19), 선택의 자유 (13), 관용 의식(7), 부패 인식(4)의 6가지 지표에 의해 평가한다. 2012년부터 매해 발표하는 '세계행복지수'는 1970년대 부탄의 지그메 케사르 왕추크(28) 전 국왕과 지그메 틴레이 전 총리가 입안한 마음행복의 개념으로 국민총행복지수(Gross National Happiness)를 만든 한 프로젝트로부터 시작되어 2012년 첫 번째 발간되고 2013년에 2번째, 2015년은 3번째 발표다.[52] 행복의 기준도 바뀌듯이 교육도 과거의 교수 중심의 수용적 주입식, 암기 위주에서 학생중심의 비판적이고 창의적이며, 융합적인 토론식으로 바뀌고 있다.

단순히 있는 그대로의 사실을 인지하는 것은 지식에 불과하다. 지식과 정보는 오늘날 지천으로 깔려있다. 정보화 시대에 사는 우리는 마음만 먹으면 필요한 정보를 클릭 한 번으로 쉽게 접근할 수 있고 입수할 수 있다. 굳이 도서관에 가서 필요한 정보나 지식을 검색하고 찾을 필요 없이 인터넷 창에 마우스 원 클릭으로 시공을 초월하여 무엇이든지 얻을 수가 있다. 이제 우리에게 필요한 것은 그 많은 정보를 어떻게 자기가 원하는 것으로 편집하고 재구성하여 새로운 가치를 창출하느냐에 달려있다. 이제는 편집이 곧 창조행위라고 볼 수 있기 때문이다. 스티브 잡스는 "창조"를 일컬어 "이미 존재하는 것들을 연결하는 힘이다."라고 하였으며 세상에 이미 존재하는 것들을 유기적으로 연결하고 재편집하여 새로운 관점과 가치를 부여하는 행위를 의미한다.

또한, 같은 사안이라도 남과 다르게 보는 시각, 관점의 변화는 비판적 사고로 가능하다. 자기중심적인 아집이나 편견인 아성을 넘어 원래 모습인 진상을 보는 것을 의미한다. 비판은 비난을 의미하지 않는다. 차이는 나쁜 것이 아니라 서로의 개성을 존중하고 공존 공생하며 발전 지향적으로 진실을 찾았다는 과정에 불과하다.

이러한 비판적 사고나 창의력은 지식에서 지혜로 승화될 때 빛을 발하게 되는 것이다. 그동안 단순한 지식의 축적인 암기 위주의 주입식교육으로는 한계가 있으며 학생이 주도하는 토론식 수업이 그 해법이 될 것이다. 뉴턴이 사과가 떨어지는 것을 보고 왜 옆이나 위로 떨어지지 않고 밑으로만 떨어지는가? 모든 사물이 똑같이 밑으로만 떨어지는 사실에 대한 의문을 품지 않았다면 결코 만유인력을 발견할 수 없었을 것이다. 지구에는 중력이 있으며, 질량이 있는 곳에는 반드시 서로 끌어당기는 중력이 작용하므로 태양주위로 달이 일정 거리를 유지하며 돌고 있는 사실까지도 밝혀내게 된 것이다. 무비판적인 수용적 자세는 이제는 발전이 없다. 호기심과 문제의식으로 언제나 깨어 있어야 한다.

당연한 것도 다른 방법은 없을까? 좀 더 효율적인 방법은 무엇일까? 하고 끊임없이 의문과 호기심을 가지고 다르게 바라보며, 스스로 질문을 던질 때 새로운 해결책이 보이게 된다. 또한, 다양한 분야의 경계를 넘어 서로 융합하여 사고의 영역을 통합적이고 다면적으로 확장함으로 창의성이 발휘될 수 있다.

어떤 사건이 생겼을 때 어떤 것은 좋은, 혹은 나쁜 사건이라 말한다. 사실은 사건 자체는 좋고 나쁨이 없다. 다만 그것을 바라보는 사람이 어떻게 받아주느냐에 따라 좋을 수도 있고 나쁠 수가 있는 것이다. 어떻게 바라보느냐의 관점의 문제일 뿐이다. 저 나쁜 놈, 죽일 놈하고 미워하며 화를 내는 것은 모두가 내가 스스로 지어낸 허상이고 그 상에 사로잡혀 집착하고 있을 뿐입니다. 모든 것은 지어내는 마음과 생각에 달려있기 때문에 한 곳에만 집착하지 말고 관점과 틀을 바꾸어 보자.

창의성이란 어떤 것을 새롭고 다르게 볼 수 있는 능력으로 기발하고, 유용한 해결책을 찾아내는 종합적인 사고과정으로 전통적인 사고유형에서 벗어나 독창적이고 유용한 아이디어를 창출하는 능력이며, 지금까지 창의성은 소수의 특정인만 가지는 선천적인 특성으로 인식하였지만, 최근에는 모든 인간이 가지고 있는 보편적 특성으로 교육을 통해 얼마든지 개발할 수 있다고 한다. 아리스토텔레스의 〈시학〉에는 "모방은 창조의 어머니"라 하였다. "무에서 유를 창조하는 것은 물론 기존에 존재하는 것들을 재구성 편집하여 새로운 가치를 창출하는 행위를 말한다.

창의력 연구의 대가인 길포드(Joy Paul Guilford)는 "창의력이란 주어진 사물이나 현상에 대해 새로운 시각에서 다양한 아이디어나 산출물을 표출할 수 있는 능력이다."라고 하였다.

창의성은 열린 사고와 확산적(발산적) 사고이며, IQ보다는 정서조절 능력, 리더십, 창의성, 내적 동기 등과 관련이 높다.[9]

21세기는 창의성의 시대로 산업화 시대의 대량생산은 이제는 설 자리가 없으며, 다품종 소량화 시대로 진입하고 있다. 획일화에서 차별화로 개성화와 다양화로 패러다임이 바뀜으로써 창의성 교육이 필요한 시대다.

또한, 미래 사회는 학력보다 창의성이 경쟁력인 시대가 될 것이며, 이성과 논리, 언어, 수리를 담당하는 좌뇌와 창의성, 상상력, 감성, 호기심과 직관을 담당하는 우뇌의 통합적이고 균형 있는 발달로 가장 창의적인 인간이 될 수 있다.

* **창의성의 특성**

- 새롭고 참신한 것은 물론 기존의 아이디어 속에서 주어진 문제를 해결하는 데 가장 유용하게 사용될 아이디어를 새롭게 재구성해 내는 능력도 포함되며,
- 좌우 뇌의 균형으로 이성과 감성의 적절한 조화에서 발생하고,
- 타인의 의견을 경청하고 소통할 수 있는 공감의 과정을 통해 발현된다.
- 사물과 사건들을 민감하게 관찰하고 탐구하는 과정에서 나타난다.
- 기존의 것에서 탈출하여 보편보다는 '특수' 차별보다는 '차이'를 '일의성'보다는 '다양성'에 기인한다.
- 확산적이고 개방적인 질문에서 발현된다.
- 상상력을 발휘할 수 있는 놀이를 통하여 발생한다.
- 다양성과 지적 호기심을 자극하는 환경을 만들어 준다.
- 잠재능력을 개발하여 창의적인 사고와 문제 해결, 아이디어를 생각해 냄으로써 자아실현을 도모.
- 창조성을 키우기 위해 우뇌를 활성화한다.
- 기발한 문제 해결, 다양한 접근법으로 잠재력을 최대한 발휘하도록 환경 조성하고
- 어느 한 분야에 몰두하고 빠지더라도 인내로 지켜보고 격려해 주자.

* 창의성의 구성요소는

민감성, 유창성, 융통성, 독창성, 정교성이다.

- 민감성은 섬세하고 민감한 관찰력으로 다른 사람이 잘 깨닫지 못하는 일에 대해 문제를 생각해내는 능력을 말하고,

- 유창성은 가능한 한 많은 양의 아이디어를 도출하는 능력으로 제한된 시간 내에 틀에 얽매이지 않고 가능한 많은 아이디어나 해결책을 만들어내는 양적인 사고능력이며,

- 융통성은 유용성으로 문제를 해결할 때 한 가지 방법에만 집착하지 않으며, 틀에 얽매이지 않고 다양한 관점에서 다른 대안적 다양한 해결책을 찾아내는 사고능력을 말한다.

- 독창성은 특이하고 참신함으로 기존의 구태의연한 사고를 탈피, 새롭고 참신하고 독창적인 아이디어 도출 능력을 말하며,

- 정교성은 세밀하고 구체적인 기존의 지식이나 아이디어에 새롭게 추가하여 정교하게 확장 시키는 능력을 말한다. 또한, 창의력은 노력으로 개발할 수 있다. 5가지 창의력 계발 법으로 지식(Knowledge), 동기부여(Motivation), 다양성(Variety), 동심(Child's mind), 기법(Technique)이 있다. 특히 기법에는 '사고 발상법'으로 브레인스토밍, 브레인라이팅, 체크리스트, 좋은 점-나쁜 점-흥미로운 점 PMI(Plus Minus Interesting), 강제 연관법, 속성 열거법, 마인드 맵 등이 있다.[9]

그리고 창의성은 일 자체에서 오는 즐거움(재미)과 보람인 '내재적 동기'에 의해서 발휘가 될 수 있다. 일찍이 동양에서의 공자에 이어 칙센트미하이 교수도 '최적경험의 심리학' 연구인 〈플로우(Flow)〉와 〈몰입의 즐거움(Finding Flow)〉에서 '일이 놀이로 바뀔' 때 창의성은 발휘될 수 있

다고 하였다. 심리학자 존 크롬볼츠(John Krumboltz)교수는 '계획된 우연 이론'에서 창의성은 전혀 예상치 못한 사건을 기회로 만들 수 있는 요소로 '호기심(Curiosity), 지속성(Persistence), 유연성(Flexibility), 낙관주의(Optimism), 모험심(Risk-taking)' 등 다섯 가지를 주장하였다.[9]

그리고 21세기의 창조경제 시대에는 '융합과 통섭'으로 창의, 융합, 문화 예술의 시대이다. 이젠 20세기의 경영학 석사(MBA)는 저물고 전문 이학계열 석사(PSM, Professional Science Master)시대가 오고 있다. PSM은 이공계열 출신에 인문계열 소양을, 인문계열 출신에게 이공계열 소양을 접목하여 교육함으로써 융합적 인재를 양성하는 것이다. 미국 대학이 선도로 영국, 호주, 한국 등도 이런 교육시스템이 보편화되고 있다. NT(Nano Technology), BT(Biology~), IT(Information ~)와 인문, 문화, 예술 등 폭넓은 융합을 통해 창의적이고 혁신적인 미래를 창조할 수 있기 때문이다. 이러한 융합형 인재는 인간 양성의 소통을 통해 협력과 공감으로 단절과 경계를 허물고 새로운 분야를 창조할 수 있는 소양을 갖추게 된다.[8]

통섭은 다양한 학문분야들을 가로지르며 사실과 그 사실에 기초한 이론들을 한데 묶어 공통된 하나의 설명 체계를 이끌어 내는 것을 의미한다. 통(統)은 '큰 줄기' 또는 '실마리'의 뜻이고 섭(攝)은 '당기다' '잡다' '쥐다'의 뜻으로 '큰 줄기를 잡다'라는 뜻이 된다. 융합이란 본래 전혀 다른 두 개 이상의 요소들이 같은 방향으로 움직이거나, 하나의 요소로 수렴되어 새로운 것을 창조한다는 의미이고, 통합은 모두 합쳐서 하나로 모으는 것을 의미한다. 이러한 융합은 정보화 시대에 접어들면서 더욱 중요해졌다. 특히 자동차와 의료, 가전 등이 IT와의 융합이 가장 대표적인 경우라고 할 수 있다.

따라서 통합, 융합, 통섭은 모두 개별 분화를 한데 묶어서 개별 경계를 허물지 않고 인정하며 서로 소통 교류함으로 시너지 효과를 극대화하려는 노력을 말하며 융합으로 통일하였다.

현대사회는 다 차원적이고 복잡해서 어느 한 분야의 분파학문으로는 해명할 수가 없고 문제점을 해결할 수가 없으므로 다원적이고 통합적인 융합의 필요성이 대두하고 있기 때문이다.

오늘날 선진국일수록 교과서라는 틀에서 아이들을 가두려 하지 않는다. 더구나 미국초등학교에서는 '교시'라는 개념이 없고 국어, 수학, 외국어 등의 과목은 있으나 하나의 주제를 놓고 다양한 분야를 연결해 생각하는 '융합적 사고력'을 키우기 위해 다양한 과목을 융합해서 가르친다.

앞으로 교육 선진화의 핵심은 융합적 사고력 훈련이다. 이를 위하여 생각의 기술, 독서와 논술, 소통의 기술, 바람직한 인성을 가르치는 데 초점이 맞추어지는 추세다.

독서를 통한 자기계발

요즈음은 누구라도 독서를 잘 하지 않은 지가 오래 되었다. 더구나 인터넷의 발달로 휴대폰이 상용화 되면서 더욱 보편화 되고 있다. 그러다 보니 출판 업계가 아우성이다. 인터넷은 궁금한 사실을 알려주는 데는 탁월하다. 그러나 책은 몰랐던 사실과 지혜를 알려준다. 독서는 시공간을 초월하여 많은 사람의 다양한 경험을 간접적으로 접하게 해준다. 다음에 독서를 통하여 타인의 지식이나 삶의 가치를 받아들이는 내면화(internalization)가 이루어지며, 사고와 의식이 확장 되어 긍정적이고 창의적인 사고가 형성 되고, 아이디어를 얻어 인생과 경영 처세에 있어 올바른 방향을 제시해 준다. 그리고 많은 사람들로부터 시련을 극복할 수 있는 용기와 지혜를 배울 수 있다. 나아가 올바른 삶의 목적과 가치관을 확립할 수 있다. 데카르트는 좋은 책을 읽는 것은 과거의 뛰어난 사람과 대화를 하는 것과 같다고 하였다.

그야말로 인생의 해답은 책속에 있다고 할 수가 있다. 시카고 대학은 1900년대만 해도 미국에서 3류 지방대학에 불과했다. 1929년 새로 부임한 로버트 허친스(Robert Hutchins) 총장은 최소 100권의 인문고전 책을 읽어야 졸업시킨다는 학칙개정을 단행하였다. 그러나 수많은 학생들의 불평과 반발 속에서 추진된 '시카고 플랜'이라고 불린 독서 프로그램은 1929년부터 2011년까지 약 80년 동안에 엄청난 변화를 가져왔다. 노벨상 수상자가 무려 87명이나 배출되었으며, 2012년 U S, News &World Report에서 미국 대학평가에서 5위에 랭크되었다고 발표하였다. 왜냐하면 뇌 과학자들은 "책을 많이 읽으면 상상력을 키우고 창조성을 주관하는 전두전야(前頭前野) 가 발달한다는 사실을 밝혀내었기 때문이다. 인생역전은 집중 독서만으로도 충분히 가능하다. 빌게이츠는 " 오늘의 나를 있게 한 것은 우리 마을 도서관이었고, 하바드 졸업장보다 소중한 것이 독서하는 습관이다"라고 말하였다. 워런 버펏 또한 "당신은 결코 독서보다 더 좋은 방법을 찾을 수 없을 것이다"라고 하였다.(46)

독서를 잘 하기 위해서는 한 분야에 30권 이상의 책을 집중해서 읽는 것이 효과적이다. 티핑포인트(Tipping Point)로 어떤 분야에 일정량의 누적 독서량이 되면 급진적인 발전으로 전환되는 특이점(임계점,Singularity)에 도달할 수가 있기 때문이다. 또한 프랑스의 시인 알랭 샤르띠에는 명작은 적어도 초년, 중년, 노년에 한 번씩 세 번은 읽어야 그 참 맛을 알 수 있다고 하였다.

가장 오래된 독서법으로 중국 남송 시대 때의 유학자이자 주자학의 창시자인 주희에서 비롯된 '독서삼도(讀書三到)'인 심도(心),안도(眼), 구도(口)로 눈으로 읽고, 입으로 소리 내어 낭송하며, 마음으로 깨우쳐서 되새기는 것이다. 오로지 책에 빠져드는 독서삼매(三昧)의 몰입경지를 말한다.[47]

그리고 사행독서(四行)법으로 읽고, 생각하고, 쓰고, 요약하기가 좋다. 이 모두 책 밖으로 나와 책 전체를 관조하면서 자기 자신을 성찰할 수 있는 우리 선조들의 지혜로운 독서법 들이다.

다산 정약용의 초서(鈔書)독서의 5단계로 읽기 전에 자신의 주관을 확립하는 입지(立志), 읽고 이해하는 해독(解讀), 취사선택하고 비교분석하는 판단(判斷), 뽑아서 기록하는 초서(鈔書), 그리고 의식을 확장하는 의식(意識)단계가 있다. 이는 눈과 손, 귀 등 온몸을 사용하는 초서독서와 모든 정신을 집중한 의식혁명으로 자신의 능력을 확장하는 초의식(鈔意識)독서법으로 정리를 할 수 있겠다.[47] 책은 어느 시점에만 읽는 것이 아니라 마치 밥을 먹듯이 평생을 두고 읽어야 하는 습관이 중요하다. 필자는 좀 더 효율적으로 독서를 하기 위하여 아래와 같이 '독서노트'를 만들어 체계적으로 기록유지하고 있다.

번호	도서명	저자	독서일	카테고리	비중

주) 카테고리는 책의 범주로 자기계발, 역사, 인문, 고전, 철학 등으로 구분하고, 비중은 1~7등급으로 나누어 높은 숫자순으로 책의 중요도를 구분하여 재 독서기준을 정한다.

그리고 구입한 책 뒷부분에 도서구입일자를 기록하고 독서일자를 밑줄로 그어 누적 관리한다. 또한 별도 독서 요약 노트를 준비하여 읽을 때마다 주요부분은 별도의 도서별로 기록 보관한다.

편집은 창조다

아웃라이어, 블링크 같은 책과 1만 시간의 법칙으로 유명한 미국의 작가 말콤 글래드웰(Malcolm Gladwell)은 편집(editing)이야말로 스티브 잡스식 창조성의 핵심이라고 하였다.

"스티브 잡스의 천재성은 새로운 디자인이나 창조가 아닌 기존의 제품을 개량하여 새로운 제품을 만들어내는 편집 능력에 있다"고 주장하였다. 문화심리학자 김정운 작가는 그의 저서 에디톨리지(editology)에서 '창조는 곧 편집'이라고 하였다. 인간은 절대 무에서 유를 창조할 수 없다. 창조(creation)는 신의 영역이다. 따라서 오늘날은 흔히들 창의성의 시대라고 말한다. 창의성은 '새로운 것을 생각해내는 특성'이라고 정의한다.

여기서 새로운 것이라는 것은 결국 이 세상에 존재하지 않은 것이라기보다 기존에 있는 것의 새로운 조합이나 연결을 의미한다. 요즈음은 정보의 홍수시대다. 오늘날의 지식인은 정보를 많이 알고 있는 사람이 아니고 정보 간의 관계를 잘 엮어 내는 사람이다. 천재는 정보와 정보의 관계를 '남들과 전혀 다른 방식으로 엮어내는 사람'이라고 하였다. 정보는 검색만 하면 넘쳐난다.[25]

오늘날의 개인의 능력은 도처에 늘려있는 그 흔한 정보를 누가 잘 찾아내느냐? 하는 데에 있다 할 수 있다. 검색과 편집이 곧 실력인 것이다. 그래서 요즈음은 학문과 기업도 그 경계를 넘어 서로 소통하고 통섭하며 융합하는 추세다. 그 대표적인 것이 사물인터넷(IoT/Internet of Things)으로 인터넷을 기반으로 모든 사물을 연결하여 사람과 사물, 사물과 사물 간의 정보를 상호 소통하는 지능형 기술 및 서비스를 말한다. 영어 머리글자를 따서 '아이오티(IoT)'라 약칭하기도 한다. 가전제품, 전자기기뿐만 아니라 헬스케어, 원격검침, 스마트홈, 스마트카 등 다양한 분야에서 사물을 네트워크로 연결해 정보를 공유할 수 있다. 정보 통신 기술을 기반으로 실세계(physical world)와 가상 세계(virtual world)의 다양한 사물들을 연결하여 진보된 서비스를 제공하기 위한 서비스 기반 시설인 유비쿼터스 공간을 구현하기 위한 인프라 컴퓨팅 기기들이 환경과 사물에 심겨 환경이나 사물 그 자체가 지능화되는 것부터 사람과 사물, 사물과 사물 간에 지능 통신을 할 수 있는 엠투엠(M2M: Machine to Machine)의 개념을 인터넷으로 확장하여 사물은 물론, 현실과 가상 세계의 모든 정보와 상호 작용하는 개념으로 진화하고 있다. 사물 인터넷(IoT)의 주요 기술로는 센싱 기술, 유무선 통신 및 네트워크 인프라 기술, 사물 인터넷 인터페이스 기술, 사물 인터넷을 통한 서비스 기술, 무인 운전 자동차 등이 있다.[42]

내 인생의 운전대를 내가 잡자

당신은 오너드라이버인가? 대리운전자인가?

자동차를 본인이 직접 운전하는 것을 오너 드라이브라 한다. 반면에 다른 사람이 운전하도록 하는 것을 대리운전이라 한다. 오너 드라이브는 운전대를 본인이 직접 잡음으로 진행하는 방향이나 속도 진행 차선의 결정은 물론 위험한 상황에 처했을 때 응급대처까지 모두 본인의 판단으로 운전을 결정하게 된다. 모든 것을 자기가 주도적이며 주인으로서 결정한다. 그러나 대리운전은 이 모든 것을 남의 손에 맡기게 되는 것이다. 물론 대리운전자에게 요청하여 본인이 의도한 대로 진행하도록 한다.

그러나 위급한 상황인 경우 대처하는 것은 대리운전자의 독자적 판단에 의존할 수밖에 없게 된다. 자신의 생명(운명)을 대리운전자에게 맡기는 꼴이 되는 것이다.

인생도 마찬가지라 할 수 있다. 매사를 부모나 선생이 대신 주도하고 자기는 시키는 대로 하면 되는 것이다. 우선은 인생을 먼저 살아본 부모님이나 선배, 선생님들의 경험과 지혜보다 더 쉽고 안전한 삶의 방향을 잡을 수는 있을지 몰라도 장기적으로는 자기 주도의 자율성을 얻지 못함으로써 매사를 무비판적이고 습관적으로 타인에게 의지할 수밖에 없게 된다. 결국, 자신의 운명을 타인에게 맡기는 꼴이 되므로 자신의 삶이 타인에 의해 결정되고 그 결정의 결과물은 자신에게 귀결되는 모순에 빠지게 되는 것이다.

우리나라는 어릴 때부터 가정에서 한두 명의 자녀밖에 없으니 부모들이 모두가 왕자로, 공주로 귀하게 키우고 있다. 내 아이만큼은 누구에게도 뒤지지 않도록 모든 것을 다 바쳐 아이에게 올인 하며, 마치 자신이 못 이룬 꿈을 마치 아이를 통하여 대리 만족을 하려는 일종의 투사심리라고 할 수 있다. 아이가 어른이 되어도 자기 결정의 경험이 부족하여 성인이 되어도 몸은 어른이나 정신 연령은 아이 수준에 못 미치고, 대학생이 되어도 고등학교 수준에서 못 벗어나는 소위 '고등학교 4학년 증후군'이라 하는 자기주도력도 없고 무기력하며 꿈이나 목표나 도전의식이 전혀 없는 심신의 불균형상태에 빠지게 되는 것이다. 소위 말하는 캥거루족이나 피터 증후군에 빠지게 되는 것이다.

어린 유아 때부터 몇 차례 넘어지더라도 혼자 일어서고 수많은 시행착오를 거쳐 조그만 성공 경험을 손수 맛봄으로써 마침내 심신이 완성되는 단계를 거쳐야 비로소 완전한 독립된 인격체로 성장하게 되는 것이다.

자기주도력은 더구나 오늘날과 같이 복잡하고 무한 경쟁의 시대에서는 인생에서 낙오되지 않고, 나아가 성공하기 위하여 어떤 다른 조건들보다 더 중요한 필수 불가결한 덕목임을 아무리 강조하여도 부족함이 없을 것이다.

자기 주도와 자기 책임 아래서 하는 행위야말로 목표 지향성이나 열정, 능률면에서 가장 효율적인 방법인 것이다. 하늘은 스스로 돕는 자를 돕는다고 하였다. 스스로 주인으로 인식하고 주도적으로 삶을 영위함으로써 가장 능률적이고 보람 있고 가치 있는 일이 되는 것이다.

사회 진출과 은퇴준비

2014년 한국인 평균수명이 81세를 넘어섰다. 하지만 건강 나이는 70세 정도다. 각종 성인병으로 노후에 10년 동안 고생한다는 이야기다. 이제 노후 준비는 선택이 아닌 필수가 됐다. 그렇다면 어떻게 노후를 준비하느냐? 하는 문제가 오늘날 우리들의 최대 화두가 되고 있다.

그러나 요즈음 같이 어려운 경제 여건 하에서 자녀교육이다. 노후자금 저축은 감히 꿈도 못 꾸고 당장 먹고 살기도 힘들고 그나마 다니는 일터도 언제 퇴출당할지 모르는 불안한 나날을 힘겹게 보내고 있는 실정이다. 게다가 갈수록 은퇴연령은 빨라지고 평균수명은 점점 늘어나다 보니 우리들의 고민을 날이 갈수록 깊어만 가고 있을 뿐이다.

중장년 세대는 일거리가 없는 장수 인생이 두렵고, 청년세대는 '고학력 워킹 푸어'(working poor, 일은 하지만 수입이 적어 빈곤층으로 몰락)로 전락하는 등 고용불안의 복합적 위기가 한국 사화를 절망에 빠뜨리고 있는 실정이다.

사람은 살아가면서 죽을 때를 대비해야 하듯이, 목적이 있는 꿈을 가지며, 그 꿈을 실현하기 위해서 공부를 하고, 지금 일하고 있을 때 직장을 떠날 준비를 해야 한다. 또한 건강할 대 건강을 준비해야 한다. 각종 성인병은 나이에 상관없이 찾아오며 갈수록 젊어지고 있는 추세다. 그러나 사람들은 마치 자기에게는 결코 그날이 오지 않으리라 착각하며 살아가고 있는 어리석은 존재다. 문제는 자기와는 상관없는 일로 스스로 실감하지 못하는 데 있다.

잘 있을 때, 문제가 없을 때에 만일의 경우를 위해 미리 대비하는 자가 가장 현명한 사람이다. 따라서 지금 이 순간이야말로 건강을 지키며 당신이 무엇을 남기고 어떻게 조직과 사회에 기여할 것인가? 그리고 인생 1모작 만큼이나 훌쩍 늘어진 은퇴 후 2모작 준비를 위해 진지하게 고민해야 할 골든타임이라는 것을 자각해야 한다.

✻ 인생의 밑그림을 그리자

최근에 우리 생애를 크게 네 단계로 구분하고 있다.

퍼스트 에이지(First Age), 〈제 1연령기〉인 〈배움〉을 위한 단계로, 태어나서 학창 시절까지의 1차 성장기이다. 세컨드 에이지인 〈제 2연령기〉는 일과 가정에서 직업을 갖고 경제활동을 시작하는 20,30 단계다.

서드 에이지인 〈제 3연령기〉는 제 2차 성장기로 의술의 발달에 의한 장수혁명으로 새롭게 생겨난 시기이며, 40대에서 70대 중후반 까지 30여 년 동안 자아실현을 추구하는 가장 긴 시기다. 마지막으로 본격적인 노쇠시기인 〈제 4연령기〉로 노화의 단계에서는 최대한 젊게 오래 사는 것이 성공적인 목표다. 우리는 과거에는 없었던 제 3연령기인 30여년을 보너스로 얻은 장수시대에 살고 있으며 또 다른 보너스 30년의 시기를 '꿈과 이상을 잃지 않고' 어떻게 가치 있고 보람 있게 사는 가가 최대의 관심 사항이 되고 있다.[51]

배움의 단계와 직업을 가지고 경제활동을 준비하는 1~2단계에서는 점점 늘어나는 장수시대를 대비하여 큰 꿈과 목표를 세워 인생의 밑그림을 그리고 그 꿈을 실현하기 위하여 구체적이고 단계적인 세부계획을 수립하여 자기계발을 통하여 올바른 습관과 성품, 가치관, 전문성과 사회성을 함양하기 위하여 다양한 경험을 쌓으며 실행하는 것이 무엇보다 중요하다. 2030세대는 100세 인생이라는 큰 건물을 짓기 위하여 기초를 다지고 설계를 하며 튼튼한 골격을 갖추는 가장 중요한 시기라 할 수 있으며, 이 시기를 어떻게 보내느냐에 따라 인생의 대부분이 결정되기 때문이다.

✳ 이제는 신 중년 시대다

대한민국 40, 50대는 매일 돈 걱정을 떨칠 날이 없다. 자녀 사교육비 등으로 부쩍 커진 지출에 내 집 마련 부담, 여기에 노후 준비까지 하려면 한 달 살림이 빠듯하기만 한다.

이젠 바야흐로 '생애 설계와 자산관리'가 새로운 트랜드로 자리매김하는 시대가 오고 있다. 단순한 노후자금뿐 아니라 건강과 자녀 문제와 퇴직 후 할 일에 대하여 종합적으로 대응하지 않으면 안 되기 때문이다. 이에 부응하여 발 빠르게 금융권에서는 이런 중장년층을 위해 다양한 금융투자 상품과 금융컨설팅 서비스를 내놓고 있다.

✳ 이제는 은퇴준비가 우선이다

구글에서는 직장인은 자기 근무시간의 70%는 업무에 할애하고 20%는 자기계발에 그리고 10%정도는 기타를 위해 사용하라고 한다. 그러나 직장인은 모름지기 51%는 직장을 위해서 일하고 나머지 49%는 은퇴준비와 자기계발에 투자하는 것이 바람직하다고 감히 말하고 싶다. 자신의 경쟁력을 높이기 위한 은퇴준비와 자기계발은 결국 소속사의 인적자원 가치를 높일 길이기 때문이다. 좋은 직장은 직원의 가치를 높이는 것에 투자를 아끼지 않는 회사다. 직장에 있을 때 미리 은퇴준비 프로그램을 가동하여 인생 2모작의 연착륙을 지원하는 것이 기업의 또 다른 경영전략이 될 수 있기 때문이다. 더구나 100세 시대의 노후 준비는 50,60대에 시작해서는 늦게 된다. 20,30대에 직장을 시작하면서 장기적인 관점에서 노후를 준비하는 것이 바람직하다. 퇴직 후의 제 2인생이 길어지는 만큼 준비도 빨라져야 하기 때문이다. 트러스톤 자산운용연금의 강창희 대표는 2030세대는 국민연금, 퇴직연금, 개인연금과 같은 3층 연금에 가입하고 자신의 몸값을 높이는 인적자본 투자에 적극 나서기를 권하고 있다.

또한 은퇴부자들(고준석, 2014, 흐름출판)에서 고준석씨는 요즘 같은 저금리 시대에는 정기예금 금리가 1%대고 수익부동산은 5~6%대까지 이르므로 부동산이 노후대책의 주식(主食)이라면 연금 보험은 간식(間食)정도로 생각하고 부동산과 금융에 균형투자가 바람직하며, 2030세대들은 내 집 마련에 거주가치와 자본수익, 정서적 안정감 차원에서 우선 투자하기를 추천하고 있다 금융투자 전문가들은 40,50대가 해야 할 첫 번째 과제로 은퇴 후 노후 대비를 꼽는다. 100세 시대를 살기 위해 한 살이라도 젊을 때에 대비해야 하기 때문이다. 어떻게 해야 할지 잘 모르는 경우가 대부분이고 이럴 때 금융컨설팅 서비스를 받아보는 것이 좋다. 이에 따라 금융회사마다 은퇴 전문가들을 활용하여 컨설팅 서비스를 제공하고 있다. W은행은 2012년부터 팀장급 직원 800여 명이 '100세 파트너'라는 이름으로 전국 지점에서 활동하고 있다. 은퇴상담서비스를 주로 하는 '청춘 100세 라운지'도 100개 영업점에서 운영 중이다. 또한, K은행은 0세부터 100세까지 생애 주기별 은퇴준비진단을 통해 체계적인 은퇴설계를 제공하는 'KB 골든 삶'를 운영하고 있고, S은행도 2014년 4월 1일부터 'S 미래설계'라는 신상품으로 은퇴시장에 뛰어들었으며, H금융은 은퇴설계연금 통합 브랜드인 '행복노하우'를 출범시켰다. 그리고 각종 카드사는 건강한 노후를 위해 건강, 취미활동, 여행, 보험, 금융 등과 세차, 코팅, 주차 등 자동차 마니아를 위한 특화된 상품까지 취급하고 있어 그야말로 은퇴 시장을 잡기 위한 금융사들의 경쟁이 춘추전국시대를 방불케 하고 있는 실정이다.[41]

* 이제는 은퇴 총괄 '원스톱서비스 시대'가 도래 하고 있다

최근에는 단순히 자산 관리뿐 아니라 유명인사가 멘토가 되어 스마트한 은퇴는 물론 세무 자산관리까지 조언을 해주고 중장년층의 생활 전반에 대한 컨설팅을 해주는 '은퇴 총괄 원스톱 서비스'를 제공하고 있다. S증권의 '은퇴학교'가 대표적인 사례다. 직장인뿐 아니라 중소기업 최고경영자, 대기업 임원, 주부 등 은퇴를 준비하는 전 계층을 망라하여 제공하는 종합 컨설팅 서비스다. 2012년 문을 연 후 5,000여 명의 고객이 이미 은퇴학교를 다녀갔다고 한다. 이른바 은퇴와 삶, 은퇴와 재무, 힐링캠프, 자산형성 재테크 등 행복한 노후생활 전반에 관한 노후 준비 종합 프로그램을 젊을 때부터 운용하도록 지원하고 있다. 은퇴 노후자금 마련은 물론이지만, 더 중요한 것은 100세 시대를 행복하게 살아가기 위해서는 첫째가 '건강'이다. 얼마나 오래 사느냐가 중요한 것이 아니라 얼마나 건강하게 사느냐가 더 중요하다. 그리고 지금까지는 모든 것을 바쳐 오로지 자녀교육에 헌신했지만, 이는 오히려 자녀의 자율성과 경제적 자립능력을 저해하는 결과를 초래하는 부작용만 가져올 뿐이었다. 과거에는 자녀교육이 신분상승의 유일한 희망인 시대이었으나 이젠 물질 만능과 학력 인프레로 인하여 그 희망마저 없는 그야말로 중산층 몰락과 절망의 분노사회로 전락하고 있다. 개천에서 용나는 시대는 이미 먼 옛날 전설이 된 지 오래다. 따라서 이제는 진정으로 자녀를 위한다면 한 마리의 물고기를 잡아 주는 것보다 '물고기 잡는 법'을 가르쳐주는 지혜가 더 중요하다는 사실을 냉정히 자각할 때가 된 것이다. 그리고 퇴직 후 30~40년 길게는 50년 동안 지금까지 일해 온 세월보다 어쩌면 더 긴 세월 동안 아무런 일이나 의미 없는 삶은 참으로 불행하고 어리석으며 암담할 뿐이다. 노후자금이 부족하여 마지못해 일하는 것이 아니라 덤으로 취미활동이나 봉사, 사회공헌을 통하여 약간의 용돈을 벌면서 일로부터 얻을 수 있는 진정한 '삶의 가치와 의미'나 보람을 찾는 것이 행복의 지름길이 될 것이다.

3

제**4**의 물결과 트랜드 읽기 / 새시대 새 인재상은?

금세기 최고의 미래학자인 앨빈 토플러(Alvin Toffler)는

 인류의 역사를 4개의 물결로 구별하며, 제1물결은 1만 년 전부터 시작되어 수천 년에 걸쳐 인류의 역사를 바꾼 농업혁명이고, 제2물결은 300년 짧은기간 동안의 산업혁명이며, 제3물결은 19세게 후반부터 시작된 지식정보의 디지털혁명이고, 그 후 제4의 물결은 '우주공학'과 유전자 해독이 가능하여 유전자 조작, 체세포 복제 등으로 게놈 프로젝트의 '생명공학 혁명'과 우뇌 중심의 창조와 상상력 그리고 경계를 넘나드는 융합과 정신, 지혜 중심의 마음산업 등과 또 다른 미래학자 제레미 리프킨(Jeremy Rifkin)의 사물인터넷을 통한 공유와 연결개념인 초(超)연결된 '초현실사회 (Surreal society)'의 슈퍼커넥티비티혁명이 올 것이라고 예측 하고 인간 중심의 인종과 산업의 경계를 뛰어넘는 '개방형 플랫폼을 강조 하였다. 〈부의 미래 Revolutionary Wealth〉에서 부(富, wealth)는 손으로 만질 수 있는 기계나 건물, 토지, 화폐 등이 아니며, 영업권, 저작권, 특허권, 브랜드, 이미지나 정보와 지적소유권 등 무형재산의 위력이 커지고 개인중심의 관심사나 취미활동, 기호 등 자신의 영향력을 넓혀 나가는 프로슈머 시대가 온다고 하였다. 미래의 인재상은 전문지식인

보다 생각이 유연한 창의적이고 상상력이 풍부한 사람이 호평 받을 것이라고 예측하고, 미래의 부는 시간, 공간, 지식이라는 세 가지 심층기반(Deep Fundamental)이 어우러져서 만들어진다고 하였다. 세계는 '창조적 융합의 시대'인 제4의 물결을 앞두고 있다. 이는 서로 다른 분야가 융합해 새로운 것을 창조하는 세상이 될 것이다. 제4의 물결은 창조와 상상력의 물결이며, 제 1,2,3물결을 모두 아우르고 있는 물결이다. 앞으로 10년은 학문과 학문, 업계와 업계의 경계가 사라지고 상생을 위해 하나로 융합되는 시대가 될 것이다. 기존의 것을 창의적으로 활용하고 전혀 다른 분야의 필요성과 연계하는 융합의 기술은 무한한 가치를 창조할 수 있다. 미래의 먹을거리는 융합에서 나오며, 21세기 생존의 키워드인 '융합'의 가능성에 주목할 시점이다.

제4의 물결 – 드림 소사이어티(롤프 옌센)

1981년 미래학자 앨빈 토플러는 정보 혁명을 바탕으로 제3의 물결이 우리 인류의 삶을 근본적으로 바꾸어 놓을 것이라고 예상했다. 그러나 그로부터 20여 년이 지난 지금, 또 다른 미래학자 롤프 옌센(Rolf Jensen)은 소비자에게 상품 자체의 기능이나 품질만 보는 이성적인 것이 아니라 그것에 담겨있는 꿈과 이야기 등의 감성적 요소를 제공한 이상적 사회 (Dream Society)가 올 것이라고 선언했다. 이성에서 감성중심의 패러다임으로 바뀌어 지식과 정보의 경계가 무너지고 꿈과 감성이 이끄는 '제4의 물결'이 향후 국가 경쟁력을 좌우할 것으로 예측하였다. 더욱이 이 물결의 중심에는 상상력과 창의력으로 사람들의 꿈과 감성을 자극하는 문화 콘텐츠인 '스토리텔링'이 핵심 키워드로 떠오르고 있다.

따라서 많은 국가가 스토리텔링을 21세기 신(新)국가 산업으로 주목하고 있으며 스토리텔링은 경제 성장의 새로운 동력으로 자리매김하고 있다. 지포라이터에 담긴 베트남 참전용사 이야기와 에비앙에 담긴 프랑스 후작의 이야기, 일본 아오모리 현의 어느 농부가 역발상 한 합격사과 이야기 등에 잘 나타나고 있으며, 특히 디지털 미디어의 발달에 따라 조엔 K. 롤링의 '해리 포터'가 출판 이외에도 영화, 게임, 음반, 캐릭터, 드라마, 라디오, 애니메이션 등 다양한 분야에서 고부가가치를 누릴 수 있는 '원 소스 멀티유즈(One Source Multi-Use)의 시대가 도래 한다는 것이다. 최근에는 게임, 테마파크, 축제 등의 다양한 문화콘텐츠에 이야기를 응용하여 관객에게 공감과 감정이입을 이끌어내는 데 많이 활용하고 있다. 따라서 이젠 정보의 독점 시대는 끝나고 미래에는 오직 아이디어와 가치관을 내용(Contents)으로 하는 '콘텐츠 전쟁'일 것이다.[50] 그리고 개별 상품보다 꿈과 삶의 여가를 통하여 이미지나 브랜드를 위한 스토리창조도 중요할 것이다.

제4의 물결 – 상상의 시대

상상은 머릿속에 그려서 생각하는 일로 현재의 지각에는 없는 사물이나 현상을 말하며, 과거의 기억이나 관념에 입각하여 재생시키거나 만들어 내는 마음의 작용으로 다분히 미래지향적인 정신활동이다. 우리는 지금까지 수많은 정보를 축적하면서 지식의 빅뱅을 경험하였다. 쌓인 지식을 재배치하고 편집하는 능력가가 이 시대를 선도하게 될 것이다. 즉 창조는 편집이다. 하늘 아래 새로운 것은 없다. 기존의 것을 개량하고, 합하기나 상호 연결함으로써 새로운 것을 만들어내는 시대가 오고 있다. 앨빈 토플러는 "미래는 예측하는 것이 아니라 상상하는 것이라"고 하였다. 다양한 많은 사람들과 소통하며 호기심과 탐구심, 독서를 통한 사색 등으로 세상에 대한 통찰과 창의 아이디어는 상상의 나래를 펴고 얼마든지 커 나갈 수 있다.

녹색산업, 세상을 바꿀 '제4의 물결'

식량 증산을 위하여 신품종에 대한 개발도상국 녹색혁명은 자원민족주의로 식량을 무기화 하여왔으나, 2012년 10월 선진국들이 개도국의 기후변화와 대응을 지원하기 위해 온실가스 감축과 기후변화 지원 국제기구인 녹색기후기금(GCF/Green Climate Fund)를 우리나라 송도에 설치하기로 하고 2013년 12월 4일에 공식 출범하였다.

이어서 한국의 주도로 개도국의 녹색성장을 촉진하기 위하여 글로벌 녹색성장 기구인 GGGI(Global Green Growth Institute)을 설립하여 향후 GCF와 GGGI는 기존의 녹색기술센터(GTC-K)와 함께 녹색성장 기조를 이루는 재정-전략-기술의 중심축이 될 전망이다. 우리나라는 화석연료 시대에서 청정에너지 시대로 넘어가는 전환기에 신 에너지 기술을 선점하기 위해 2009년 10대 '녹색기술'로 스마트 그리드, 신재생에너지, 2차 전지, 그린 정보기술(IT), 발광다이오드(LED), 그린 카, 고도수(水)처리, 원자력 기술, 이산화탄소 포집 기술(CCS), 연료전지를 지정하였다. 국제에너지기구(IEA)가 발표한 '2012 세계에너지 전망' 보고에서 신재생에너지가 2035년에는 전세계발전량의 무려 30% 이상을 차지하리라 전망하고, 특히 국내 태양광 산업은 2030년에는 11만 명의 고용창출과 수출규모 53조 원, 내수 7조의 규모로 성장이 기대되고, 온실가스 규제는 기업에서는 비용지출로 인한 피해가 아니라 오히려 제품의 경쟁력을 높이는 하나의 기회가 될 수 있다. 따라서 환경보존과 성장을 공존관계로 승화시켜 소위 3E(Energy, Environment, Economy)효과 즉 '국가에너지 수급 안정, 환경보전, 경제성장'이라는 3마리의 토끼를 잡는 효과가 기대된다. 그리고 2020년 녹색산업 시장규모가 3조 1,000억 달러로 세계 에너지 시장을 주도할 것으로 예상되고 있다. 전 세계 많은 국가가 녹색산업(그린 비즈니스)을 미래 신 성장 동력으로 삼고 시장선점을 위하여 총력을 기울이고 있다. 특히 태양광, 조력, 지열, 풍력 등 신재생에너지 시장은 지난 2004년부터 2009년까지 5년간 연평균 28.2%씩이나 성장했으며, 2020년 경에는 시장규모가 무려 1조 달러에 이를 것으로 전망하고 있다.

세계미래회의 미래예측

2007년 7월 29일에서 31일 까지 3일간 미국 미니애폴리스에서 40여 개국의 전문가 1,000여 명이 참석한 "세계미래회의(World Future Society)2007"가 열렸다. 한국 측에서는 유엔 미래포럼 한국대표 박영숙 씨가 참석하였다. 회의에서 논의 제시된 미래의 모습 10가지를 소개하고자 한다.[43]

① '1인 가구'의 가족형태 : 출산율은 더욱 떨어지고, 가족구조는 이동의 빈번함으로 해체되고 다양해진다. 독신은 늘고 미혼모(싱글맘)들이 인공수정을 통해 출산하는 것이 보편화되며, 줄기세포 치료와 유전자 치료를 통해 수명연장이 가속화된다.

② 남자가 필요 없는 세상 : 사회에서는 양성평등이 이루어지고, 냉동정자 수정을 통해 싱글맘들이 빠른 속도로 증가한다. 남성의 필요성이 줄어들고 여성의 파워가 급속히 증가한다. 남성의 근육질에서 나오는 힘이 더는 필요 없는 사회가 된다.

③ 허물어진 남성과 여성의 벽 : 이미 여성과 남성의 전통적 역할의 경계가 모호해졌듯이, 앞으로 남녀 간 일의 경계가 더욱 허물어진다. 남자가 육아에 더욱 관심을 갖는다. 미래사회에서는 남녀가 성차별, 성구분 없이 살아간다.

④ 현실화된 인간의 종말 : 미래사회는 불치의 질병, 핵전쟁, 대규모 인구이동, 불임, 파시즘, 무정부로 위기에 처한다. 산업화시대의 사회질서가 완전히 무너지기 때문이며, 이로써 말로만 듣던 인간의 종말이 올 수 있다.

⑤ 교육산업이 최대산업 : 기술의 끊임없는 발달로 인간은 죽을 때까지 평생 교육을 하지 않으면 안 된다. 특히 대학생이나 중·고등학생을 위한 '집단지성포털'을 만드는 데 집중적인 투자가 이루어지고, 포털사이트가 학교를 대체한다.

⑥ 보편화된 무학년제 : 학습이 개인의 수준별로 진행되기 때문에 '무학년제'가 보편화된다. 무학년제에 맞게 학생들을 가르치는 교육포털로 '지식정원' '가상박물관' 등이 만들어진다. 이러한 포털로 학습 진행은 상상할 수 없을 정도로 빨라진다.

⑦ 수돗물처럼 공급되는 정보 : 2005년에 100기가바이트 저장 USB가 나왔다. 2010년에는 1테라바이트 저장 USB가 등장하고, 2050년에는 1요타바이트까지 저장 가능한 USB가 나온다. 데이터 용량이 커지고 보편화·상용화되면, 전기나 물처럼 가정에 정보를 공급하는 시대가 된다.

⑧ '컴퓨터 칩'의 인간통제 : '무선인식 기반기술'은 모든 교통관리시스템 및 안보망에 들어가고 서비스산업까지 깊숙이 침투한다. 컴퓨터 칩이 인간의 모든 행동을 감시하는 시대가 온다.

⑨ 사라진 '노인' : 고대 이집트 시대의 평균수명 25세가 2030년에는

100세에 이른다. 미래사회는 초고령화 사회가 된다. 줄기세포 보편화로 장기이식이 가능하여 장기를 바꾸어가며 오랫동안 살 수 있으므로, '노인'이라는 말이 사라진다.

⑩ 노인을 돕는 노인 : 초고령화 사회가 되면 '노노(老老) 돕기 운동'이 전개된다. 고령사회에는 간호사·복지사·의사 등이 모두 노인이 돼, 노인이 노인을 돕는 시대가 된다.

새 시대 새 인재상

① 미래의 트랜드를 정확히 읽는 예지력과 통찰력을 바탕으로 한 성숙한 판단력과 의사결정력이 뛰어난 리더

② 감사할 줄 알며, 신의와 성실, 정직, 겸손, 책임감 등 도덕성이 뛰어난 성품의 리더

③ 헬리콥터시각과 목적 지향적이고, 유연하면서도 변화에 민감하여 지속적으로 변혁을 추구하는 리더

④ 모든 분야의 경계를 띄어 넘는 융합과 창의성을 바탕으로 한 상상력이 풍부한 리더

⑤ 질서의식과 기다릴 줄 알고 양보하는 상대 존중의식, 남에게 폐를 끼치지 않는 글로벌 매너가 있고 세계민주시민정신이 투철하며 국제 감각이 뛰어난 글로벌 마인드의 리더

⑥ 컴퓨터 활용력은 물론 경청과 의사소통력이 뛰어난 리더

⑦ 조직의 비전과 꿈의 공유가치를 제시하며 서번트 리더십으로 묵묵히 앞에서 행동으로 이끌어주는 솔선수범형 리더

⑧ '협동하며 상생하고 공존공영하며 역지사지하는 공감지수가 높은 리더

⑨ 정신근력이 튼튼하며 회복탄력성이 높고, 가슴이 따뜻하고 포용력
이 있으며 자기절제로 자신에게 엄한 외유내강형 리더
⑩ 적극적이고 진취적이며 긍정적인 정신자세와 확산적 사고의 리더

에필로그

　새로 시작하기에 늦은 때란 없다

　정신없이 앞만 보고 달려온 당신! 이젠 잠시 모든 것을 다 내려놓고 여행이라도 훌쩍 한번 떠나가 보면 어떨까요? 그동안 공부하랴, 직장생활하랴, 사회생활 하랴, 아이들 돌보랴, 아내 눈치 보랴, 남편 뒷바라지 하랴 눈코 뜰 사이도 없이 바쁘게 살아온 당신이다. 지금 무엇을 하는지? 왜 하는지? 또한, 어디로 가고 있는지? 나는 누구인지도 모른 채 말이다. 거울에 비친 자신의 모습을 되돌아보자. 어쩌다 초심을 잃고 매너리즘에 빠져 때론 무기력하고 권태롭고 만성 피로에 지쳐 의욕도 없이 망망대해에 갈 곳 없이 바람 부는 데로 떠도는 일엽편주와도 같은 당신인지도 모른다.

　지금이라도 늦지는 않다. 새로 정신을 가다듬고 희망의 북극성을 향하여 힘차게 노를 저어 앞으로 나아가 보자. 엔진도 재정비하고 기름을 가득 채워서 가족들과 손잡고 희망의 노래를 함께 불러보자. 새로 시작하기에 늦은 때란 없다. 급하게 서두를 필요도 없다. 마음의 여유를 가지고 전체를 관조하며 멀리 바라보자. 인생 100세 시대. 지금부터라도 잠시 잊어버린 꿈과 희망과 삶의 의미를 되찾고 잃어버린 자존감과 자신감을 회복하고 이 세상에서 하나밖에 없는 귀중한 자신을 믿고 사랑해보자. 하늘은 스스로 돕는 자를 돕는다. 온 세상이 당신을 위해 손뼉 치며 응원할 것이다. 머리로만 알 것이 아니라 가슴으로 느끼고 손발로 부지런히 움직여보자. 자전거와 같이 핸들을 똑바로 잡고 두 발로 힘차게 밟아야 넘어지지 않고 앞으로 나아갈 수 있듯이 말이다. 이 한 권의 책이 그동안 잠시 잊고 있었거나 소홀히 여겼던 것들을 일깨워주고, 잃어버린 자신을 되찾고 무기력하고 매너리즘에 빠져 방황하며 삶이 힘들 때 길잡이가 되어 당신을 구하는 데 조금이라도 도움이 될 수만 있다면 필자로서는 더 이상 바랄 것이 없다. '인생은 그 사람의 생각이 만들어가는 그 무엇'이라고 하였다. 부디 긍정적이고 적극적인 생각을 통하여 지금부터 새로 시작하는 기분으로 희망의 날개를 활짝 펼쳐 저 푸른 창공으로 힘차게 비상하기를 간절히 바라면서 이 책을 당신에게 바칩니다. 감사합니다.

에필로그

참고문헌

1) 이젠 지혜경영이다, (손기원, 2005.3.10.지혜미디어)

2) 나는 남들과 무엇이 다른가 (정철윤, 2012.9.28)

3) GRIT그릿(김주환, 2014.11.20, 쌤 앤 파커스)

4) N형인간(조관일, 2014.10.15, 현문)

5) 자신의 가치를 결정 짓는 개인브랜드의 힘, 나의 경쟁력(방미영, 조연심 공저, 행간출판)

6) 내 인생 5년 후(하우석, 2012.5.2, 다온북스)

7) 결심을 현실로 바꾸는 성공의 열쇠, 자제력(가오위엔, 김경숙 옮김, 2014.5.26, 인플루엔셜)

8) 우리아이들 좀 놀게 합시다(김경옥, 2014.5.9, 이담)

9) 창의력은 밥이다(김광희, 2013.2.20, 넥서스BIZ)

10) 나는 누구인가(김상근 외 공저, 2014.8.29, 21세기북스)

11) 왓칭 신이 부르는 요술(김상운, 2012.10.4.정신세계사)

12) 우리는 잘 하고 있는 것일까(송은주,2013.9.16,행성:B잎새)

13) 나와 우리아이를 살리는 회복탄력성(최성애, 2014.7.28, 해냄)

14) 감정연습(박용철,2013.10.24, 추수밭)

15) 쿨하게 생존하라(김호, 2014.12.8, 도서출판 푸른숲)

16) 실행이 답이다(이민규, 2011.8.8,더난출판)

17) 회복탄력성(김주환, 2012.10.5, 위즈덤하우스)

18) 지선아 사랑해(이지선, 2014.6.2 문학동네)

19) 위대한 나의 발견, 강점발견(마커스 버킹검 외 2015.1.15, 청림출판)

20) 문제는 무기력이다(박경숙, 2013.2.28, 와이즈베리)

21) 굿바이 게으름(문요한, 2012.12.27, 더난 출판사)

22) 권태, 그 창조적 역사(피터투어, 이은경 옮김, 2011.10.5, 미다스북스)

23) 기적의 성품학교(우수명, 2012.12.31, 아시아코칭센터)

24) 인성을 가르치는 학교만들기(이영숙, 필립 핏치 빈센트공저, 2014.7.20, 좋은나무성품학교)

25) 에디톨로지, 창조는 편집이다(김정운, 2014.10.24, 21세기북스)

지금, 당신에게 필요한 것은?

26) 당신의 자리에서 승부를 걸어라(정태영, 2013.7.19, 21세기북스)

27) 시작하기에 늦은 때란 없다(표선희, 2014.7.20, 나래북)

28) 하루20분, 미국초등학교처럼(심미혜, 2014.9.11, 센추리원)

29) 내안에 잠든 엔진을 깨워라(이현순, 2014.11.28, 김영사)

30) 드림래시피(김수영, 2013.7.27,웅진지식하우스)

31) 내 인생을 바꾸는 감사레시피(정지환, 2013.4.19, 북카라반)

32) 공감하는 능력(로먼 크로즈나릭, 김병화 옮김, 2014.11.20, 더퀘스트)

33) 상처입지 않고 행복해지는 인간관계의 힘(이대희, 2013.11.15, 태인문화사)

34) 교육을 바꾸는 힘, 감성교육(홍영미 외, 2013.9.9, 즐거운 학교)

35) 인간의 모든 동기, (최현석, 2014.4.20, 서해문집)

36) 빅터 프랭클의 죽음의 수용소에서(빅터프랭클, 이시형 옮김, 2012.11.20.청아 출판사)

37) 세계명문가의 자녀교육(최효찬, 2010.11.29,예담)

38) 배꼽호흡 건강 혁명(박희선, 2014.4.25, 책세상)

39) 뇌내혁명(히루야마 시게오, 반광식 옮김, 2008.3.28, 사람과 책)

40) 마음을 여는 감사의 발견 Thanks!(로버트 A.이먼스, 이창희 옮김, 2008.2.20)

41) 동아일보

42) [네이버 지식백과]브랜드 [brand] (두산백과)

43) 글로벌리더, 세계무대를 꿈꾸는 젊은이들이 알아야할 아홉가지 원칙(백형찬, 2014.11.20 살림)

44) 포기대신 죽기살기로(송진구, 2012.11.9, 책이있는마을)

45) 생각의 힘(권익현, 2014.12.10, 교보문고)

46) 48분 기적의 독서 법(김병완, 2012.11.7,미다스북스)

47) 초의식 독서법(김병완, 2014.8.4,아템포)

48) 항상 나를 가로막는 나에게(알프레드 아들러원저, 변지영 편저, 2015. 2.10, 카시오피아)

49) 스무살의 나의비전(이의용, 2014.3.10, 학지사)

50) Dream Society(롤프 엔센, 서정환옮김, 2012.6.26 리드리드)

51) The Third Age,(윌리엄 새들러, 김경숙 옮김, 2010.2.15,사이)

52) 네이버 뉴 시스(2015.4.24),조선BIZ(2015.4.28)